Hoss
„Komm ins Offene, Freund“

Peter Kammerer, geb. 1938, studierte Volkswirtschaftslehre und lebt seit 1962 in Italien. Er lehrt Soziologie an der Universität Urbino; Veröffentlichungen zu Antonio Gramsci, Alexander Langer, Heiner Müller, Pier Paolo Pasolini, Jean Marie Straub.

Willi Hoss

„Komm ins Offene, Freund“

Autobiographie

herausgegeben von Peter Kammerer

WESTFÄLISCHES DAMPFBOOT

Auf dem Umschlag abgebildete Mitglieder der Plakatgruppe von links nach rechts

vorn: Fritz Schmolt, Kallinikos Karamanidis, Mario D'Andrea
dahinter: Willi Hoss und Hermann Mühleisen, zwischen ihnen Kurt Randecker
hinterer Bogen: Franjo Antunovic, Joannis Mizoglou, Dieter Marcello, Jochen Sonn, Vincenzo Calabrò, Fritz Stecher.

Bibliographische Information der Deutschen Bibliothek
Die Deutsche Bibliothek verzeichnet diese Publikation in der Deutschen Nationalbibliografie; detaillierte bibliographische Daten sind im Internet über http://dnb.ddb.de abrufbar.

1. Auflage Münster 2004

Umschlag: Lütke · Fahle · Seifert, Münster
Satz: *ImPrint* Verlagsservice, Jörn Essig-Gutschmidt, Münster
Druck: Fuldaer Verlagsagentur, Fulda
Gedruckt auf säurefreiem, alterungsbeständigem Papier
ISBN 3-89691-562-2

Inhalt

Willi und Peter Kammerer in Piadena, März 2002

Vorwort
von Peter Kammerer

Ein Lebenslauf (telegrafisch)

Willi Hoss (1929-2003), geboren in Holland, aufgewachsen in Oberhausen (Ruhr) und am Niederrhein, Hitlerjunge, Landarbeiter, Kommunist, Parteihochschule, Funktionär der kommunistisch orientierten Friedensbewegung, strafrechtlich verfolgt in der Bundesrepublik, Facharbeiter bei Mercedes, Vertrauensmann, Betriebsrat, Neue Linke-Sozialistisches Büro, Ausschluß erst aus der DKP, dann aus der IG-Metall, Mitbegründer der Partei Die Grünen, Abgeordneter im Bundestag, Entwicklungsarbeit in Brasilien, Austritt aus der Partei Die Grünen. 25 Jahre in der KPD, 22 Jahre bei den Grünen, 27 Jahre im Betrieb, 12 Jahre Entwicklungsarbeit in Brasilien, 8 Jahre Erfahrungen im Bundestag, zwei Ehen, zwei Töchter. Langer Atem.

Drei Herbste und ein Winter

Im September 2000 erzählte mir Willi Hoss unter der Weinlaube in Urbino sein Leben. Eine Woche lang, nur unterbrochen von den Glockenschlägen des Doms, dem Entkorken zahlreicher Flaschen leichten Landweins, den von Heidemarie oder Graziella zubereiteten leckeren Essen, kurzen Bemerkungen von Nina, die in der Hängematte schaukelte, und kleinen Spaziergängen. Die 30 Stunden Tonaufnahmen wurden mit allen Versprechern und Einwürfen sorgfältig abgeschrieben.

Ein Jahr später, im September 2001, saßen wir wieder unter der Laube und stellten ein erstes Manuskript zusammen. Wir strichen alle Fragen und Bemerkungen. Willi allein sollte zu Wort kommen, wie er leibt und lebt. Eine Autobiografie. Wer in jenem Herbst zu Besuch kam, mußte mitlesen. Welches Wissen darf man beim Leser voraussetzen, an welche politischen Ereignisse wird er sich noch erinnern und wie weit darf man, soll man durch das geschriebene Wort das gesprochene hören? Am frühen Nachmittag des 11. September rief Nina aus Berlin an: 30.000 Tote, ein Angriff auf Amerika, New York, das Pentagon, ein Weltkrieg? Ich hätte am liebsten abgeschaltet und weiter gearbeitet. In den folgenden Tagen spürte ich das Wirken einer riesigen Propagandamaschine, die die frei gesetzten Emotionen potenzierte und lenkte, sie in ein Gedächtnis goß und zu Erinnerung verarbeitete, auf eine Weise, so schien es mir, die bestimmte Reaktionen und neue Verbrechen rechtfertigen würde. Willi hingegen glaubte an die kritische Fähigkeit unserer Gesellschaft, an die Möglichkeit, aus dieser Tragödie zu lernen und das Phänomen der Globalisierung mit neuen Augen zu sehen. Er besaß den wunderbaren Optimismus derer, die praktische Arbeit leisten und deren Früchte sehen und mit Händen greifen. „Das fehlt Dir“, sagte er, „komm einmal mit zu meinen Projekten nach Brasilien“. Wenige Monate später, im November 2001, als die Grünen dem Einsatz deutscher Soldaten in Afghanistan zustimmten, erklärte er seinen Austritt aus der Partei.

Willi hatte ein genaues Gedächtnis und erzählte wie jemand, der sich jedes Ereignis bewußt eingeprägt und jedes Wort seit langem überdacht hat. Es gibt in diesem Text keine Klagen oder Ressentiments. Von den Schwierigkeiten, die zu überwinden waren, wird eher beiläufig berichtet. Das läßt oft als selbstverständlich erscheinen, was sich keineswegs von selbst versteht. Die Bescheidenheit des Erzählers macht es dem Leser nicht leicht, die Schwierigkeiten nachzufühlen, die Willi überwinden mußte, um nach seinen Vorstellungen in Würde leben zu können. Willi war stolz auf sein Leben.

Im Herbst 2002 wollte ich mir einige Dokumente näher anschauen. Bestimmte Aspekte der 50er Jahre, die aus dem westdeutschen Bewußtsein getilgt sind, mußten erklärt werden. Die Strafverfolgung und die Schikanen, denen er als Kommunist in der Bundesrepublik ausgesetzt war, hatte Willi nur knapp und nüchtern angedeutet, Episoden eines Klassenkampfs, der ihn nicht mehr interessierte. Er machte davon kein Aufhebens. Da gab es die Verhaftung 1958, die Anklage wegen seiner Kandidatur zu den Landtagswahlen im selben Jahr, den Prozeß (1961) und bis weit in die 60er Jahre hinein z.T. brutale Hausdurchsuchungen. In einem Ordner fand ich einen Bescheid des Generalbundesanwalts beim Bundesgerichtshof in Karlsruhe vom 7. Juni 1966. Nur drei Zeilen: „Ich habe das Verfahren, in dem Sie am 11. Februar 1966 vernommen worden sind, eingestellt. Den beschlagnahmten Notizzettel und den Telefongesprächszettel füge ich bei“.

Die Unterschrift sprang mir in die Augen. Ich las sie zwei Mal, bevor ich verstand. Der Unterzeichner, ein Dr. Kammerer, war mein Onkel Heiner, ein Vetter meines Vaters. Ich konnte diesen seltsamen Zufall nur als einen Wink verstehen, über die verschlungenen menschlichen und politischen Wege, die in diesen Aktenordnern verborgen liegen, weiter nachzuforschen.

Aber die Zeit begann zu drängen. Im Dezember fuhr Willi nach Brasilien im Wissen, daß dies seine letzte Reise zu seinen Projekten sein würde. Er kam erschöpft zurück. Im Januar und Februar wollten wir das Buch fertigstellen. Das war nicht mehr möglich. Willi hinterließ mir einen Text und viele Fragen.

Was fehlt

Der in diesem Buch vorgelegte Text entspricht der letzten, mit Willi abgesprochenen Fassung. Was fehlt, was er noch erzählen und schreiben wollte, waren folgende Kapitel: Eine Bilanz seiner politischen Arbeit bei den Grünen und im Parlament; seine Stellung zur Deutschlandfrage im Jahre 1990; seine Ernennung zum Ehrenhäuptling der Ka' apor Indianer. Er trug sich auch mit dem Gedanken, einige persönliche, private Geschichten einzuflechten. Nun erzählen, stellvertretend für ihn, Nina und Heidemarie die indianische Ehrung und aus ihrem gemeinsamen Leben.

Die Bilanz seiner politischen Arbeit bei den Grünen mag der Leser ziehen. Im übrigen hätte sich Willi schwerlich zu allgemeinen, analytischen Einsichten aus seinen Erfahrungen im Parlament und bei den Grünen durchgerungen. Er hat kleine, symptomatische Vorkommnisse sehr genau registriert und sich an solchen Zeichen orientiert. Auf manche ist er jahrelang immer wieder zurückgekommen, so lange, bis er ihre Bedeutung verstanden hatte. Willi war Parlamentarier mit Begeisterung und Überzeugung. Er war überzeugt, daß der „lange Marsch durch die Institutionen" nicht unbedingt in den Niederungen interner Machtkämpfe oder in den luftleeren Höhen ökonomischer oder militärischer „Notwendigkeiten" enden müsse. Ihm ging es darum, durch kalkulierten Ungehorsam den Spielraum der Freiheit zu vergrößern und durch praktisches Verhalten die Demarkationslinien des politischen Anstands und der politischen Sensibilität in diesem Sinne zu verschieben. Die ersten Grünen waren „Narren" im

Parlament. Man erkennt das, beim Lesen der Protokolle, an der ständigen Heiterkeit und Empörung, die ihre Reden bei den etablierten Parteien auslösten. Auch die Reden von Willi Hoss. Doch von den Abgeordneten, und es waren viele, die das Bedürfnis nach eigenständigem Denken verspürten, wurde Willis Ernsthaftigkeit sehr bald schon geschätzt. Hinter dem, was er sagte, standen immer Erfahrungen, die nur die Wenigsten am eigenen Leib gemacht hatten. Diese beruhigende, aber auch beunruhigende Präsenz läßt sich nicht als „grünes Urgestein" ins polit-geologische Museum abschieben. Sie ist gemeint, wenn Lukas Beckmann sagt: „Das Schöne an Willi war, daß er da war."

Die Deutschlandfrage 1990. Ich zitiere Willis Zusammenfassung einer Rede, die er am 15.2.1990 im Bundestag gehalten hat (aus: „Das Parlament" vom 23. Februar/ 12. März 1990):

„Wenn schon den Vereinigungsprozeß, dann wollen wir ihn als Verfassungsprozeß. Eine verfassungsgebende Versammlung aus beiden deutschen Staaten ist notwendig. Verfassungsprozeß bedeutet für mich Nachdenken über 40 Jahre deutsche Geschichte in der Bundesrepublik und in der DDR; Faschismus, Stalinismus, Antisemitismus, wie bestimmen diese Erfahrungen den politischen Prozeß? Wie können diese Erfahrungen in die neue Verfassung Eingang finden? Wie können die ökologischen Notwendigkeiten mit verfassungsrechtlichen Mitteln gefördert werden? Und schließlich: Wie kann der aktuelle demokratische Impuls aus der DDR in die neue Verfassung eingebracht werden? Dieser Verfassungsprozeß schafft Zeit. Das ist das Allerwichtigste für den demokratischen Prozeß".

Es war die Position einer Minderheit, die durch sich überstürzende „Ereignisse", bzw. die Unfähigkeit der Politik, „Zeit zu schaffen", ins Abseits geriet. Die Grünen hatten die Bereitschaft der Großmächte, dem Einigungsprozeß zuzustimmen und die Ungeduld der Bevölkerung in der DDR unterschätzt. Einmal nahm Willi an einer der Montagsdemonstrationen in Leipzig teil, gerade in der Zeit, als der Umschlag von „Wir sind das Volk" zu „Wir sind ein Volk" geschah. „Es war bald nach Weihnachten 1989. Von Bonn aus konnte man vieles nicht sehen und hören. Ein kleines Wörtchen wurde verändert und dann lief das in Richtung Vereinigung, auch weil sich Helmut Kohl und alle anderen schnell vorne dran gesetzt und blühende Landschaften versprochen haben. Ich bin heute noch der

Ansicht, daß ein langsamerer Einigungsprozess uns und der ehemaligen DDR viele Kosten erspart haben würde, aber politisch ist die Frage sehr schwer einzuschätzen. Jedenfalls standen wir plötzlich als Gegner der Wiedervereinigung da und ich empfand das als Niederlage. Wir haben bei den Wahlen 1991 auch die Quittung bekommen." (Sept. 2001)

Willi gehörte nicht zu den Grünen wie Petra Kelly, Gert Bastian, Lukas Beckmann und Andere, die im letzten Jahrzehnt der DDR systematisch Kontakte zu Bürgerrechtlern, zur Friedensbewegung und zu offiziellen Stellen bis hin zu Honecker aufgebaut hatten. Er wollte mit SED-Leuten nichts zu tun haben. KPD, DKP, SED waren für ihn eine Vergangenheit, aus der nichts Lebendiges mehr kommen konnte. Und er war verletzt. Seine konkrete Arbeit als Kommunist hatte „gestimmt": „So, wie meine Geschichte begonnen hat, war alles angebunden an konkrete, praktische Verhältnisse, die ich erlebt habe und die mit meinen Ideen korrespondierten, aber ich habe nie die Informationen bekommen, was wirklich dahinter vorging. Gerade weil ich gerne selber verantwortlich bin, für mich und für das, was ich tue, habe ich den Mißbrauch meines Vertrauens in die Partei, in die Führung, als etwas empfunden, was ich denen nie verzeihe" (Sept. 2000). Der „demokratische Zentralismus" war eine Art Selbstentmündigung. Daß er auf diese Regeln vertrauensvoll eingegangen war, hat Willi „denen" nie verziehen. Unter dieses Kapitel hatte er einen Schlußstrich gezogen, ohne etwas beschönigen oder verdrängen zu wollen. Aber er hatte keine Lust, sich an mehr als an bloße Fakten zu erinnern. Er erzählte von seinen Idealen und Motiven, aber fast nichts von der politischen Auseinandersetzung in den Jahren 1949 - 1956. Die SED, deren Funktionär er als Geschäftsführer der „Nationalen Front" war, hatte in jenen Jahren verzweifelt versucht, der Politik der Westintegration eine andere Deutschlandpolitik, eine „nationale" Politik entgegenzusetzen und Willi war empört, „daß westdeutsche Politiker die Spaltung Deutschlands betrieben", um „aus Europa eine starke Bastion gegen die Sowjetunion (zu) machen" (Teil I, Funktionär). Auch große Teile der SPD, der Gewerkschaften und der evangelischen Kirchen waren empört. Als vielleicht konsequenteste Gegenposition zur Deutschlandpolitik Adenauers gründete Gustav Heinemann im November 1951 die „Notgemeinschaft für den Frieden Europas", im Juni 1952 gründeten Ex- Reichskanzler Joseph Wirth und Wilhelm Elfes

„Die deutsche Sammlung", die im Mai 1953 zur Partei „Bund der Deutschen für Einheit, Frieden und Freiheit" (BdD) wurde und 1953 ein Wahlbündnis mit Heinemanns „Gesamtdeutsche Volkspartei" (GVP) einging. Bereits die Namen sind Programm. Der Mißerfolg dieser Bestrebungen war so gründlich, daß die gesamte Suche nach Alternativen, ja selbst die Annahme der Möglichkeit einer Alternative zur Art der Westbindung, wie sie Adenauer betrieb, aus der westdeutschen Diskussion und aus dem kollektiven Gedächtnis verschwunden sind.

Von seiner Mission, Wirth und Elfes über Brüssel und Warschau nach Berlin (Ost) zu bringen, erzählt Willi nur (Teil I , Funktionär), daß sie erste Lorbeeren brachte, daß ihm seine Rolle als Betreuer unangenehm war und daß es dem jungen Kommunisten widerstrebte, das Schlemmeressen der beiden alten Herren aus der Parteikasse zu bezahlen. Warum die westlichen Besatzungsmächte und die Regierung Adenauer so großen Wert darauf legten, die Reise der beiden Politiker nach Berlin (Ost) zu verhindern, erfahren wir nicht. Es ging um folgendes: Als Gegenveranstaltung zur Bonner Ratifizierung des EVG-Vertrags, der den Aufbau deutscher Streitkräfte legitimierte und vorantrieb, organisierte die DDR eine gemeinsame, feierliche Sitzung der Volkskammer und der Länderkammer, auf der auch möglichst prominente westdeutsche Redner auftreten sollten, um eine „gesamtdeutsche Verständigung über die schnellste Herbeiführung eines Friedensvertrages und Bildung einer gesamtdeutschen Regierung durch freie, demokratische, geheime und direkte Wahlen in ganz Deutschland" zu fordern. Es gehört in diesen Kontext, daß auch Willis damalige Frau Waldtraut wenige Jahre später, 1957, Wilhelm Elfes als Dolmetscherin zum Weltfriedenskongreß in Colombo, im damaligen Ceylon, begleitet hat.

Als er im Herbst 2000 zu erzählen begann, hat Willi bestimmte Prioritäten gesetzt und hatte keine Lust, sein Gedächtnis der 50er Jahre zu aktivieren. Er hätte es sicher mit mehr Interesse getan, wenn ich ihn mit den Ergebnissen meiner Nachforschungen noch hätte konfrontieren können. Denn diese deutsch-deutschen Erinnerungen der 50er Jahre haben plötzlich doch noch einmal eine Rolle gespielt. Nicht nur bei Willi. Als es 1990 noch einmal um die „deutsche Frage" ging, sagte er: „Wir hatten auch immer noch die Idee im Hinterkopf, daß man Deutschland neutralisieren solle."

Erfolg

Das Offene liegt keineswegs offen da. Willi Hoss hat sich jeden Schritt in freiere Verhältnisse erkämpft. Gezwungen, als Kommunist im Untergrund zu agieren, war er gegen Geheimbündelei und hat immer das, was man im besten Sinne Öffentlichkeit nennt, gesucht. Seine Lage, in der Minderheit zu sein, hat ihn nicht in den Extremismus getrieben. Nichts lag ihm ferner, als ein Kohlhaas zu werden oder die Versuchung des Terrorismus. Die Suche nach einem möglichst bewußten, möglichst breiten Konsens, der die Probleme und andere Auffassungen nicht verwischt, war ein mächtiger Motor seines Handelns und gehörte zu seinem pädagogischen Eros. Peter Grohmann erzählt: „Ich wußte, er war Kommunist, und er hat auch versucht, mich für die damals illegale Partei zu gewinnen. Aber jedesmal, wenn ich durch seine Argumente und seine Haltung überzeugt war, sagte er: Warte, überleg Dir das mal" (Mai, 2003). Auf Grund seiner praktischen Erfahrung im Betrieb hatte Willi verstanden, daß Intelligenz nicht nur eine individuelle Qualität ist und daß man alleine schwerlich fähig ist, Zusammenhänge zu verstehen und zu durchschauen. Was man weiß und wie man es weiß, also die Qualität des Wissens, hängt vom Verhältnis zwischen den Menschen ab. Hoss - Mühleisen - D'Andrea, der Kern der späteren Plakatgruppe, besaß ein anderes Wissen als der Apparat der IG-Metall und das Management von Daimler. Es zu entfalten war nur möglich durch Herstellung von Öffentlichkeit. Im Betrieb trifft das auf besondere, strukturelle Widerstände, die sich in gesetzlichen Normen, in Begriffen wie „Unternehmensinteresse" oder „Störung des Betriebsablaufs", im Egoismus der Apparate und im durch entfremdete Arbeit verursachten Desinteresse der Kollegen niederschlagen. Es ist etwas ganz außerordentliches, wie die Plakatgruppe aus dem Inneren des Großkonzerns Daimler Benz, sozusagen aus dem Inneren des Leviathan heraus, ihr Wissen geltend machen und zu Problemen vorstoßen konnte, die an den Kern der Industriegesellschaft rühren. Es sind die Fragen nach dem Verhältnis von Technologie und lebendiger Arbeit und nach der Verantwortung für das Produkt. Letztere mündete für Willi in die „grüne" Problematik, führte auch zu seinem „Abschied von der Arbeiterklasse", die, Teil des Kapitalverhältnisses, nicht willens und daher auch unfähig ist zu fragen, was diese ganze Produktion soll und welches Heil oder Unheil die von ihr produzierten Güter auf der Erde anrichten.

Welche Konstellationen haben das Entstehen der Plakatgruppe ermöglicht? Welche Biografien mußten zusammenfinden, welche Interessen hinterfragt und welche herrschenden Spielregeln mußten verletzt werden, damit sie Erfolg haben konnte? Auf welche Regeln mußte man bauen? Willis Entdeckung der Demokratie erfolgte unter dem Druck der Verhältnisse. Die Inanspruchnahme von Grundrechten wie die der Meinungs- und Informationsfreiheit wurde für ihn zu einer Sache des Überlebens. Denn die Möglichkeiten, in einem Betrieb Öffentlichkeit herzustellen, sind bis heute außerordentlich begrenzt. Die 68er Bewegung hat es verstanden, in der Gesellschaft, insbesondere in den Medien, Teilnahme zu wecken für das, was in jenen Bereichen vor sich geht, in denen sich die Produktivkräfte ballen und ein Großteil der zivilisierten Menschheit ihre beste Zeit verbringt.

Das Faszinierende an der Demokratie ist die Entdeckung der Wirkung, die von ihr ausgeht. Es ist immer wieder erstaunlich, wie ohnmächtig die Mächtigen werden, wenn die Menschen sich vernünftig unterrichten und zusammenschließen können. Was eine kleine, ziemlich mittellose Gruppe von Arbeitern (deren Gehalt zusammengenommen unter dem eines Spitzenmanagers lag) in einem Konzern mit Zehntausenden von Beschäftigten erreicht hat, strahlte zeitweise auf das Bewußtsein von Menschen in der ganzen Bundesrepublik aus. Demokratie, Bewegungsfreiheit des Kopfes und der Menschen, war das wirksamste Gegenmittel zur strukturellen Asymmetrie der Verteilung von Macht in unserer Gesellschaft. Die gleiche Erfahrung machte Willi in der grünen Bewegung, zumindest in ihren ersten Jahren. Für Willi war die Politik im Betrieb an eine Grenze gestoßen. Die Kritik am Produkt, beispielhaft entwickelt am Automobil, und die Kritik der technologischen Entwicklung, ist auf der betrieblichen Ebene allein zum Scheitern verdammt. „Letztenendes bekommt der Konzern, was er will, wenn wir nicht auf die Rahmenbedingungen einwirken können", war die These von Willi, mit der er sein Engagement für die Grünen und seine Kandidatur zu den Bundestagswahlen 1983 begründete. Es ging also darum, die Erfahrungen des Betriebs, die der Protestbewegung draußen und die gesetzgeberische Arbeit im Parlament, d.h. völlig verschieden strukturierte politische Räume, miteinander zu verbinden. Eine Utopie?

Unmöglich zu sagen, welchen Weg die Anstöße genommen haben, die Willi in seine parlamentarische Arbeit eingebracht hat, insbesondere bei den Gesetzesentwürfen zur Arbeitszeit und Teilzeitarbeit, zur Mitbestimmung, zur Grundsicherung. Sicher ist, dass es für ihn immer schwerer wurde, außerhalb des spezifischen, parlamentarischen Raums eine Öffentlichkeit herzustellen, aus der man Kraft beziehen konnte. Ende der 80er Jahre hechelten die grünen Abgeordneten, wie die anderen auch, hinter den Medien her. Manche taten das gekonnt, Willi tat sich schwer damit. Mit seinem Brasilienprojekt kehrte er nach dem Ausscheiden aus dem Bundestag zurück an die Basis, in überschaubare Verhältnisse mit klaren Verantwortungen. Es wurde kein Rückzug, sondern eine Synthese seiner Lebenserfahrung im Betrieb, in den sozialen Bewegungen, im Parlament. Aus diesen Bereichen brachte er Erfahrungen und Mittel ein, setzte Daimlermanager mit brasilianischen Universitäten, schwäbische Schulen mit Dorfgemeinschaften, Tübinger Hebammen mit indianischen Medizinmännern/frauen, deutsche Ingenieure mit Siedlern und Indios in Verbindung. Er war überzeugt, daß Menschen guten Willens unabhängig von ihrer sozialen Lage zu gemeinsamen Einsichten kommen können. Deshalb sprach er mit allen. Seit dem 20. Februar 2003 fehlt seine Stimme in diesem vielfarbigen, öffentlichen und privaten Gespräch. Geblieben sind seine Fragen.

Ein Bildungsroman (telegrafisch)

Wie läßt sich ein Wissen erwerben, das dazu befähigt, angesichts der von der Menschheit verursachten Katastrophen zu handeln? Wie arbeiten die Menschen, was stellen sie her, was passiert Neues in den Produktionsstätten? Wer trägt dafür Verantwortung? Können die Arbeiter mit ihrer Bewegung und die Bürger mit ihren Parteien noch etwas anfangen? Wie ausbrechen aus dem Gefängnis des Betriebs, aus der komfortablen Enge professioneller Politik? Welcher Freundlichkeit bedarf es, um miteinander Politik machen zu können? Wie läßt sich der Amoklauf durch die Natur stoppen, der Raubbau umkehren in Zusammenleben, „daß dann der Erde Grün von neuem Euch erglänzt“?

Teil I
In der KPD

Mischungen

Mein Vater war Deutscher, meine Mutter Holländerin. Mein Vater (1898-1960) kam aus einem streng katholischen Haus, vom Niederrhein, linksrheinisch, aus dem Dorf Appeldorn. Er war Bäckergeselle und hatte in den 20er Jahren versucht, sich in Oberhausen (Rhld.) selbständig zu machen. Das scheiterte im Vorfeld der Weltwirtschaftskrise 1928/1929. Er wurde arbeitslos und so zog die Familie nach Holland, erst nach Eindhoven, dann nach Vaals, wo die Familie meiner Mutter uns Arbeit besorgte. Meine Mutter (1899-1978) kam aus einem protestantischen Elternhaus. Sie ist in Deutschland geboren, weil ihr Vater mit der ganzen Familie zur Babcock AG ins Ruhrgebiet kam und dort mit seinen Söhnen als Glasbläser arbeitete. Die Holländer waren gesucht und als gute Fachleute anerkannt. Ich bin 1929 in Vaals geboren. Ich war das zweite von vier Kindern. Im Jahre 1936 wurde mein Vater wiederum arbeitslos. Er versuchte, sich als Maurer und mit anderen Arbeiten durchzuschlagen, aber in Holland herrschte eine Krise, von der Deutschland wegen seiner Rüstungspolitik verschont blieb. Vaals liegt an der Grenze und gegenüber, auf der deutschen Seite, gab es anscheinend Arbeit in Hülle und Fülle. Es gab auch die Kampagne: „Heim ins Reich! Deutsche, kommt zurück!". So gingen wir 1937 wieder zurück nach Oberhausen, wo mein Vater, weil man in der Stahlindustrie Leute brauchte, umgeschult und Erster Schmelzer am Versuchshochofen der Guten Hoffnungshütte wurde. Ein schwerer Beruf, richtige Maloche. Er zog sich ein Magengeschwür zu und ging 1940 aufs Land, wieder an den Niederrhein. Es war schon Krieg und er fand Arbeit bei einem Bauern, zuerst in der Gegend von Moers, dann, nach Auseinandersetzungen mit dem Bauern, auf der anderen Rheinseite bei Rees. Mit den Verwandten in Holland gab es noch Briefwechsel und wir erfuhren im Verlaufe des Krieges, daß zwei Brüder meiner Mutter Opfer der Deutschen wurden. Der eine ist nach seiner Verhaftung verschollen, der andere wurde bei einer Razzia auf der Straße festgenommen und als Zwangsarbeiter ins Ruhrgebiet in den Bergbau gebracht. Wir haben nichts mehr von ihm gehört. Diese Schicksale spielten natürlich bei uns in der Familie ein Rolle und waren präsent.

Im Ersten Weltkrieg war mein Vater 1916 eingezogen worden. Da war seine Bäckerlehre gerade zu Ende. In Frankreich kam er in amerikanische Gefangenschaft und von da nach dem Krieg zurück in die Wirren im Ruhrgebiet. Er hat uns Kindern erzählt, daß man ihn im Namen Gottes gesegnet hatte, um gegen die Franzosen zu kämpfen und daß die Franzosen ebenfalls gesegnet worden waren, um im Namen des selben Gottes gegen die Deutschen zu kämpfen. Als er in den Schützengräben lag, er war wirklich in vorderster Linie, hat ihn dieser Widersinn nicht losgelassen und die Kirche als Institution, der Papst und diese ganzen Sachen waren für ihn gestorben. Das führte nach dem Krieg zu Konflikten mit seiner Mutter, die sehr religiös war. Wenn sie zu uns zu Besuch kam, hat sie vor dem Mittagessen gebetet. Und mein Vater hat darauf bestanden, daß wir das respektieren und warten und nicht gleich zuschlagen, wie das sonst üblich war. Wir saßen dann stumm da, die Kartoffeln dampften und wenn wir nicht parierten, gab es eine Ohrfeige.

Bei meiner Mutter, die evangelisch war, kam eine völlige Abkehr von der Kirche nach 1945. Was sie da erfuhr über die Konzentrationslager und das Schweigen gegenüber den Verbrechen, daß die Kirche einfach weiter gemacht hat in diesem System, das konnte sie nicht fassen. Sie hat auch keinen Arzt mehr sehen wollen, selbst als sie krank war, seitdem sie wußte, was die Ärzte an Menschenversuchen in den Konzentrationslagern angestellt hatten. Sie hat da überhaupt nicht differenziert. Das hängt sicher mit ihren Brüdern zusammen, die durch die Nazis umgekommen sind.

Vor 1933 hat mein Vater Anteil genommen an der Arbeiterbewegung. Er hatte Sympathien für die kommunistische Bewegung. Das ging soweit, daß er 1933, als wir noch in Holland im Grenzgebiet wohnten, in der ersten Zeit mitgeholfen hat, Leute von Deutschland herüberzubringen, Antifaschisten oder Juden. Das hat er gemacht. Das verlor sich dann aber mit der eigenen Arbeitslosigkeit. Er hatte vier Kinder zu versorgen und die Verlockung, in Deutschland eine Arbeit anzunehmen, war groß. Es gab sicher Diskussionen mit meiner Mutter, aber in dieser Arbeitslosigkeit und Not stimmte sie zu, zumal sie in Deutschland geboren war und besser deutsch sprach als holländisch.

Als der Krieg gegen Polen ausbrach, wurde er sofort eingezogen. Er sagte: Ich bin bald wieder zurück. Er kam deshalb zurück, weil er nicht für

Hitler in den Krieg wollte. Er konnte sein Magengeschwür aktivieren, indem er bestimmte Sachen aß. Sechs Wochen lag er im Feldlazarett. Er war kein Simulant, sondern ein Mann mit einem Geschwür am Zwölffingerdarm. Danach wurde er entlassen und kam wieder nach Hause. Ich kann mich erinnern an die Zeiten, als er mit dem Magengeschwür auf dem Sofa lag. Wir hatten außer zwei Schlafzimmern eine Stube, in der gekocht und gewohnt wurde. Da stand auch eine Couch drin und wir Kinder durften nicht lachen, wir durften nicht weinen, nicht rufen, wir durften nichts, weil der Vater mit seinen Schmerzen auf der Couch lag. Für den Feldzug gegen Frankreich wurde er 1940 wieder eingezogen und in die Eifel in die Feldbäckerei geschickt. Wieder kam er ins Lazarett, wieder das Magengeschwür und wieder wurde er entlassen. Sie haben gemerkt, daß man mit so einem Mann keinen Krieg gewinnen kann. Er hielt auch die Fabrik nicht mehr aus und hat dann geschaut, daß er irgendwo in der Landwirtschaft unterkam. Da wurden ja jetzt auch Leute gebraucht, weil die Männer eingezogen waren. So saßen wir alle eines Tages im Möbelwagen und fuhren an den Niederrhein. Er hatte sich vorher schon das Haus, eine Landarbeiterkate, angeguckt. Meine Mutter kriegte fast einen Zusammenbruch, als sie beim Einzug sah, was das für eine Hütte war. Später hat sie sich dann an dieses Haus gewöhnt. 1943 hat sich mein Vater operieren lassen. Man nahm ihm drei Viertel des Magens weg und er konnte nur noch kleine Portionen essen, fünf, sechs Mal am Tag eine Brühe oder angedickte Suppe. 1944 wurde er zum Volkssturm eingezogen. Sie haben ihm ein Gewehr verpaßt und er kriegte Instruktionen, was da so zu machen ist. Aber er blieb im Dorf. Damit hatte sich das dann.

Der erste Bauer in Niep, bei Moers, hatte ungefähr vierzig, fünfzig Kühe und fünfzig, sechzig Hektar Land. Bei ihm hat er es ein Jahr ausgehalten. Das war 1940. Morgens um 6 Uhr kamen drei, vier Landarbeiter. Wenn der Bauer kam, haben sie die Mützen abgenommen und mit der Mütze in der Hand dagestanden. Das hat ihn so gestört, daß er keine Mütze aufgesetzt oder sie in der Tasche versteckt hat, sodaß er nicht die Mütze ziehen mußte. Unterordnung und Unterwürfigkeit waren ihm ein Greuel. Das sind ganz kleine Gesten, die mich geformt und beeindruckt haben. Der Bauer spürte das natürlich und damit war die Freundlichkeit aus der Sache raus.

Beim zweiten Bauern, einem großen Pächter, zwischen Rees und Emmerich, blieb er dann bis 1948. Es war ein Gutshof, mit gutem, dunklen Niederrheinboden, mit sechzig Kühen und zehn Ackerpferden, schwere Belgier. Der Bauer war vor 1933 in der Zentrumspartei und gehörte zu den Oppositionellen aus dem katholischen Lager. Nach der Machtergreifung war er von der Polizei abgeholt und wieder entlassen worden. Auch nach dem Münchner Attentat auf Hitler war er abgeholt worden. Das war in der Gegend bekannt und gab meinem Vater so ein Gefühl menschlicher und politischer Sympathie. Aber auch hier standen morgens fünf, sechs, sieben Knechte und Landarbeiter da und wenn der Bauer heraus kam und sagte: „Morgen Leute“, haben sie die Mützen gezogen und eine Verbeugung gemacht, „Morgen Bauer“ und so. Dann kam die Arbeitsverteilung.

Für und wider

Im Jahre 1943 war ich 14 Jahre alt und in Stalingrad erlitt die deutsche Wehrmacht eine entscheidende Niederlage. Da wurde eigentlich zum ersten Mal deutlich, daß die deutsche Kriegsmaschine besiegbar war. Eine ganze Armee ist zerschlagen worden. Man spürte die Folgen bis in die Familien hinein. Im kleinsten Ort gab es Stalingradopfer. Da kriegst du dann einen Dämpfer und sagst, was ist denn das. Und dann wirst du auch zugänglich für Argumente. Für Argumente, die gegen den Krieg und gegen den Hitlerismus sprechen.

Denn davor lag folgendes: Ich kam ja nun aus Holland nach Oberhausen. Gut, da war ich 7 Jahre alt, da kann man von Politik nicht viel oder gar nichts sagen. Da kam ich in ein System, das sehr gut organisiert war in der Großstadt, also von der Hitlerseite her. Es gab für mich auf einmal die Hitlerjugend. Die ganze Klasse war dabei und auch ich wurde Pimpf. Es gab Landsknechtstrommeln, Fanfarenzüge, Musikzüge der HJ u.s.w. Das hat mich schon angemacht. Mittwoch nachmittags, kann ich mich erinnern, traf man sich und hat so militärische Sachen gemacht, was mich zuerst befremdet hat. In Reih und Glied mit links rum und rechts rum. Das waren vormilitärische Übungen, ohne daß man sich dessen so hundertprozentig klar war. Jedenfalls war das alles neu und auch ich bekam eine Fanfare. Ich war blond mit blauen Augen und entsprach dem Rassenbild, das die Nazis hatten. Das habe ich aus einer Unterhaltung von zwei Führern der HJ, die über mich sprachen, mitgekriegt: Also blond, blaue Augen usw. Ich kann mich nicht erinnern, daß mein Vater gesagt hätte, da gehst du nicht hin. Man muß immer daran denken, daß wir aus Holland nach Deutschland gezogen waren und wenn der Junge nicht in der HJ gewesen wäre oder sogar gehindert worden wäre, da hinzugehen, das wäre sehr aufgefallen. Und ich wollte das ja auch, ich wollte das, weil alle das machten. Ich nehme an, mein Vater hat sich da nicht getraut. Er hat das einfach laufen lassen. So kam ich unter einen anderen Einfluß, was diesen Bereich der Erziehung, also die Gestaltung eines Menschen, wohin er sich politisch entwickelt, betrifft. Dann erlebte ich den Kriegsausbruch, 1939 am 1. September, der Krieg gegen Polen. Gleiwitz, die Meldungen im Radio. Das höre ich heute noch: „Sondermeldung, die Deutschen werden dort niedergemacht, die Polen haben die Deutschen überfallen, in Gleiwitz und in Krakau, die Deutschen sind dort bedroht". Damit wurde eine Stimmung geschaffen, wo ich automatisch mit dabei war und das mitempfunden habe. Als dann der Krieg kam und in 18 Tagen vorbei war, Sondermeldungen, tata tata tata: „Wir haben Warschau genommen, wir haben Krakau genommen, der Krieg ist gewonnen, Polen in 18 Tagen besiegt", habe ich den Freudentaumel auf den Straßen im Ruhrgebiet miterlebt, wo die Leute die Fenster aufgerissen und gefeiert haben, daß der Krieg gewonnen war. Dasselbe habe ich erlebt mit Frankreich. Da haben die Soldaten im Ersten Weltkrieg 2 oder 4 Jahre in den Schützengräben gelegen und sich gegenseitig beschossen und jetzt kam schon nach 40 Tagen die Kapitulation. Da schlug das Herz höher, das war einfach so. Da hat mein Vater keine Argumente mehr gehabt und er hat auch gewußt, daß er jetzt Vorsicht walten lassen mußte. Er hat abgewartet. Die Wende kam mit Stalingrad. Da war das dann so, daß wir aufeinander zugingen, d.h. daß ich mich an ihn angelehnt habe, in diesen politischen Dingen. Dann fanden auch Diskussionen statt, also über die Aussichten des Krieges, weniger über die Hintergründe. Er war ja nicht so ein gebildeter Mann, aber jemand, der einen Durchblick hatte und wußte, wo er hingehört und wo er Position bezieht. Auch später, nach 1945 in der KPD, hat er zwar diese Broschüren mitgebracht, z.B. von Lenin „Die Revolution von 1905“, dieses kleine Heftchen und dann „Der 18. Brumaire des Louis Bonaparte“, aber das waren Sachen, die hat er nicht begriffen. Ich habe sie am Anfang auch nicht begriffen. Erst später, als ich dann Schulungen gemacht habe, kam ich dahinter, was die Wesenszüge des Marxismus sind.

Nach Stalingrad fand zwischen uns also diese Annäherung statt, die dann soweit ging, daß wir gemeinsam Radio London hörten. Uns interessierte die konkrete Nachricht, wie ist die Kriegslage. Wo wird die Front „begradigt“, welche Städte wurden von den Alliierten eingenommen. Und dazu kamen die Kommentare und ich erinnere mich noch sehr gut an Sebastian Haffner. Es ist mir eigentlich erst später bewußt geworden, im Deutschland der Nachkriegszeit, daß es Haffner war, der die Kommentare gesprochen hatte. Die Stimme war unverkennbar. Durch ihn erfuhr ich: Die Nazi-Geschichte, das war Lug und Trug. Und nun warteten wir ab, was kommen würde.

Im Frühjahr nach Stalingrad, Ostern 1943, wurde ich mit 14 Jahren aus der Schule entlassen. Einer der Lehrer sagte zu meinen Eltern: „Also den Jungen kann man doch nicht Landarbeiter werden lassen, der hat doch mehr Zeug drauf, der muß doch lernen“. Es gab die Möglichkeit eines Schnellkurses in der Lehrerausbildung. Denn es gab ja kaum Lehrer mehr. Die Schulen funktionierten, aber die Lehrer waren an der Front. So fuhr ich zur Aufnahmeprüfung auf die andere Rheinseite nach Xanten. Ich bestand und kam im Herbst 1943 zur Ausbildung als Volksschullehrer auf ein Internat im Bezirk Köln (Neunkirchen/Sieg). Zum erstenmal bin ich da mit Englisch konfrontiert worden. Aber mit dem Englischunterricht war es nicht so weit her, wie es mit der ganzen Schule nicht weit her war. Trotzdem war ich gerne auf der Schule und war froh, kein Landarbeiter werden zu müssen. Ich spürte deutlich den Unterschied zu den Mitschülern, die aus den Städten kamen. Da war einer aus Duisburg, der mir Jahrzehnte später, als ich in Bonn war, schrieb, ob ich der wäre, der mit ihm auf der Schulbank gesessen hätte. Durch ihn hatte ich damals zum ersten Mal etwas von den „Edelweißpiraten“ gehört, die sich im Ruhrgebiet gegen die Hitlerjugend organisierten und an die Tradition der bündischen Jugend anknüpften. Sie waren eine Mischung aus christlicher Jugend, bündischer Jugend, Pfadfinder, die ja alle von den Nazis verboten worden waren. Mein Freund aus Duisburg erzählte mir und ein paar anderen Schülern ziemlich offen von den Zusammenstößen und Prügeleien mit den HJ-Streifen, von oppositionellen Liedern mit der Klampfe und von Aufrufen zur Sabotage. Erst viel später fand ich im Buch von Detlev Peukert Dokumente, die diesen Erzählungen entsprachen und die grösseren Zusammenhänge dieser vergessenen Jugendopposition herstellten. In Oberhausen schrieb z.B. am 8. Juli 1941 ein Gewerbeoberlehrer K. an seine Vorgesetzten zur Weiterleitung an die Gestapo:

„Anläßlich der Abführung eines Berglehrlings in die Fürsorgeerziehung kam in meiner Klasse folgendes Gespräch in Gang: „B., der abgeführte Schüler, gehört auch zu den Kittelbach-Piraten." ... „Die K.P. kennt doch jedes Kind, die gibt es überall ... die halten schwer zusammen". ... „Die verhauen die Streifen (Schutzpolizei), weil sie so viele sind, die lassen sich nichts gefallen"... „Die haben auch Schlagringe und Pistolen, die haben vor keinem Angst". ...

Da mir eine solche Organisation bisher unbekannt war, anderseits es eine Bandenbildung unter der Jugend vielleicht sogar auf kommunistisches Betreiben (K.P.) befürchten läßt, möchte ich Ihnen davon Mitteilung machen und um entsprechende Weiterleitung bitten".

Diese Jugendopposition wurde von den Nazis als Asoziale und Bummelanten abgestempelt. Es gab Einlieferungen in Konzentrationslager und sogar Todesurteile.

Im Herbst 1944 wurde die ganze Schule geschlossen in die Gegend von Aachen zum Schanzen geschickt. Da war ich ungefähr 6 Wochen zum Ausheben von Panzergräben. Die Amerikaner waren bereits in Holland, etwa 100 Kilometer vor Aachen. Darum wurden Auffangstellungen für den Rückzug gebaut: Schützengräben und Panzergräben. Alles mit der Schippe. Und dann kamen die Lightnings, also wenn ich mir das überlege, mit 15 Jahren haben die uns da rein geschickt, dann kamen die Lightnings, die doppelrümpfigen, englischen Jagdbomber. Wenn die kamen, ging es ab in die Rübenfelder. Die Runkelrüben sind ja ziemlich groß, da kann man sich schön drunter verstecken. Einmal komme ich neben einen SA-Mann zu liegen. Da sehe ich, wie er seine Mütze abnimmt und sie auf die Hakenkreuzarmbinde legt. Das war für mich eine symbolische Handlung. Das hat mir wieder so einen Knacks gegeben. Zwar war ich seit Stalingrad gegen diesen Krieg und gegen Hitler, aber das ging auch etwas hin und her. Auf der Schule, weg von zuhause, war der Einfluß der Nazis wieder stärker gewesen. Aber ich spürte den Knacks und bin dann nach sechs Wochen abgehauen. Ich habe einfach die Truppe verlassen. Das ging in diesem Durcheinander. Ich bin auf einem Soldatenlastwagen, wo man vorn auf den Kotflügeln saß, zurück an den Niederrhein gefahren und nach Hause gekommen. Vier Wochen später, es muß im September 1944 gewesen sein, bekam ich einen Brief, soviel Post war immerhin noch möglich, in dem stand, daß ich von der Schule ausgeschlossen werde, wenn ich nicht zurückkomme. Da hat mein Vater gesagt, dann läßt du dich eben ausschließen und bleibst hier zuhause. Es war Herbst und ich habe mehr oder weniger zuhause rumgelungert. Auf dem Hof war die Arbeit nicht so, daß man wirklich fest rangeklotzt hätte. Man machte nur noch das Notwendigste, damit das Vieh nicht stirbt.

Es gab bei uns am Niederrhein Polen und Italiener, die bei den Bauern gearbeitet haben. Ein Enrico, das war ein ganz lustiger Bursche. Sie haben ihre Arbeit gemacht und haben ihr Essen gekriegt. Boleslav aus Polen war, glaube ich, ein Angeworbener, der sich irgendwie bereit erklärt hatte, Deutsche, die eingezogen worden waren, zu ersetzen. Lohn haben sie sicher nicht viel oder gar nicht bekommen. Sie haben zusammen mit uns gearbeitet. Sicher hat mein Vater auch mit ihnen diskutiert. Dann gab es neben unserer Schule französische Kriegsgefangene, die nachts immer eingeschlossen wurden. Tagsüber arbeiteten sie in einzelnen Trupps bei den Bauern. Und es gab in der letzten Phase des Krieges evakuierte Holländer, die man noch als Arbeitskräfte „rekrutiert" hat, Zwangsarbeiter, die aber nicht mehr zum Einsatz kamen und im Winter 1944/45 in einer großen Ziegelei untergebracht waren. Es war ein sehr harter Winter, so daß sie große Not litten und immer vorbei kamen und dann auch etwas zu essen bekamen. Sie zogen von Haus zu Haus zum Betteln. Niederrhein und Holländer, das war eine Grenzverwandtschaft, das hat mich und vor allem meine Mutter getroffen. Denn ich bin ja ein halber Holländer. Sie waren von SA bewacht. Das hat mich stark beeinflußt und hat mir den Rest gegeben, wenn nach Stalingrad noch so ein bißchen was war. 1945 waren sie dann schnell weg, nichts wie nach Hause. Während die Polen sich noch mehrere Wochen aufgehalten und auch Raubzüge gemacht haben. Verständlich.

Kriegsende

Der Krieg ging dem Ende zu und dann tauchten ja schon die Fragen auf: „Wie wird das nach dem Krieg weitergehen?" Da war ja einerseits die große Angst, die auch mich sehr beschäftigte: „Was werden die mit uns machen, mit uns Deutschen?" Wir haben wirklich Angst gehabt. Mein Vater hat gesagt, wenn die nur ein Zehntel von dem an uns verüben, was wir den Anderen zugefügt haben, bleibt kein Stein auf dem anderen. Da macht man sich schon Gedanken über die Zukunft.

Ein Erlebnis hat dann die Angst gebrochen. Es war die Geschichte, wie ich den Einmarsch der Engländer und Kanadier erlebte. Wir wohnten auf dieser Fläche zwischen dem Rhein und dem Winterdamm. Das war am Niederrhein eine Distanz von über einem Kilometer. Es gab den Sommerdeich und den Winterdeich, für die kleineren Hochwässer im Sommer und für die größeren im Winter und im Frühjahr. Wir lebten da in diesem Bereich auf einer Warft, auf der unser Landarbeiterhaus stand. So wie alle anderen Häuser. Wenn das Hochwasser kam, waren wir auf einer Insel. Die Hasen flüchteten zu uns auf die Warft oder saßen in den Hecken und wir sind absammeln gegangen und hatten dann Hasen.

Hier bei uns, bei Rees, fand der Rheinübergang der Engländer statt. Das begann mit einem Trommelfeuer von 7 Stunden. Es ging um 7 oder 8 Uhr abends los bis in den frühen Morgen. Trommelfeuer von der anderen Rheinseite. Wir hatten auch Einschläge bei uns. Man muß sich vorstellen, daß die Häuser in einem räumlichen Abstand voneinander standen. Das nächste Haus, der Bauernhof, war 300 Meter weg, die nächste Landarbeiterwohnung 500 Meter, alle Häuser lagen im Gelände verstreut. Wir hatten bei uns eine Gruppe von Soldaten, die das zu verteidigen hatten und die kamen dann während des Trommelfeuers nach und nach in unseren Keller runter. Dann hörte das Trommelfeuer auf einmal auf und verlagerte sich nach hinten. Da sagten die Soldaten und auch mein Vater, der das vom Ersten Weltkrieg her noch wußte: Jetzt kommen sie. Und richtig, die Türe oben wurde aufgerissen: „Come out", „come out". Dann haben erst die Soldaten sich mit denen verständigt, daß sie jetzt hochkommen, unbewaffnet. Und als sie weg waren, saßen wir, also Vater, Mutter und drei Kinder, die ältere Schwester war schon anderswo, da drin. Mein Vater hat von der amerikanischen Gefangenschaft aus dem ersten Weltkrieg noch ein paar Brocken gewußt. Er rief „Zivilisten“, ging hoch und irgendwie meine Mutter und wir Kinder auch. Dann sehe ich das Gesicht von diesem Engländer. Das hat sich mir eingeprägt bis ich wirklich nicht mehr da bin. Der Schweiß lief ihm runter, er hatte diesen englischen Helm, diesen Tellerhelm, Eierhandgranaten, Maschinenpistole und ich mußte direkt an ihm vorbei. Der stand da oben. Ich habe die Angst in seinen Augen gesehen. Er hat sich ja auch etwas gedacht, also das ist einer vom Werwolf und die wehren sich bis zum Ende. Das war ja der Anfang der Eroberung Deutschlands für sie. Sie mußten auch erst ihre Erfahrungen sammeln. Auch ich habe Angst gehabt, mußte aber an ihm vorbei und dachte, irgendwie zieht er ab und dann bist Du weg.

Jedenfalls ging das gut und wir kamen aus dem Haus raus und mußten zum Hof des Bauern laufen. Meine Mutter nahm das jüngste Kind auf den Arm und dann standen wir alle an so einer Mauer, in einer Reihe. Da begannen die Deutschen zu schießen mit der Artillerie. Hinter der Mauer waren wir ein bißchen geschützt vor den Deutschen. Meine Mutter mit meiner kleinen Schwester auf dem Arm. Da kam der Soldat und streichelte ihr über den Kopf und sagte „Fucking Hitler“. Das klang für mich irgendwie wie „verdammter Hitler“ und diese Geste allein war für mich schon so, daß ich dachte, so schlimm kann es nicht werden.

Auch für die Landarbeiter war der springende Punkt, was kommt nach dem Krieg. Sie hatten noch in der Nazizeit irgendwie über das Radio oder sonstwie von demokratischen Programmen gehört. Dann hieß es, daß sie eine Bodenreform machen sollen, die Landarbeiter. Begünstigt war das dadurch, daß der Großbauer, bei dem wir waren, nicht der Besitzer, sondern ein Pächter war. Das Ganze gehörte dem Thurn und Taxis, diesem riesigen Großgrundbesitzer, von dem es damals hieß, er habe 99 Güter. Diese Zahl hing zusammen mit der Versorgung der Armee noch in der Kaiserzeit. Wenn sie 100 gehabt hätten, hätten sie ein Regiment versorgen müssen, oder so ähnlich war das. Die große Frage war eigentlich, was geschieht mit den Schuldigen, mit denen, die den Krieg angezettelt haben. Das waren einmal die Nazis selber, die Funktionäre bis zum Hitler hin. Und zweitens waren es die Konzerne der Wirtschaft und drittens auch der

Großgrundbesitz, der zum großen Teil die Generalität und den ganzen Militärapparat gestellt hat. Das war schon eine Frage, mit der man sich beschäftigte. Allerdings nicht auf so einer strategischen Ebene, sondern mehr kleingekocht. Die fünf Landarbeiter hatten schon das Land unter sich aufgeteilt, wer was kriegen würde. Mein Vater war da sicherlich der Spiritus Rector gewesen. Aber daraus wurde natürlich nachher nichts. Es gab im Westen keine Bodenreform und die Großgrundbesitzer oder Junker wurden nicht so herangezogen wie im Osten.

Bildung

> „Während die Kommunisten des Ruhrgebiets für die Steigerung der Kohlenförderung eintreten und auffordern, alle Möglichkeiten zu nutzen, die Haushaltungen und die Verbrauchsgüterindustrie mit mehr Kohle zu versorgen, fordern wir am Niederrhein alle berufenen Stellen der Arbeiterschaft und der werktätigen Intelligenz auf, die Fabrikation von Bergwerksmaschinen und anderen technischen Ausrüstungen der Zechenanlagen beschleunigt zu steigern. ...
> Alle Güter über 100 ha sind an die landarmen Bauern und Landarbeiter sowie an die Flüchtlingsfamilien aufzuteilen. Die von ihren Besitzern verlassenen oder nicht selbst bewirtschafteten Höfe sind mit ihrem lebenden und toten Inventar landarmen Bauern zu übereignen. ...
> So werden aus Not und Tod, aus Ruinen und Schmach die Freiheit unseres deutschen Volkes und ein neues, besseres Leben erstehen."
>
> *Bezirksleitung der Kommunistischen Partei Niederrhein, Herbst 1945*

Ich war 1945 sechzehn Jahre alt und mein Vater sagte mir: „Junge, ich habe keine Wahl, du mußt zum Bauern". Jeder Landarbeiter hatte eine Kate, dazu gehörte ein Stück Land, sodaß man sich ein paar Kühe, Schweine, Enten und Hühner halten konnte und dafür mußte man soundsoviel Arbeitskräfte stellen. Wir hatten zwei Kühe und ich habe jeden Tag meinen Liter Milch getrunken. Wir haben Schweine geschlachtet. Schwarz. Ich habe nie einen Moment erlebt, wo ich sagen müßte, ich hätte gehungert. Unsere Kate mußte zwei Arbeitskräfte stellen. Zunächst war die zweite Arbeitskraft meine Schwester gewesen, die vier Jahre älter war als ich. Aber sie hat geheiratet und ist sozusagen geflüchtet aus dieser Situation. Sie kriegte auch gleich ein Kind und war dann weg. So mußte ich einspringen. Ich arbeitete für 10 Pfennig die Stunde und mein Traum einer weiterführenden Schule war vorläufig aus. Das ging von Ende 1945 bis Mitte 1947, bis mein Vater mit dem Bauern in einen gewerkschaftlichen Konflikt kam und mit der Arbeit aufhören mußte. Das war für mich die Gelegenheit, den Absprung zu versuchen und doch noch weiter zu lernen. Ich habe mich angemeldet beim Gymnasium in Emmerich. Jeden Morgen mußte ich mit dem Fahrrad 10, 12 Kilometer fahren, um zur Bahn zu kommen und dann nach Emmerich zu fahren. Ich hatte vorher kein Latein gehabt, ich hatte kein Französisch gehabt, ich hatte nur etwas Englisch gehabt und kriegte da ein Pensum auf die Nase gedrückt, an dem ich gescheitert bin. In einem halben Jahr das alles nachzuholen und bei jedem Wetter den weiten Weg zu fahren, war mir unmöglich. Die Anstrengung war zu groß und ich bin wieder zum Bauern zurück. Aber die Idee von einem Gymnasium habe ich mitgekriegt.

Anfang September 1945 kam durch Erlaß der Militärregierung die Zulassung der KPD. Mein Vater gehörte mit zu den Ersten in Rees, die mit einer Handvoll Leute im Ort die KPD gegründet haben. Und dann sagte er zu mir: „Und du gehörst da auch mit rein". So war ich ab 1. November 1945, sechzehnjährig, Mitglied der KPD. Bis 1970 blieb ich Mitglied der KPD, das sind immerhin 25 Jahre.

Mein Vater hat dann die Landarbeitergewerkschaft am Niederrhein aufgebaut und wurde Ende 1946 Unterbezirkssekretär der Gewerkschaft für Land- und Forstwirtschaft. Ein paar Monate später bekam er ein Kündigungsschreiben von dem Bauern, weil er die Knechte und die Leute organisierte. Er war kein Theoretiker, sondern ein Mann mit einem gesunden Empfinden für Gerechtigkeit und Ungerechtigkeit, der sich für die Leute eingesetzt hat. Er hat für sie Prozesse geführt, wenn es sein mußte. Ich habe dann an der Schreibmaschine gesessen und mit zwei Fingern die Schriftsätze getippt: Die Situation und die Forderungen! Und dann fanden Prozesse statt, was natürlich unerhört war, daß da ein Landarbeiter aufmuckte. Nach seiner Entlassung wurde mein Vater aufgefangen von der Gewerkschaft, die jemand wie ihn brauchte. So wurde er Funktionär und bekam ein Motorrad, so eine Vorkriegsmaschine, die er irgendwo aufgegabelt hat. Da bin ich dann zu den einzelnen Treffen der Gewerkschaft mitgefahren. Diese Tätigkeit ging bis 1948, bis zum Leber-Erlaß. Georg Leber, der Schorsch Leber, war damals Vorsitzender der IG Bau-Steine-Erde und wurde später der erste sozialdemokratische Verteidigungsminister. Der Lebererlaß besagte, daß ausgewiesene Kommunisten nicht hauptamtliche Funktionäre der Gewerkschaften sein dürfen. Das führte zum Rausschmiß meines Vaters aus seiner Position. Er war dann kurze Zeit arbeitslos, bis er in einer Drahtfabrik unterkam, wo man Gestelle machte für Auslagen in Geschäften, Drahtgestelle für Drops, Kaugummi und verschiedenste Sachen. Danach arbeitete er in einer Betonfabrik, wo er Betriebsratsvorsitzender wurde. Das war eine Fabrik mit vielleicht siebzig, achtzig Leuten. Da hat er gearbeitet bis er wegen Arbeitsunfähigkeit verrentet wurde. Er hatte ein Raucherbein, eine typische Raucherkrankheit und das verheilte nicht mehr. Daran ist er mit 62 Jahren letztendlich an einer Embolie im Krankenhaus gestorben. Morgens hat er sich aufgerichtet und dann hat sich wohl irgendwie so ein Blutgerinnsel gelöst und er war tot.

Mein Hineinwachsen in die Politik war eine lange Phase. Wenn nur drei Leute zusammen standen und ich etwas Wichtiges, wie ich meinte, sagen wollte, habe ich einen roten Kopf gekriegt und war nicht fähig, etwas über die Lippen zu bringen. So war das am Anfang. Denn bei uns wurde Reden zuhause nicht geübt, wir waren keine Familie, wo die Kinder schon diskutieren lernen, wo sie am Tisch sprechen dürfen. Bei uns hieß es eher, du hältst deinen Mund. Eine Arbeiterfamilie. Der Vater und die Mutter haben geredet und wenn Besuch da war, hatten sich die Kinder nicht einzumischen. Ich habe auch Prügel gekriegt. Das war so üblich und bei den Kommunisten sowieso, die waren sehr hart in der Erziehung. So kam es, daß ich immer erst einmal viel zugehört habe. Auch später. Das Reinkommen in andere Diskussionskreise war für mich zunächst einmal Zuhören. Ich habe dann die Erfahrung gemacht, daß es mir nicht schadet, wenn ich zuhöre. Was uns von anderen Landarbeiterfamilien unterschied, war, daß meine Eltern lange in der Stadt gelebt hatten und mein Vater mir sagte: Im Grunde kann ich nicht verlangen, daß Du jetzt die zweite Arbeitskraft bist und bei diesem Bauern arbeitest. Er war vor seiner Krankheit Schmelzer am Versuchsofen gewesen. Das war schon eine Position, Erster Schmelzer. Und er hatte klare Vorstellungen von einem würdigen Leben.

Seit mein Vater offen politisch tätig war, bin ich abends oft mit ihm mit dem Fahrrad zu den Versammlungen nach Rees gefahren. Da haben wir gehört, was in der Welt passiert war. Einer tauchte auf, der im KZ gewesen war. Das war meine erste Begegnung mit jemand, der vom Widerstand berichtet hat. Ein anderes wichtiges Thema war die Demokratisierung Deutschlands. Uns leuchteten die Vorstellungen ein, die die Kommunisten entwickelt hatten, die zugleich die Vorstellungen der Sowjetischen Besatzungsmacht waren. Uns schien eine Demokratie nur möglich, wenn man die Schuldigen rankriegt, und zwar nicht nur die, die Lametta getragen haben, also die Uniformträger, sondern die, die Hitler an die Macht gebracht und am Krieg verdient haben. Die großen Konzerne mußten entmachtet und entflochten oder enteignet werden: die Stahlindustrie, die Kohleindustrie, die Chemieindustrie. Und eine Bodenreform. Für manche waren das nur politische Forderungen, anderen ging es um Gerechtigkeit. Wer arbeitet, soll mitbestimmen, was gemacht wird und am Ertrag dessen, was er tut, Teil haben. Und im Bewußtsein der Leute stand dahinter, daß man so auch aus der Armut rauskommt. Das hat alles zusammengewirkt und war auch nicht so sehr entfernt vom Programm der Sozialdemokraten und auch nicht vom Ahlener-Programm der CDU (1947). Da gab es also einen breiten Konsens. Ich habe mich da wohlgefühlt und fand, daß das gerecht und gut ist und habe das unterstützt.

Ich wurde dann in unserem Landkreis Wesel-Rees-Emmerich auch herangezogen für Organisationstätigkeiten in der KPD. Das war schon 1947. Also Zeitungen austragen, Flugblätter verteilen u.s.w., und das führte dann dazu, daß ich 1948 gefragt wurde, ob ich an einem Lehrgang teilnehmen wolle. Sechs Wochen Lehrgang in Minden an der Porta Westfalica. Da traf ich Leute, die aus der Emigration zurückgekommen waren. Max Schäfer ist mir im Gedächtnis geblieben, ein feiner Mensch, der in der westlichen Emigration war (zuerst in Frankreich, dann in Dänemark und Schweden) und nachher auch darunter gelitten hat, weil der kommunistische Apparat die Leute aus der westlichen Emigration immer unter einer Art Generalverdacht ansah. Es konnte sein, daß sie Agenten, daß sie eingeschleust waren. Es galten nur die, die in die Sowjetunion emigriert oder im KZ gewesen waren. Max Schäfer saß dann im ersten Bundestag und war bis zum Verbot der KPD verantwortlich für die Schulungsarbeit der Partei. In Minden war er für mich ein Philosoph und ein wunderbarer Lehrer. Er hat uns zum ersten Mal marxistische Philosophie vermittelt. Er erklärte uns den historischen Materialismus, den Idealismus, Hegel, Feuerbach, die alten Griechen und entwickelte ein Weltbild, daß ich dagesessen bin mit offenem Mund und großen Augen. Türen und Fenster öffneten sich und ich sah ein ganz anderes Bild von der Welt. Ich lernte, wie die Ökonomie funktioniert und welchen Einfluß ökonomische Prozesse in der Geschichte haben. Alles, was ich in der Schule gelernt hatte, war ja eine reine Paukerei gewesen: „Drei, drei, drei, bei Issus Keilerei"; die Kreuzzüge, die Kämpfe gegen die Türken, immer nur Schlachten, das Deutsche Römische Reich, all das sah ich nun in einem neuen Licht. Ich kam aus diesem Lehrgang wie neugeboren. Das haben die Anderen wohl auch gemerkt und ich wurde gefragt, ob ich als Volontär an die Lokalredaktion der kommunistischen Zeitung nach Münster gehen wollte. Sie hieß „Die Freiheit".

Gleich zu Beginn meiner Arbeit habe ich einen fürchterlichen Rüffel gekriegt. Ich wurde zu einer landwirtschaftlichen Auktion von Bullen und Zuchttieren geschickt und sollte eine kleine Meldung dazu schreiben, eine kleine Notiz von ein paar Zeilen. Aber ich war so fasziniert, daß ich mich den ganzen Tag dort herumgetrieben habe, statt zurück in die Redaktion zu gehen. Meine Arbeit, wie übrigens auch die Arbeit der Anderen, sah so aus, daß man morgens die Zeitungen ausgetragen hat, daß man dann nach dem Frühstück in die Redaktion kam und die Zeitung gemacht hat, d.h. man hat versucht, Hand- und Kopfarbeit zusammen zu bringen. Das hat mich beeindruckt und in gewissem Sinne bin ich heute noch ein bißchen stolz darauf, wenn man nicht nur geistig arbeitet, also Artikel schreibt, sondern auch die manuellen Tätigkeiten macht, wie auch wir später in der Plakatgruppe.

Wir gingen in viele politische Versammlungen, sowohl um zu berichten, als auch um uns zu schulen. Da gab es zum Beispiel das Thema der Kriegsgefangenen in Rußland und ihrer Behandlung dort. Die politischen Redner der Rechten zogen von Dorf zu Dorf und versuchten, Stimmung zu machen gegen Rußland, gegen die Rote Armee und die Sowjetunion. Als sie in unsere Gegend kamen, bekam ich den Auftrag, entsprechende

Fragen zu stellen und dagegen zu diskutieren. Das war meine erste Schule der politischen Argumentation. Man bekam was auf die Nase und überlegte, was hast du falsch gemacht. Ich war nie allein, es waren immer zwei, drei mit dabei, auch ein Erfahrener, der sich zu Wort meldete, wenn ich zu arg in Bedrängnis kam. Es war ein ehemaliger deutscher Offizier aus einer adligen Familie, der beim Komitee Freies Deutschland gewesen war und mit der Roten Armee zusammengearbeitet hatte. Er hatte die Aufgabe, die deutschen Linien zu beschallen: Leute, laßt euch nicht verheizen, bedenkt, um was es wirklich geht! Zu ihm hatten wir ein riesiges Vertrauen. Er hat uns auch bestärkt. Da fühlst du dich irgendwie wohl und bist nicht so ganz allein. Denn was sollten wir antworten, wenn die gesagt haben, die Leute verhungern in den russischen Lagern. Es waren ja Fakten. Wir konnten nur zu bedenken geben, was man dem russischen Volk angetan hatte und wie der Krieg entstanden war und daß man jetzt die Konsequenzen ziehen müsse. Ich habe als junger Mensch gesprochen, den die Nazis auch begeistert hatten. Ich konnte mich darauf beziehen, ich war da identisch mit mir. Es war ein Erlebnis, wenn die Leute zugehört haben. Natürlich konnte ich sie nicht gewinnen, aber sie haben zugehört. Ich habe da angefangen, meine rednerische Fähigkeit zu entwickeln, was mir später in den Betriebsversammlungen von Daimler-Benz und im Bundestag zustatten kam. Das war eine harte Geschichte, weil schon alle Zeichen auf Antikommunismus standen. Im Ruhrgebiet, also in den Städten, war das noch anders. Da gab es noch einen direkten Einfluß der KPD auf die Arbeiter. Aber auf dem Land war das nicht so. Am Niederrhein zwischen Wesel und Emmerich, war ich, soweit ich das sehen konnte, der einzige junge Mensch in der Partei. Alle anderen waren sozusagen Überlebende von vor 1933.

Von Münster aus bin ich immer wieder mal zurück in mein Dorf, aber Ende 1948 wurde ich von der Partei aufgefordert, mich für ein zweijähriges Studium an der Karl Marx Hochschule in Berlin zu bewerben. Das habe ich gemacht, mit Überzeugung, weil ich Lust hatte zu lernen und mehr zu wissen. Bei dem Auswahlverfahren spielten weniger die geistigen Fähigkeiten, sondern viel mehr der soziale Hintergrund eine Rolle. Wie verläßlich ist jemand von der Familie her, ist das einer der abspringt, wenn man ihn ausgebildet hat, oder nicht. Meine Geschichte entsprach genau ihren Vorstellungen: Wissensdurstiger junger Arbeiter, nach dem Krieg mit dem

Vater gleich in die KPD. So kam ich zu einem Zweijahreslehrgang auf die Karl Marx Hochschule in Kleinmachnow bei Berlin (Ost).

Parteihochschule

> „Der Unterschied zwischen der Parteihochschule 'Karl Marx' und der Kominternschule (in Moskau) lag nicht nur in der relativ freieren Atmosphäre, sondern auch in der Art des Studiums. In der SED Parteihochschule gab es weder eine militärische Ausbildung noch Unterricht in illegaler Arbeit. Dagegen war das rein theoretische Studium teilweise umfassender als in der Kominternschule. ... Auch wurde zu jener Zeit in der Parteihochschule großer Wert darauf gelegt, nicht nur Behauptungen aufzustellen, sondern auch die Beweise zu bringen. Die Schüler wurden angehalten, gegenteilige Auffassungen zu lesen und zu studieren".
>
> *Wolfgang Leonhard: „Die Revolution entläßt ihre Kinder"*

Die Parteihochschule der SED in Kleinmachnow lag in einem Komplex, der früher zum Bereich der Reichspost gehört hatte. Es war ein Versuchsgelände für Technologie und Kommunikation, im Krieg auch für Raketen, wie sich nachher herausstellte. Das hatte die SED in Besitz genommen und dort eine Internatsschule eingerichtet. Das Gelände war eingezäunt und von der Volkspolizei bewacht. Wir hatten einen Ausweis und konnten ungehindert raus und rein. Hier habe ich zwei Jahre zugebracht. Ich habe nie das Gefühl gehabt, irgendwie eingeengt zu sein. Es war möglich, zum Tanz zu gehen, tagsüber Spaziergänge zu machen oder abends Theater zu besuchen. Es gab eine Art gruppendynamischer Diskussionen, wenn jemand aus der Reihe tanzte, mit einer Frauengeschichte oder sonstwie, das wurde dann thematisiert. Der Lehrgang bestand aus etwa 80-90 Teilnehmern, davon nur fünf aus Westdeutschland. Bei mir auf dem Zimmer war einer, der im Spanienkrieg bei den Internationalen Brigaden gekämpft hatte, ein anderer war in der Emigration in Frankreich gewesen, die meisten waren älter als ich. Eine interessante Mischung. Für die Ostdeutschen waren wir aus dem Westen ein bißchen Exoten. Wir waren die, die den Mut hatten, im „feindlichen Ausland" die Fahne hochzuhalten. Das wurde sehr respektiert.

Da der Kalte Krieg 1949 in vollem Gang war, bekamen wir Westdeutschen einen Decknamen, damit wir bei der Rückkehr als geschulte Kader keinen Reppressalien ausgesetzt werden konnten. Vorname und auch der Anfangsbuchstabe des Nachnamens blieben die gleichen, das war wegen der Zeichen in der Wäsche oder in den Büchern. Ich hieß nun für zwei Jahre Willi Heller. Interessant, wie schnell man sich an so etwas gewöhnt. Es war mir nachher fast in Fleisch und Blut übergegangen, daß ich der Willi Heller war. Die Nazizeit war ja noch nicht lange vorbei und Legalität war für uns etwas relatives, etwas dem man nicht vertrauen konnte.

Ich habe dem Studium meine ganze Kraft gewidmet. Ich habe mich voll darauf einlassen können und das hat mir sehr gut getan, bis heute. Im Zentrum stand das Fach Marxistische Philosophie, Historischer Materialismus. Das war für mich in einer solchen Vertiefung alles neu und alles war Bereicherung. Zu sehen, wie historische Prozesse ablaufen, daß Widersprüche in den Dingen sind, daß eine Ansammlung von Quantitäten neue Qualitäten entstehen lassen, die Dialektik der Natur, das Verhältnis von ökonomischer Basis und Überbau, all das waren für mich große Entdekkungen. Selbst noch in ihrer Stalinschen Version. Das zweite Fach war Kapitalistische Ökonomie und deren Grundlagen: Ware, Wert, Mehrwert, Arbeit, Wert der Arbeit, Preis usw. Es gab das Fach Geschichte des Sozialismus. Das fing an bei Jesus, Jesus gesehen als Sozialrevolutionär. Wir studierten das Mittelalter mit seinen religiösen Formen des Sozialen, dann die Utopisten und die Anfänge der englischen Trade Unions bis zum Wissenschaftlichen Sozialismus. Die Vorzüge des Wissenschaftlichen Sozialismus gegenüber den Utopien und gegenüber den anderen Bewegungen waren ungeheuer beeindruckend. Englische Geschichte, Saint Simon in Frankreich, das sind Kenntnisse, die ich heute noch in mir habe. Ich lernte Geschichte, wie sie in der Nazizeit überhaupt nicht vorgekommen war. Für mich war das völliges Neuland. Ein weiteres Fach war Geschichte der Deutschen Arbeiterbewegung und natürlich die Geschichte der russischen, ein kleiner Lehrgang der KPDSU. Das nahm Formen an wie bei einer Bibellektüre. Alles was da gelaufen war, war verklärt und absolut tabu. Da wurde nichts in Frage gestellt, sondern alles wurde einfach aufgenommen. Das war eine Indoktrination, die mir damals nicht bewußt war. Ich habe keine Probleme damit gehabt.

Als ich drei Monate auf der Schule war, passierte im März 1949 folgendes: Es wurde eine Hauptversammlung der ganzen Schule einberufen und dann wurde uns mitgeteilt, daß ein wichtiger Lehrer fahnenflüchtig geworden sei und sich in den Westen abgesetzt habe. Das war Wolfgang Leonhard. Er war mit der Gruppe Ulbricht aus dem Moskauer Exil nach Deutschland gekommen, also ein Mann der ersten Stunde. Es gab eine riesige Diskussion, wie es möglich ist, daß so ein Mann zum Feind übergeht, und die Antwort war: Ein kleinbürgerliches Element. Damit war das dann abgehandelt, war der Stempel drauf und dann war die Diskussion beendet. Diese Indoktrination hat immerhin so gewirkt, daß lange Zeit, wenn ich den Namen Wolfgang Leonhard hörte, er für mich der Abtrünnige blieb. Wir hatten diese Urteile gegen Trotzkisten und Spalter usw. verinnerlicht und das wirkte sehr lange, selbst noch nach meinem Ablösungsprozeß von der KPD. Das Interessante an der Flucht von Leonhard war, daß er zuerst nicht in den Westen, sondern nach Belgrad geflohen war, zu Tito, der sich im Sommer 1948 von Stalin losgesagt hatte.

Jeden Monat oder alle drei Wochen sind wir ins Theater gegangen, ein fast obligatorischer Besuch. Berliner Ensemble, Deutsches Theater, Komische Oper, Deutsche Oper. Wir hatten durch die Schule Abonnements und es gehörte mit dazu, daß wir an dieser Kultur teilnahmen. Das war für mich ein ganz großes Ereignis. Ich kam vom Land, hatte noch nie ein Theater gesehen, nie eine Oper, so etwas gab es doch überhaupt nicht in einer Landarbeiterfamilie. Ich habe das alles aufgesaugt wie ein Schwamm. Bis heute erinnere ich mich an den Kaukasischen Kreidekreis, an die Mutter Courage mit Helene Weigel, an Ernst Busch, Angelika Hurwicz und andere. Der Brecht mit seinen Texten paßte genau in die Richtung, die wir hatten und die wir auch studierten. Das war für mich so beeindruckend, daß für Kritik kein Platz war. Denn alles war stimmig: Kultur, ökonomische Forderungen, Philosophie und Politik. Wenn ich zurückdenke: Ich würde das sofort wieder machen, würde sofort wieder auf diese Schule gehen. Denn sie war für mich persönlich eine große Bereicherung und ich bin auch der Überzeugung, daß ich das, was ich dort gelernt habe, gut genutzt habe. Nicht gerade im Sinne der Partei, aber als Entwicklung meiner Selbstständigkeit.

Es gab auch besondere Vorlesungen: Walter Ulbricht über ökonomische Aspekte der Entwicklung der DDR; Otto Grotewohl über Fragen der Außenpolitik und des Verhältnisses zur Bundesrepublik Deutschland; Fred Ölßner und Jürgen Kuczinsky zu theoretischen Fragen der sozialistischen Ökonomie. Diese außerordentlichen Veranstaltungen hatten eine große Wirkung. Wir kamen uns sehr wichtig vor, daß solche Leute zu uns sprachen. Man fühlte sich informiert aus erster Hand und dazugehörig. An Kursteilnehmer von westdeutscher Seite erinnere ich mich an Leute wie Hermann Weber und Herbert Mies, den späteren DKP-Vorsitzenden. Weber gehörte zum Zweijahreslehrgang 1948/1949, der sich mit meinem Lehrgang 1949/1950 überlappte. Mit Herbert Mies bin ich an die Ostsee in Urlaub gefahren. Denn in den Sommerferien konnten wir nicht nach Westdeutschland gehen, weil wir ja illegal in der DDR waren und jeder Grenzübergang ein gewisses Risiko barg. Da sind wir sechs Wochen an der Ostsee gewesen und es war wunderschön. Herbert Mies ist später ein sehr dogmatischer Typ geworden, der keine Fragen mehr an sich herangelassen hat, falls er überhaupt welche hatte. Ich traf ihn noch einmal vor ein paar Jahren im ICE von Köln nach Stuttgart. Er ist bis Mannheim mitgefahren. Er vertritt immer noch eine dogmatische Position. Er hat in seinem Leben den Chruschtschow getroffen, er hat den Gorbatschow getroffen, er war auf der Krim und hat immer noch eine Art Agententheorie über den Zusammenbruch des Sozialismus im Kopf. Er hält Vorträge in Zirkeln vor jungen Leuten und ist nach wie vor der Auffassung, daß diese Gesellschaft revolutionär gestürzt oder verändert werden muß. Genau dasselbe wie vor Jahrzehnten, auch in der Art und Weise, wie er die Dinge abhandelt. Und bezeichnenderweise ist er noch nicht einmal bei der PDS, sondern führt die DKP weiter. Ihm ist die PDS zu opportunistisch und biedert sich dem bürgerlichen System zu sehr an. Hermann Weber hingegen ist ein sehr guter Historiker geworden. Er ist früh schon abgesprungen. Wir hatten kein persönliches Verhältnis zueinander.

Zum Programm gehörte, daß wir auch Kontakt zur sozialen Wirklichkeit der DDR bekommen sollten. Zu diesem praktischen Teil kam ich nach Senftenberg, dem damals größten Braunkohlenabbaugebiet mit der größten Förderanlage der DDR. Wir haben vier Wochen an der Arbeit der Betriebsgruppe der SED teilgenommen, aber nicht gearbeitet. Wir schauten uns um, wie sie sich in den Betrieb einmischte, welche Kompetenzen sie hatte, um das praktisch kennenzulernen.

Als ich die Schule Anfang 1951 beendete, war ich 21 Jahre alt. Ich war ein Kader, aber in der kommunistischen Bewegung damals zählte nur, wer eine Geschichte hatte, wer im KZ gewesen war, im Widerstand, in der Emigration. Mit 21 Jahren war es schwierig, maßgeblich mitzureden. Ein junger Genosse hatte kaum Chancen. Zuerst einmal mußte er sich seine Lorbeeren erkämpfen und beweisen, daß er umsetzen kann, was er nun theoretisch gelernt hat.

Funktionär

Die Teilnehmer unseres Kurses wurden in einem Festakt feierlich verabschiedet. Wir Westdeutschen blieben dabei im Hintergrund. Gleich darauf ging es zurück über die grüne Grenze. Es war damals so, daß die westdeutschen Behörden Schwierigkeiten machten, wenn jemand in die DDR wollte, in die Zone, wie es damals hieß. Man mußte dafür einen Interzonenpaß beantragen und wurde registriert. Bei Kommunisten wurde der Interzonenpaß abgelehnt. Oft hatten aber auch Nichtkommunisten Schwierigkeiten oder bekamen sie nach ihrer Rückkehr. Der illegale Übergang war relativ einfach. Ich bekam einen Zettel, auf dem stand: Fahre nach Hildesheim und setze Dich in dies oder jenes Restaurant zu einer bestimmten Uhrzeit mit einer bestimmten Zeitung. Dann kam jemand an den Tisch und stellte eine abgemachte Frage, auf die ich eine bestimmte Antwort zu geben hatte. Dann gab er einen Treffpunkt an. Ein Auto wird da vorbeikommen und Du steigst ein. Man mußte auf die Minute pünktlich sein, sonst klappte es nicht. Dann ist der Wagen losgefahren, irgendwo an einen Punkt, wo die Landstraße ziemlich nahe der Grenze verlief. Da stieg man aus. Wir waren meistens drei oder vier Leute. Da stand dann jemand, der uns durch den Wald geführt hat, meistens hatten sie einen Wald ausgesucht. Und dann kamst du auf der andern Seite an, sahst deine Volkspolizisten und wurdest richtig aufgenommen, mit warmem Kaffee und Brot. Das vermittelte das Gefühl, das ist unsere Polizei, endlich zu Hause. Das war unser Staat. Wenn die westdeutsche Polizei uns geschnappt hätte, hätte sie uns kassiert und einen Tag festgehalten. Viel Schlimmes wäre nicht passiert, aber man hätte uns gehindert, rüberzugehen und man hätte uns registriert.

Im Februar 1951 kam ich auf dem umgekehrten Weg zurück nach Westdeutschland und wurde in die Schulungsabteilung beim Parteivorstand der KPD in Düsseldorf eingegliedert. Dort arbeiteten fünf, sechs Leute. Ich sollte für öffentliche Veranstaltungen vor allem an den Universitäten Referate zu bestimmten Themen ausarbeiten: Der Marxismus und die nationale Frage, der Marxismus und die Macht usw. Ich hatte solche Lektionen auch selber zu halten. Das erste Mal bin ich krank geworden vor Aufregung. Das war vor Studenten in Freiburg über Marxismus und die nationale Frage. Es ging um den theoretischen Hintergrund einer Politik für die deutsche Einheit. Organisiert war das vom Landesvorstand der KPD Südbaden im Saal der Alten Burse. Da warteten 300 bis 400 Studenten. Ich kam mit dem Zug an und wurde nachmittags krank und kriegte Fieber. Die Leute dachten, was ist denn mit dem los? Sie sagten mir, das machst du schon, wir sind dabei, wir helfen dir. Ich habe meinen Vortrag gehalten und muß mich in der Diskussion gegen alle Angriffe tapfer geschlagen haben. Die anderen mußten fast gar nicht eingreifen. Das war meine Probe. Von da an lief es dann leichter, nachdem ich diese Hürde überwunden hatte. Ich habe noch viele solcher Vorträge gehalten, in München, im Ruhrgebiet, überall in Westdeutschland und habe mir meine Sporen verdient. Meine Stärke ist immer gewesen, nicht in inneren Zirkeln, sondern nach außen hin zu argumentieren. Wenn du das durchhalten willst, müssen die Leute spüren, daß du bereit bist, ihre Bedenken anzunehmen.

Das habe ich mehrere Jahre gemacht. 1954 kam ich zu einer der Massenorganisationen der Friedensbewegung, zur „Nationalen Front des demokratischen Deutschland, Arbeitsausschuß Westdeutschland“. Vorausgegangen war folgende Geschichte. Einer der wichtigen, nichtkommunistischen Exponenten war der frühere Zentrumsabgeordnete und Reichskanzler a. D. Josef Wirth (1879-1956). Er hatte sich engagiert gegen die Spaltung Deutschlands und 1953 den „Bund der Deutschen für Einheit und Frieden“ (BdD) gegründet, der zusammen mit der Gesamtdeutschen Volkspartei (GVP) von Gustav Heinemann im September zu den Bundestagswahlen antrat. Am 20. März 1953 sollte er auf einer gemeinsamen Sitzung der Volkskammer und der Länderkammer der DDR in Ostberlin sprechen, auf der unter anderem folgende Forderungen erhoben wurden: „Gesamtdeutsche Verständigung über die schnellste Herbeiführung eines Friedensvertrages und Bildung einer gesamtdeutschen Regierung durch freie, demokratische, geheime und direkte Wahlen in ganz Deutschland". Die westdeutschen Behörden hatten ihm die Ausreise aus der Bundesrepublik verweigert. Mit ihm war der ehemalige CDU-Oberbürgermeister von Mönchengladbach, Wilhelm Elfes (1884-1969). Es waren siebzigjährige Herren, die gegen alle Widerstände nach Berlin (Ost) gebracht werden sollten. Die Russen wurden eingeschaltet und es wurde beschlossen, daß man nach Brüssel fährt, dort über die russische Botschaft irgendwie Papiere bekommt und dann mit einem Flugzeug über Warschau nach Berlin fliegt. Die Partei suchte einen Begleiter, der einen Reisepaß hatte. Ich hatte einen Paß. Bei der Ankunft in Berlin gab es einen großen Empfang durch den Präsidenten der Volkskammer. Der Rückweg war dann genauso. Als wir in Brüssel ankamen, sind wir am Platz des Männekenpiss essen gegangen. Ich hatte das Geld in der Tasche, um zu bezahlen. Und die beiden haben bestellt. So ein Essen hatte ich noch nie gehabt, mit mehreren Gängen und kulinarisch hochrangig. Ich habe mich in meiner Funktion als Betreuer nicht so recht wohl gefühlt, auch weil der alte Reichskanzler krank war. Man mußte den alten Herrn bis auf die Toilette begleiten. Aber nach dem Erfolg dieser Reise wurde mir angetragen, ich sollte den Geschäftsführer des westdeutschen Arbeitsausschusses der Nationalen Front machen. Das habe ich dann getan. Wenn die Partei sagte, hier wird jemand gebraucht, hat man das gemacht. In jedem Bundesland war ein Büro und ich saß in Düsseldorf und hatte die Verantwortung. Ich war sozusagen der Mann der Partei in diesem Apparat und hatte auch einen Etat, der sich damals, 1955, auf etwa 100.000 DM belief. Der Geldapparat war illegal organisiert. Ich bin sehr viel herumgekommen und habe viele Kontakte mit der bürgerlichen Welt bekommen, die mir bis dahin verschlossen gewesen war, mit Pfarrern, mit Professoren und Künstlern, die sich gegen die Wiederbewaffnung und vor allem gegen die Atombewaffnung der Bundeswehr engagierten. Dieser Umkreis war für mich neu und eine große Bereicherung.

Die Frage der Teilung Deutschlands sah ich damals, und zum Teil auch heute noch so, daß die Initiative zur Teilung immer beim Westen lag. Währungsreform und Wiederaufrüstung garantierten die Westintegration, vertieften aber die Spaltung. Das war der Preis. Amerika wollte aus Europa eine starke Bastion gegen die Sowjetunion machen. Ich war empört, daß westdeutsche Politiker die Spaltung Deutschlands betrieben, um diesen Zweck zu erreichen. Und deswegen wollte ich, daß das nicht passierte und daß Deutschland ein neutrales Deutschland wird, das keine Gefahr mehr darstellt für seine Nachbarn. Ein neutrales Deutschland hätte auch gut existieren können. Wie Österreich. Das wäre gegangen, wenn die Großmächte gewollt hätten. Den Russen nehme ich auch heute noch ab, daß sie lieber eine Neutralisierung und Entmilitarisierung Deutschlands gesehen hätten, als eine hochgerüstete Bundesrepublik. Es gab ja entsprechende, bis heute umstrittene Vorschläge von Stalin, es gab den Rapacki-Plan (1957), aber das wurde im Westen in keinem Augenblick ernsthaft diskutiert. Ich weiß nicht, wohin diese Pläne geführt hätten. Die Gefahr, daß die Russen aus Deutschland eine Volksrepublik gemacht hätten, war gering. Auch wenn sie die politische Absicht gehabt hätten. Dafür waren die Voraussetzungen viel zu ungünstig. Aber im Westen herrschte die Überzeugung, mit einem entmilitarisierten Deutschland seien die Russen mit ihren Panzermassen vor dem Atlantik nicht aufzuhalten. Und es kamen noch andere Aspekte dazu: Die kapitalistische Restauration, die Unsicherheit der politischen Entwicklung in einem neutralen Deutschland und schließlich, daß viele Regierungen, aus Sicherheitsgründen und aus alten Ängsten, lieber ein gespaltenes als ein einiges Deutschland wollten.

Das System

Wer Positionen gegen die Remilitarisierung und für ein neutrales, einiges Deutschland bezog, geriet in der Bundesrepublik zunehmend ins Abseits. Der Antikommunismus eines großen Teils der Bevölkerung knüpfte nahtlos an die antibolschewistische Zeit unter Hitler an. Für viele bedeutete diese Kontinuität die Bestätigung, daß das doch nicht alles falsch gewesen sein konnte, warum man gegen Rußland in den Krieg gezogen war. Ganz logisch, daß die Leute so dachten. Wer das nicht akzeptierte, nahm ihnen ihre Sicherheit und löste eine gewisse Aggressivität aus. Das steckte tief im Unterbewußtsein der Menschen und damit wurden wir konfrontiert. Das war oft sehr hart.

Mein Vater wurde 1951 angeklagt, die „Polizeiverordnung des Innenministers des Landes Nordrhein-Westfalen betreffend das Verbot der Volksbefragung über die Remilitarisierung Deutschlands“ mißachtet zu haben. „Die Verordnung verbietet in den §§ 1 u. 2 jede Tätigkeit einer Vereinigung, die die Volksbefragung über die Remilitarisierung Deutschlands und für den Abschluß eines Friedensvertrages mit Deutschland durchführen und fördern will“. Am 20. August 1951 entschied das Landgericht Duisburg: „Das Verfahren gegen den Angeschuldigten muß auf Grund des Artikels 100 des Bonner Grundgesetzes ausgesetzt werden, weil die Kammer die Verordnung des Innenministers des Landes Nordrhein-Westfalen vom 28.4.51 für verfassungswidrig hält.“

Ich war also abgebrüht. Schon lange hieß es: Das ist der Kommunist. Bereits in der Schule war ich ein Außenseiter, da ich der Einzige war, der nicht am Religionsunterricht teilgenommen hatte, was in der Nazizeit aber nicht so schlimm war. Wenn du einmal in dieser Rolle des Außenseiters bist und angegriffen wirst, entwickeltst du deine Verteidigungsstrukturen und läßt dich dann auch nicht so schnell umschmeißen.

In Westdeutschland waren wir Kommunisten eine ziemlich isolierte Gruppe. Bei den Wahlen 1949 erzielte die Partei noch 5,7 % aller Stimmen, im September 1953 nur noch 2,2 % und dümpelte dann zwischen 1,5% und 0,5% weiter. Überall wo wir auftauchten, waren wir isoliert (abgesehen von wenigen herausragenden lokalen Situationen in Betrieben und Gemeinden) und wir waren heilfroh, wenn wir wieder unter uns, in der Gruppe, unter Gleichgesinnten diskutieren konnten. Eine solche Situation hat eine ganz schlimme Auswirkung auf die einzelnen Personen, die da handeln. Wo nur noch mit groben Klötzen und mit groben Keilen gearbeitet wird, hat der Einzelne keine Möglichkeit mehr, Fragen zu stellen und andere Positionen an sich heranzulassen. Draußen schlug man uns immer die Zustände in der Sowjetunion um die Ohren, die Lager, die Unterdrükkung, die Unfreiheit. Für mich war das einfach antikommunistische Propaganda, ein Angriff auf das kommunistische System. Und ich war Teil dieses Systems. Unter diesem Druck konnte ich keine Fragen stellen. Das hätte sofort bedeutet, daß ich in der Gruppe als anfällig für feindliche Propaganda gegolten hätte. So gerät man immer weiter in die Isolierung, auch wenn in dieser Gruppe alles prima Menschen sein mögen. Der Kalte Krieg hat mich festgenagelt in der Gruppe. Der Zwang löst sich erst auf, und so war es auch bei mir, wenn man sich öffnet und mehr Kontakt bekommt mit der Gesellschaft.

Aber es gab auch eine andere Seite. Wir waren hier zwar eine verschwindende Minderheit, fühlten uns aber als Teil einer weltumspannenden, kommunistischen Bewegung, die ein Fünftel der Erde in Besitz hatte. Mich faszinierten die Vorgänge in China, in Lateinamerika, die Entkolonisierung und die Weltfriedensbewegung. Überall empfand ich mich als Teil einer weltumspannenden gemeinsamen Sache. Daher war es auch tragbar, isoliert zu sein. Man war isoliert und war es doch nicht. Insofern war der Antikommunismus für mich kein Problem. Ich hatte dafür sogar Verständnis. Ich dachte, wir greifen die anderen an und fand natürlich, daß sich die Gegenseite wehrt. Die Studenten waren für mich Abkömmlinge der bürgerlichen Schicht und meinesgleichen waren die Möglichkeiten der Bildung hier verbaut. Ich habe verstanden, daß sie sich antikommunistisch äußerten. Umgekehrt wußte ich, daß man in der DDR als Bürgerlicher keinen Zugang zur Universität hatte, man mußte schon ein kommunistischer Bürgerlicher sein. Wo wir regierten, hatten die anderen keinen Zugang. Also, ich habe das mehr funktional gesehen. Darum sind bei mir auch keine Haßgefühle aufgekommen. Ich kann mich an so etwas nicht erinnern. Auch später noch hatte ich ein zwiespältiges Verhältnis zu den Berufsverboten. Wenn ich als Kommunist das bestehende System verändern oder stürzen will, muß ich mich nicht wundern, wenn ich vom Lehrerberuf oder vom Polizeiapparat ferngehalten werde. In der DDR wäre niemand auf die Idee gekommen, einen Bürgerlichen, der nicht die Ideen des Sozialismus verinnerlicht hat oder zumindest auf den Lippen trägt, Lehrer oder Richter werden zu lassen. Bis in die 70er Jahre hinein war ich überzeugt, daß es seine guten Gründe hat, dieses bürgerliche System zu bekämpfen. Darum wunderte ich mich auch nicht, wenn die anderen sich wehrten. Ich hatte den Klassenkampfgedanken völlig verinnerlicht. Wie die Regeln eines Schachspiels. Ich sah die Demokratie als Schönwetterschiff. Wenn es für das System gefährlich wird, wird sie autoritär oder gar faschistisch. Ihr sind alle Mittel recht, um die Besitzgesellschaft zu verteidigen. Nach dem Verbot der KPD stieß mein Ziel, ein ungerechtes System zu verändern, ganz konkret an die Grenzen der Demokratie in der Bundesrepublik. Das war meine Erfahrung, das habe ich am eigenen Leib erlebt.

Nach diesem Schema habe ich auch den 17. Juni 1953 erlebt. Es gab sicherlich in der DDR Entwicklungen, die zur Unzufriedenheit geführt hatten, aber im wesentlichen sah ich den Protest vom Westen angestachelt und gelenkt, sodaß es eine Berechtigung gab, das System mitten im Kalten Krieg zu verteidigen und den Aufstand zu unterdrücken. In der Situation des Kalten Krieges gab es nur Schwarz und Weiß. Es gab nichts graues und keine Vermischung von Farben, auch keine anderen Wege, andere Möglichkeiten. Es hat weh getan, daß so etwas in unserem Land nötig war, denn mir war klar, daß ein Aufstand nur entstehen kann, wenn es dafür auch Ursachen gibt. Und natürlich war es auch eine emotionale Geschichte. In der Zeit, als ich in der DDR war, hatte ich persönlich mitgekriegt, daß Arbeiter Direktoren von Fabriken wurden, daß sie umgeschult wurden, daß Ingenieure, die eine linke Vergangenheit hatten, in die entsprechenden Positionen kamen, daß die Polizei von Antifaschisten geführt wurde und vieles mehr. Ich glaubte, hier wird umgesetzt, was ich in meinem Kopf habe. Die ganze Frage des Sozialismus und der DDR war für mich eingebettet in die größere Geschichte der Unterdrückten, die jetzt zur Geltung kommen und den Versuch machen, etwas Neues aufzubauen. Das ist die Sache, die ich bis heute verfolge. Das ist für mich immer noch das Thema. Unabhängig davon, in welchem System. Die Kommunisten haben dieses Anliegen nicht eingelöst, sondern Schindluder damit getrieben. Für mich aber war das immer ein ganz konkretes Thema, später auch bei Daimler-Benz, sodaß wir angefangen haben, uns um diejenigen in der Fabrik zu kümmern, die die schlechtesten Arbeitsbedingungen hatten. Ich weiß nicht, woher dieses Engagement bei mir kommt. Vielleicht ist es die Mütze, die mein Vater nicht aufsetzen wollte, um sie nicht ziehen zu müssen. Dieses Bild hat mich immer wieder verfolgt. Da liegt im Grunde der ganze Sozialismus drin, daß man aufrecht dasteht, daß man eine Persönlichkeit ist, daß man Widerstand leistet, daß man das zusammen mit allen anderen macht und nicht versucht, sich allein auf die andere Seite zu retten, auf die Seite derer, vor denen man den Hut ziehen muß.

Ende 1953 habe ich geheiratet. Waldtraud Wacker ist die Tochter eines alten Kommunisten aus dem Schwarzwald, der in Heuberg im KZ war. Er war von Beruf Schmied, noch ein richtiger Schmied mit solchen Muskeln und war im Schwarzwald gefürchtet wegen seiner Stärke. Wo er vor 1933 als Saalschutz oder Rotfront auftauchte, waren die Leute ruhig. Nach dem Krieg wurde er von den Franzosen als Bürgermeister eingesetzt. Er war für kurze Zeit der erste demokratische Bürgermeister in Hornberg. Er hat dort die Nazis aus ihren Positionen, aus dem Rathaus, aus der Verwaltung rausgeschmissen. Noch im Krieg war er aus dem KZ Heuberg entlassen worden und kam in ein Bewährungs-Strafbataillon in Griechenland. Bei einem Urlaub 1944 ist er nicht mehr zurück zur Truppe und hat sich im Schwarzwald versteckt. Er hat vier, fünf Monate in seinem Versteck zugebracht, bis die Franzosen kamen. Sein Schwager, der dabei war, hat einmal einen Besuch gemacht bei seiner Frau in Hornberg und ist bei diesem Besuch wohl beobachtet worden. Sie haben ihn geschnappt und er wurde erschossen. Meine Frau kam aus dieser Familie und arbeitete, als ich sie kennen lernte, für die Nachrichtenagentur ADN der DDR in einem Kamerateam des DDR-Fernsehens. Sie berichtete aus Westdeutschland und machte Aufnahmen von Demonstrationen, von sozialen Situationen und belieferte sozusagen die Propaganda der DDR. Wir heirateten und bekamen eine Tochter, Irina, die später Cutterin geworden ist und heute in London lebt. 1958 arbeitete meine Frau dann im Düsseldorfer Büro der an Moskau orientierten Welt-Friedensbewegung. Als diese in Nordrhein-Westfalen verboten wurde, wurde das Büro nach Stuttgart verlagert. Sie ging nach Stuttgart und das war dann auch ein Grund für mich, nach Stuttgart umzusiedeln.

Arbeiter

„Am Donnerstag, dem 12. März 1959 erschienen abends um einhalb zehn Uhr zwei Polizisten in meiner Wohnung und durchsuchten sie. Einer der beiden war der Kriminalbeamte Pohl. Sie durchsuchten das ganze Haus mit der Begründung, ich hielte jemand in meiner Wohnung versteckt. Meine berechtigte Frage nach einem Durchsuchungsbefehl wurde mit der Bemerkung abgetan, „das haben wir nicht nötig". Als sie ihre nutzlose Sucherei aufgaben -warum sollte ich auch jemanden in meiner Wohnung „verstecken" - verließen sie ohne ein Wort der Entschuldigung meine Wohnung. Ich weiß nicht, ob Ihnen bekannt ist, daß mein Mann, Dr. Hans Mertens, aus politischen Gründen schon seit zwei Jahren inhaftiert ist. Ich frage mich daher wirklich ernsthaft, welches Jahr schreiben wir eigentlich, 1933 oder 1959?"

Flugblatt von Frau Anneliese Mertens,
Grevenbroich im März 1959

Hans Mertens war der Syndikus der KPD und wohnte in meiner nächsten Nachbarschaft in Grevenbroich. Das Flugblatt, das seine Frau verteilte, gibt einen Eindruck vom Klima, in dem wir Kommunisten damals lebten. 1958/1959 unternahmen wir noch einmal große Anstrengungen, um politisch zu überstehen, aber in gewisser Hinsicht war das KPD-Verbot von 1956 ein Schlußstrich, denn die Währungsreform, die Remilitarisierung und die Stabilisierung der Wirtschaft hatten in der Zwischenzeit Fakten geschaffen. Die Spaltung Deutschlands war vollzogen. Es gab zwei Systeme und zwei deutsche Staaten. Die Organisationen, die gegründet waren, um das alles zu verhindern, hatten sich irgendwie überlebt. Als 1956 das KPD-Verbot kam, wurde der ganze Parteiapparat stillgelegt. Die Polizei besetzte die Büros. Vorher haben wir die Büros noch ausgeräumt, man hat die Schreibmaschinen aufgeteilt auf einzelne Leute und hat die Sachen versteckt. Damit war im Grunde zunächst einmal die alte Struktur zerschlagen. Auch die, in der ich tätig war, der westdeutsche Arbeitsausschuß der nationalen Front. Ich war als Kommunist bekannt, es hatte also keinen Sinn, da weiter zu machen. Die Organisation hatte keine politische Bedeutung mehr und die DDR war auch nicht mehr bereit, diese Struktur zu finanzieren. Für mich entstand nun das Problem, was mache ich jetzt. Ich war Landarbeiter, einen ordentlichen Beruf hatte ich nicht gelernt. Für mich stand außer Frage, daß ich als Kommunist in die Fabrik gehörte. Die kommunistische Idee hatte hier ihre Basis. In den Fabriken und in den Gewerkschaften. So habe ich das verstanden und für mich ging es nun darum, wie kann ich in die Fabrik kommen. Zum meinem Erstaunen war ich der einzige Funktionär, der das wollte. Die Leute, die ich vom Parteivorstand und aus dem Apparat kannte, tauchten, sofern sie nicht weiter hauptamtlich illegal eingesetzt wurden, in Versicherungsgesellschaften oder sonstwo in der freien Wirtschaft unter, es waren ja auch keine Dummköpfe. Ich erinnere mich an den Abteilungsleiter der Schulungsabteilung damals. Er war aus der Gefangenschaft in Rußland zurückgekommen und war dort im Komitee Freies Deutschland gewesen. Er hatte eine bürgerliche Erziehung gehabt, Gymnasium, Abitur, und hat bis zum Verbot durchgehalten. Anschließend arbeitete er als Versicherungsagent. Das war für mich ein kleiner persönlicher Schock. Ich bin für mich einen anderen Weg gegangen, mag sein, daß ich keine Wahl hatte, daß sich keine andere Möglichkeit anbot. Aber ich glaube, Staubsaugerverkäufer oder Policenanwerber hätte auch ich werden können.

Mir war klar: wenn du in einen Betrieb gehst und willst politisch arbeiten, brauchst du die Anerkennung der Leute. Und da hat es ein Hilfsarbeiter schwerer als ein Facharbeiter. Um keine 3-jährige Ausbildung nachholen zu müssen, wurde ich Schweißer. Es gab in Duisburg bei der Schweißtechnischen Lehr- und Versuchsanstalt einen Lehrgang, in dem man in sechs Wochen die Grundkenntnisse des Elektroschweißens vermittelt bekam. Den habe ich gemacht und bin dann auf Arbeitssuche gegangen. Ich kam 1957 unter bei der IHC (International Harvester Company) in Neuss, einer Traktorenfabrik, direkt in der Akkordarbeit. Ich mußte Rohre schweißen, Laschen an Rohre ranschweißen und habe mir schnell die Fertigkeiten angeeignet, daß ich da bestehen konnte. In dieser Fabrik existierten drei oder vier Genossen der KPD, zu denen ich dann gestoßen bin und nachdem ich drei Wochen in der Fabrik war, erschien unser erstes kommunistisches Flugblatt. Da stand ein halbes Jahr Gefängnis drauf, wenn man gefaßt wurde. Weiterführung der KPD und Betätigung für sie wird mit der

Mindeststrafe von einem halben Jahr geahndet. Unser Flugblatt, verteilt während der Vorstreiksituation einer Lohnrunde, hat natürlich die Polizei aufgeschreckt. Als ich eines Abends zu einem der Kollegen nach Hause ging, öffnete niemand. Ich habe die Klinke gedrückt, die Tür ging auf und ich bin rein. Ich sah ihn dasitzen und bin auf ihn zugegangen und dann ging die Tür wieder zu und die Polizei war drin. K14 hieß das in Nordrhein-Westfalen, das war die politische Polizei. Und einer sagte gleich, auf Sie haben wir noch gewartet. Man hatte bei ihm bei der Durchsuchung Flugblätter gefunden. Er hatte sie zu Hause liegen, was ein großer Blödsinn war. Man muß die Wohnung sauber haben. Das habe ich übrigens immer so gehalten. Sowohl in Düsseldorf als auch nachher, in Stuttgart, habe ich insgesamt vielleicht 15 Hausdurchsuchungen erlebt. Man hat die Wohnung auf den Kopf gestellt auf der Suche nach Flugblättern und belastendem Material. Nur wegen des Besitzes von Blättern. Unvorstellbar heute, wenn ich das so überlege, diese Angst, daß jemand etwas schreibt, was der Obrigkeit nicht gefällt.

Ich kam am 21. März 1958 ins Untersuchungsgefängnis Düsseldorf-Derendorf und am nächsten Tag vor den Haftrichter. Er hat einen Haftbefehl ausgestellt, „weil damit zu rechnen ist, daß sie sich in die Ostzone absetzen und sich damit dem Strafverfahren entziehen. Darüber hinaus besteht die Gefahr, daß die Angeschuldigten durch Vernichtung von Beweismitteln und durch Beeinflussung anderer die Ermittlung der Wahrheit erschweren werden". Die Anklage lautete auf „Fortführung der KPD" und Verbreitung „von Schriften, deren Inhalt darauf gerichtet ist, den Bestand der Bundesrepublik Deutschland zu beeinträchtigen". Ich saß dann 14 Tage im Gefängnis in strenger Einzelhaft, hatte aber noch Gelegenheit gehabt, dem Genossen zu sagen: „Du weißt nicht, was ich wollte, so habe ich freie Hand und kann sagen, was ich will". Ich behauptete, daß ich auf Wohnungssuche sei. Was halbwegs auch stimmte. Ich lebte tatsächlich in einer beengten Wohnung mit meiner Frau und einem Kind. So sagte ich also der Polizei: „Ich wollte den Kollegen fragen, weil ich ihn vom Betrieb her kenne, ob er nicht weiß, wo eine Wohnung frei ist". Er hat dann ein halbes Jahr gekriegt, weil er mehrere Flugblätter zu Hause hatte und ich wurde nach 14 Tagen entlassen. Aus einem Solidaritätsfonds habe ich dann der Frau des inhaftierten Genossen monatlich eine Geldsumme überbracht, damit sie überleben konnte, solange ihr Mann im Gefängnis saß.

Als ich wieder in den Betrieb kam, mußte ich gleich zum Personalchef. Er hat nur gesagt, Sie sind entlassen. Fristlos. Ich war noch in der Probezeit. Das Recht hatten sie. Ich ging erneut auf die Suche nach Arbeit, was nicht so einfach war. Ich fand dann aber in Düsseldorf bei der Brückenbaufirma Hein Lehmann & Co. einen Arbeitsplatz und konnte dort erstmal meine Kenntnisse im Schweißen ungeheuer erweitern. Das war Brückenbau, eine größere Anforderung. Es wurden Stahlbleche zusammengeschweißt, Knochenarbeit, Akkordarbeit. Du mußtest bei einem Doppel T-Träger, der 20 Meter lang und einen Meter hoch war, Teile anschweißen mit 5 mm Elektroden, das war ziemlich das größte, was es da gab. Aber es war für mich eine Lehrzeit, in der ich meine Sicherheit fand. Bei dem Konjunktureinbruch 1958 wurden 120 Leute entlassen und es gab eine Betriebsversammlung deswegen. In dieser Versammlung habe ich vom Leder gezogen und die Entlassungen angeprangert. Statt den Osthandel aus politischen Gründen einzuschränken, sollte zur Erhaltung der Arbeitsplätze der Handel mit der DDR, der Sowjetunion und China gefördert werden. In der von der illegalen KPD unterstützten Zeitschrift „Die freie Meinung“ vom Dezember 1958 kann man das nachlesen. Da steht ein Artikel mit dem Titel: „Sie haben eine schöne Rede gehalten, sagte Direktor Kramer und gab dem Arbeiter H. die Papiere“. Ich hatte kein Blatt vor den Mund genommen, weil ich sowieso auf der Entlassungsliste stand und sozusagen die Papiere schon in der Tasche hatte. Der Betriebsratsvorsitzende wollte mir das Wort entziehen, aber die Leute haben so lange protestiert und auf die Tische geklopft, bis er mir wieder das Wort gab. Das ging drei Mal so. Dreimal sagte er, jetzt ist Schluß, aber die Arbeiter verlangten, daß ich weiterredete. Sie waren froh, daß einer die Schnauze aufmachte. Das war für mich ein ungeheures Erlebnis. Am nächsten Morgen, ich hatte ja wegen der Kündigungsfrist noch 6 Wochen zu arbeiten, sagte mein Vorarbeiter, ich solle zum Personalchef kommen. Ich bin dann in die Personalabteilung und der Personaldirektor sagte den Satz: „Sie haben gestern so eine schöne Rede gehalten, ich will Sie hier nicht mehr sehen, Sie können in die Lohnbuchhaltung gehen, da werden Sie ausbezahlt für die sechs Wochen“. Von nun an bekam ich keine Arbeit mehr im Raum Düsseldorf.

Bei Mannesmann in Düsseldorf mußte ich vorschweißen und der Vorarbeiter hatte gesagt, ja das ist in Ordnung, sie können anfangen am Montag. Aber zwei Tage später bekam ich Bescheid, daß ich nicht gebraucht werde. Da war klar, daß ich auf eine schwarze Liste gekommen bin und keine Arbeit mehr bekomme.

Ich habe mich dann beim Braunkohlentagebau bei Friemersdorf, im Dürener Raum beworben und kam unter bei einer Kohlenscheidungsgesellschaft aus Stuttgart, bei der KSG, die die Mühlen zusammenbaute, in denen die ausgebaggerte Braunkohle mit ungeheurer Kraft zur Elektrizitätserzeugung zermahlen und in den Ofen eingeblasen wurde. In Friemersdorf wurde ein Elektrizitätswerk auf Braunkohlebasis erweitert und beim Bau des neuen Abschnitts kam ich unter. Eine politische Betätigung war da fast unmöglich. Da bist du alleine auf deinem Arbeitsplatz gesessen und der nächste Mann war 20 Meter höher über dir. Die Leute haben andere Interessen. Sie verdienen auf der Montage mit Spesen einigermaßen gut. So etwas macht für einige Jahre, wer Geld braucht. Da gab es keine Angriffspunkte. Ich merkte: Halt erstmal die Klappe und lerne, damit du Boden faßt. Hier habe ich das Schweißen vervollkommnet, sodaß ich wirklich als Topschweißer anerkannt werden konnte. Da gab es senkrechte Nähte, waagrechte, um die Ecken herum und über dem Kopf in entsprechender Höhe. Ich habe gelernt, auf den schmalen Trägern auf 40 Metern Höhe zu laufen. Ungesichert. Wenn ich heute daran denke, geht es mir kalt den Rücken runter. Auch im Winter waren wir den ganzen Tag an der frischen Luft, im Regen und in Kälte, bei allen Temperaturen. Da habe ich nachgedacht und gesagt, das hat keine Zukunft, das geht mir an die Substanz. Wenn ich abends nach Hause kam, merkte ich, wie fertig ich war. Darum habe ich bei dieser Firma angefragt, ob ich nicht in ihre Stuttgarter Werkstatt kann. Der Antrag wurde genehmigt. Meine Begründung war, daß meine Frau in Stuttgart arbeitet und daß ich die Familie zusammenführen will. Die Arbeit in der Werkstatt war noch härter als auf der Montage. Da wurden diese großen, dicken Teile geschweißt, im Akkord, unter Aufsicht von Vorarbeitern und Meistern. Auf der Montagestelle hattest du immer Gelegenheit, mal wegzugehen. Und sie hatten auch Verständnis dafür, wenn du dein Pensum gemacht hast. Aber hier sagte ich mir, das hältst du dein Leben lang nicht durch. Das ist die wirkliche Maloche. Abends nach der Schicht war ich so fertig, daß ich erst einmal eine Stunde liegen mußte, was den weiteren Abend blockierte. Ich wollte sowieso in einen Großbetrieb und so habe ich mich bei Daimler-Benz beworben. Das war Mitte 1959. Ich habe vorgeschweißt und mit dem Meister gesprochen. In der Installationsabteilung. Ich war bei Daimler-Benz.

Der Prozeß

„Wenn Sie, verehrte Wählerin und verehrter Wähler

- gegen die Atombewaffnung der Bundesrepublik
- für eine atomwaffenfreie Zone in Europa
- für die Abschaffung der Wehrpflicht
- für die Bildung einer Konföderation und für die Verständigung zwischen den beiden deutschen Staaten
- gegen den unheilvollen Einfluß der Industriegewaltigen in Staat und Wirtschaft
- für die Sicherung des Arbeitsplatzes durch verstärkten Handel mit den Ländern des Ostens
- für eine vernünftige Preis- und Steuerpolitik durch Beseitigung der Rüstungslasten

sind, dann schenken Sie mir Ihr Vertrauen und geben Sie mir Ihre Stimme" ...

Mit vorzüglicher Hochachtung
Willi Hoss

„Ich arbeite als Elektroschweißer, bin aktiver Gewerkschafter, 29 Jahre alt, verheiratet und habe eine dreieinhalbjährige Tochter".

Flugblatt zu den Landtagswahlen in NRW im Juni 1958

Die Partei war im August 1956 verboten worden. Die illegal gewordene Führung beschloß aber 1958, zu den Landtagswahlen in Nordrhein Westfalen einzelne, „unabhängige" Kandidaten aufzustellen. Das Verbotsgesetz war so gefaßt, daß nicht die Theorie und die Meinungsäußerung, sondern die Organisation, der organisatorische Zusammenhang verboten waren.

Man konnte als Einzelner bei den Wahlen kandidieren. Als ich hörte, im Ruhrgebiet kandidieren als Unabhängige ehemalige Mitglieder der KPD, habe ich das aus eigener Initiative ebenfalls gemacht, ohne organisatorische Absprache mit der Führung und nur nach Rücksprache mit ein paar Genossen. Damals wohnte ich in Grevenbroich. Ich bekam mit Hilfe meines Mitstreiters Peter Sack die nötigen Unterschriften zusammen und habe meine Kandidatur eingereicht. Der Kreiswahlausschuss hat das genehmigt. Es gab nur drei Kandidaten, bei denen ein Kreiswahlausschuss so etwas genehmigt hat. Alle anderen 38 kommunistischen Kandidaten wurden schon im Vorfeld abgeschmettert. Es war klar, daß die Partei hinter diesen Kandidaten stand. Bei mir hat dann der Landeswahlausschuss die Kandidatur für ungültig erklärt. Was ich nicht wusste, war, dass in Berlin (Ost) eine Zusammenkunft stattgefunden hatte, um die Kandidaturen zu organisieren. Das ging irgendwie an mir vorbei. Warum, weiss ich auch nicht. Ich habe da jedenfalls nicht teilgenommen. Auf die Entscheidung des Landeswahlausschusses reagierte ich mit einem Flugblatt (Juli 1958) in dem ich schrieb:

„Der Landeswahlausschuß hat entgegen der Bundesverfassung und dem Bundeswahlgesetz gehandelt. Es gibt kein Gesetz, welches ehemaligen Mitgliedern der KPD verbietet, ihr aktives und passives Wahlrecht auszuüben. Der Innenminister und der Landeswahlausschuß maßen sich das Recht an, die Bürger in politisch Zuverlässige und Unzuverlässige einzuteilen. So etwas haben wir schon einmal gehabt. Jeder, der die Dinge beim richtigen Namen nennt und eine Meinung vertritt, die der Regierung nicht paßt, soll mundtot gemacht werden. Auf der anderen Seite übersieht man geflissentlich, wieviele ehemalige Nazigrößen sich zu hohen und höchsten Regierungsspitzen drängen. SS-Generäle werden freigesprochen, andere erhalten Pensionen in Höhe von über 1.000 DM. Das Vorgehen gegen mich birgt die Gefahr in sich, daß in Zukunft mit diesen und anderen Methoden die Bewegung gegen den Atomtod und andere oppositionellen Bestrebungen abgewürgt werden ..."

Die Staatsanwaltschaft strengte zwölf Prozesse vor dem Oberlandesgericht in Düsseldorf an wegen"Fortführung der illegalen KPD durch Kandidatur bei den Landtagswahlen in Nordrhein Westfalen". In meinem Prozeß waren die Angeklagten einfache Menschen: Ein Schlosser, ein Konstrukteur, ein kaufmännischer Angestellter, ein Buchhalter, ein städtischer Verwaltungsangestellter, eine Hausschneiderin, eine Heimarbeiterin und ich, der Elektroschweisser. Das Urteil vermerkt kommentarlos in den meisten Lebensläufen eine antifaschistische Vergangenheit (der Angeklagte Weydener war übrigens bei den Edelweißpiraten). Die Staatsanwaltschaft konnte nachweisen, dass eine Konferenz in Ostberlin stattgefunden hatte. Meine Teilnahme konnten sie natürlich nicht beweisen, auch nicht die der meisten anderen Angeklagten, aber mitgefangen, mitgehangen. Das Gericht befand:

„Bezüglich der Angeklagten Weydener, Hoss, Breitenbach, Kahler und Müller hat die Hauptverhandlung keine Anhaltspunkte dafür gegeben, dass sie auch an dieser Tagung teilgenommen haben. Die Kammer konnte auch auf Grund des Ergebnisses der Beweisaufnahme nicht feststellen, auf welche Art und Weise diese Angeklagten von der illegalen KPD angewiesen worden sind, für die illegale KPD als Unabhängige aufzutreten. Gleichwohl ist die Kammer überzeugt, dass auch diesen Angeklagten solche Weisungen zugegangen sind und ihre Kandidatur auf diessen Weisungen beruhte."

Das Glück der Staatsanwaltschaft war, daß die Polizei bei einer der vielen Hausdurchsuchungen bei mir eine kleine Reiseschreibmaschine gefunden hatte, die ich nach dem Verbot der KPD in Verwahrung genommen hatte. Wir hatten kurz vor dem Verbot kleinere Maschinen, Abzugsgeräte und Büromaterial beiseite geschafft. Daraus hat man konstruiert, daß ich die KPD fortführte. Da das Eigentum der KPD nach dem Verbot konfisziert worden war, also dem Staat gehörte, hatte ich den Staat im Auftrag der KPD betrogen. Meine Flugblätter und Wahlaufrufe wurden vom Gericht alle als „strafbares Tun" aufgeführt.

Die Verhandlungen fanden im Frühjahr 1961 vor dem Landgericht Düsseldorf statt. Aber schon vorher, im Dezember 1959, hatte ich mehrere Vorladungen beim Amtsgericht Grevenbroich, das mich wegen „staatsgefährdender Tätigkeit" (§§90 a, 128,129,42,47 BVGG) als Angeschuldigten vernehmen wollte. Jeder Brief hatte den maschinengeschriebenen Zusatz: „Falls sie nicht erscheinen, werden sie durch die Polizei vorgeführt". Am 30. Oktober 1959 hatte ich eben erst bei Daimler begonnen. Ich war noch in der Probezeit und man hätte mich ohne weiteres wie damals in Düsseldorf entlassen können. So eine Strafsache war in dieser Lage für mich existenzgefährdend und ich erinnere mich sehr gut an meine Angstzustände. Zum Glück funktionierte die Zusammenarbeit des Verfassungsschutzes der Länder damals noch nicht so gut wie heute. So konnte ich meinem Meister sagen, ich hätte im Rheinland noch Sachen abzuwickeln, Erbschaftsgeschichten und müßte im Vorgriff tageweise Urlaub nehmen. Er meinte, das kriegen wir schon hin und ahnte nichts Politisches. Ähnlich lief das dann 1961. Sechs Wochen lang habe ich montags gearbeitet, mich nach Feierabend in den Zug gesetzt und bin nach Düsseldorf gefahren. Es waren 12 Verhandlungstage, jeweils Dienstag und Donnerstag. Am Dienstag nahm ich abends nach der Verhandlung wieder den Zug nach Stuttgart und habe mittwochs gearbeitet. Mittwoch Abend ging es wieder nach Düsseldorf und Donnerstagabend war ich wieder zurück.

Am 8. Juni 1961 verkündete die große Strafkammer des Landgerichts Düsseldorf im Namen des Volkes ihr Urteil. Es gab zwei Freisprüche. Meinem Mitstreiter Sack nahm man ab, von meiner Verbindung zur illegalen KPD nichts gewußt zu haben. Wir sechs anderen wurden „der in staatsgefährdender Absicht begangenen Geheimbündelei schuldig“ erkannt und schuldig, „auf Weisung der verbotenen KPD zu den Landtagswahlen NRW im Jahre 1958 aufgetreten zu sein, in staatsgefährdender Absicht und unter Verschleierung ihrer Verbindung zur illegalen KPD“. „Die bei dem Angeklagten Hoss aufgefundenen Druckschriften: Friedensprogramm einer Großmacht, Der Jungarbeiter und Junge Welt wurden eingezogen“. Es waren Einzelexemplare, Druckerzeugnisse aus der „Ostzone“, das genügte. Das Gericht versuchte, meinen Lebenslauf zu werten und erklärte mein politisches Engagement mit einer „schlechten sozialen Stellung“. Andere Gründe konnte es sich nicht vorstellen.

„Der Angeklagte Hoss ist offenbar durch die finanziellen Mißhelligkeiten, denen seine Eltern während der Inflation in Deutschland und später während der Wirtschaftskrise in Holland ausgesetzt waren, sowie auf Grund der späteren Krankheit seines Vaters in eine schlechte soziale Stellung geraten, die ihn zum Kommunismus geführt hat. Auch er wurde während des Krieges aus seiner erstrebten Ausbildung zum Lehrerberuf herausgerissen und musste sich später als Arbeiter verdingen. Bei ihm ist auch nicht zu übersehen, daß er durch die kommunistische Einstellung seines Vaters zur KPD gekommen ist. Andrerseits musste bei ihm bei der Festsetzung der Strafe zum Ausdruck kommen, dass er neben seiner Kandidatur als „Unabhängiger“ auch noch ehemaliges KPD-Vermögen der Einziehung entzogen hat. ... eine Schreibmaschine, 2 Kartons mit Matrizenstiften und Schreibpapier“. Infolgedessen erkannte das Gericht auf eine „Gefängnisstrafe von 9 Monaten“ auf Bewährung. Weil „der Angeklagte eins der vornehmsten Rechte des Staatsbürgers, nämlich sein Recht auf Wählbarkeit, gröblichst mißbraucht“ hat, wurden mir außerdem für fünf Jahre die „Fähigkeit zur Bekleidung öffentlicher Ämter, Verlust des Wahl- und Stimmrechts und der Wählbarkeit“ aberkannt. Die Urteilsbegründung umfaßt insgesamt 99 Seiten.

Gottseidank wurde ich nicht eingesperrt und so konnte ich meine Arbeit weiter machen. Drei Jahre später kam dann der stellvertretende Betriebsratsvorsitzende zu mir. Ich war inzwischen in Betriebsversammlungen aufgetreten und im Betrieb schon bekannt, den Hoss, den kannten sie, und sagte: Hast Du vor, zum Betriebsrat zu kandidieren? Ich antwortete: Darüber habe ich mir noch nicht so Gedanken gemacht, da kann ich weder ja, noch nein sagen. Aber ich wußte, ich durfte das gar nicht. Ich durfte ja für 5 Jahre weder wählen, noch öffentliche Ämter bekleiden. Und dann sagte er mir: Du, hör mal, wir wissen, dass Du verurteilt bist und dass Du nicht kandidieren darfst. Nur damit Du es weisst. Falls Du kandidieren wolltest, das geht nicht. Sie wußten also Bescheid. Ich habe dann nachher rausgekriegt, daß es in diesen Fragen, was die Überwachung kommunistischer Einflüsse in der Belegschaft betraf, Kontakte zum Verfassungsschutz gab. Bei der IG Metall und auch bei den anderen Gewerkschaften gab es regelmäßige Kontakte und Gespräche mit dem Verfassungsschutz, wo Informationen über kommunistische Unterwanderung ausgetauscht wurden. Ich fand das damals unerhört, weil für mich ja der ganze Staatsapparat ein feindliches Gebilde war. Aber nach dem, was ich heute weiß, was passiert wäre, wenn die Kommunisten die Macht in Westdeutschland erobert hätten, habe ich ein gewisses Verständnis für solche Gespräche entwickelt.

In Stuttgart wurde das alles wesentlich liberaler gehandhabt als in Nordrhein-Westfalen, wo die Christdemokraten und auch die Sozialdemokraten Angst hatten, daß Kommunisten im Bergbau und in den Großbetrieben Fuss fassen könnten. Ich habe Nordrhein-Westfalen als ein ganz hartes

Pflaster empfunden, wo die politische Polizei recht scharf vorging, obwohl nach meiner Einschätzung eine wirkliche Gefahr dieser Art nie bestanden hatte. Demgegenüber empfand ich Stuttgart wie einen Gesundbrunnen des Liberalismus, muß ich ehrlich sagen. Also, die Leute waren tolerant. „Hajoh, du bisch Kommunischt?“ Es hat ihnen zwar nicht gefallen, aber sie haben es akzeptiert. Mich haben die Gründe für diesen Unterschied interessiert und ich habe mir sagen lassen, daß diese Liberalität auf die Einflüsse der Französischen Revolution auf Süddeutschland zurückgeht. In Stuttgart war es möglich, daß ein Eugen Eberle, der als Betriebsratsvorsitzender bei Bosch 1952 als Kommunist entlassen wurde, lange Zeit in den Stadtrat gewählt wurde und ein allseits geachteter Mann war, den man akzeptiert hat. Da kam ich in eine Situation, die mir sehr gut getan hat. Zum ersten Mal erlebte ich, daß ich als Andersdenkender akzeptiert wurde. Und darum muß ich sagen, nach den ganzen Jahren, die ich in Stuttgart bin, fühle ich mich besonders wohl hier. Heute noch.

Bruchstellen

Wahrscheinlich bin ich in gewissen Phasen stur gewesen und habe keine Argumente an mich herangelassen, aber die neue Umgebung in Stuttgart, der neue Arbeitsplatz und was in der Partei und in der Politik passierte, ließen mit der Zeit Bruchstellen zwischen meinen Gedanken und dem kommunistischen System hervortreten. Die Notwendigkeit, eine eigene Position zu beziehen, kam schon 1956 aus der kommunistischen Bewegung selbst. Die Chruschtschow-Rede über Stalin hat einen ungeheuren Eindruck auf mich gemacht. Im März 1956 war sie mit einiger Verspätung den SED-Kadern auf einer Parteikonferenz in den wichtigsten Punkten mitgeteilt worden. Kurz darauf fand ein illegaler Parteitag der KPD in der DDR statt, zu dem ich als Delegierter hinfuhr. Wir dachten, wir werden nun auch informiert. Aber das war nicht der Fall und wir bekamen nur eine kurze Zusammenfassung. Das hat mich furchtbar enttäuscht in meinem Selbstbewußtsein. Bis dahin war ich höchstens manchmal verunsichert, sonst aber fest auf der Moskauer Seite, auf der Linie der KPD und SED. Diese Rede hat dann aber zunächst einmal bestätigt, daß hinter den Argumenten, die ich immer als bloßen Antikommunismus abgewehrt hatte, eine Realität stand. Ich bekam das Gefühl, ich habe mich irgendwie in eine Falle locken lassen. Das stärkte den Stachel des eigenen Nachdenkens. Es hat zumindest dazu geführt, zu sagen, Junge, das nächste Mal paßt du aber besser auf. Man mußte also den Sachen auf den Grund gehen. So hat das bei mir gewirkt. Gleichzeitig dachte ich, wenn Kommunisten so offen sind und fähig zu einer solchen Selbstkritik, sind sie auch stark genug, mit den Problemen fertig zu werden. Das hat bei mir ziemlich genau zehn Jahre vorgehalten. Es hat also zehn Jahre gedauert, bis ich gemerkt habe, daß sie nicht fähig sind, das System zu ändern. Der Beweis kam spätestens im Prager Frühling.

Jedenfalls war die Entstalinisierung ein ziemlich schwieriger Prozeß, der bei mir dazu führte, daß ich mich anderen Argumenten mehr geöffnet habe. Von nun an war ich eher bereit, auch mit anderen Gruppen Kontakt aufzunehmen. Das war dann schon in Stuttgart, wo ich Fritz Lamm (1911-1977) kennen lernte, den Betriebsratsvorsitzenden der Stuttgarter Zeitung, Jude und unorthodoxer Linker, der 1962 aus der SPD ausgeschlossen worden war, weil er zusammen mit Abendroth, Flechtheim und anderen zur Unterstützung des SDS (Sozialistischer Deutscher Studentenbund) den „Sozialistischen Bund“ ins Leben gerufen hatte. In der Begründung für meinen Parteiausschluß aus der DKP wird Fritz Lamm ausdrücklich erwähnt und als antikommunistisches Element bezeichnet. (Zitat: „Sein Festhalten an der Mitgliedschaft bei gleichzeitiger Ablehnung der Politik der KP ist nur verständlich aufgrund der Verbindung zur Gruppe Lamm/Bergmann und anderen direkt antikommunistischen Gruppierungen“.) Die KPD hat Fritz Lamm in eine „direkt antikommunistische Gruppierung“ verwandelt. Wer als Linker nicht Kommunist war, war Antikommunist. Für sie war er „Trotzkist“ und das war das schlimmste. Für mich wurden die Kontakte zu anderen Gruppen, zu undogmatischen Sozialisten, zu Sozialdemokraten und überhaupt zu anders denkenden Menschen eine riesige Bereicherung und haben mich langsam dem kommunistischen Milieu entfremdet.

Das hatte auch zu tun mit der Arbeit in der Fabrik. Wenn du in einer Abteilung mit 100 Leuten arbeitest und machst Gewerkschaftsarbeit, machst deine handwerkliche Arbeit, bist du den ganzen Argumenten, die in der Luft liegen, ausgesetzt und mußt Stellung beziehen. Das hat Folgen. Du fängst an, nachzudenken und baust neue Kreise auf und hast die Chance, dich aus einem zu engen System zu lösen. Es sei denn, du bist ein Scharlatan oder ein Opportunist, der diese Angriffe nicht aushält und sich der Auseinandersetzung mit den Kollegen entzieht. Das kam aber für mich nie in Frage.

Die Eltern

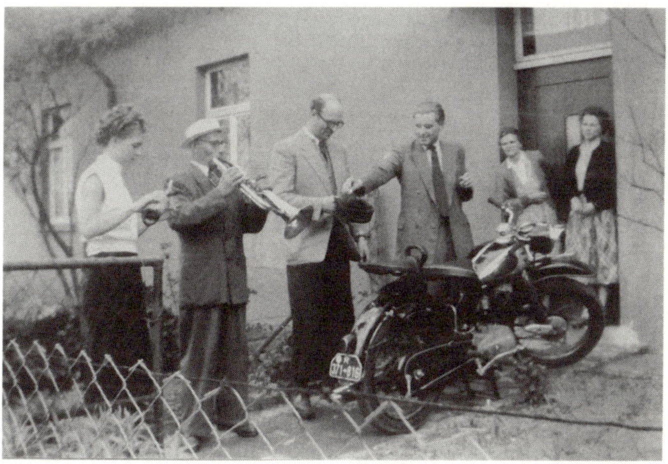

Ein Motorrad wird gefeiert (etwa 1947)

Mit Herbert Mies an der Ostsee (1950)

Willi Hoss 1952

Mit den Geschwistern in Moers (1956) (von l.n.r.: Willi, Hilde, Martha, Peter)

Auf den Rheinwiesen mit Waldtraud und Irina (1958)

Willi klebt Plakate (1962)

Teil II

Beim Daimler

Facharbeiter

Im Oktober 1959 kam ich in das Werk Untertürkheim, in dem 34.000 Leute beschäftigt waren. Ich arbeitete in der Installationsabteilung, die im ganzen Werk zuständig war für alles, was mit Wasser, Preßluft, Heizung und Abluft an Maschinenanlagen und Gebäuden zu tun hatte. Die Maschinen sind wassergekühlt. Leitungen müssen verlegt, repariert und geändert werden. Wir waren etwa 110 Leute. Diese Abteilung hatte überallhin Zugang. Wenn ich irgendwohin mußte, habe ich meinen Schweißwagen genommen, mein Werkzeug und bin losgezogen. Die Meister und die Vorgesetzten in den Abteilungen kennen ihre Handwerker und stellen sich gut mit ihnen. Sie wollen sie nicht verärgern, weil davon abhängt, daß kaputte Maschinen möglichst schnell und gut repariert werden. Wenn man den Beweis geliefert hat, daß man gute Arbeit macht und wenn von oben keine Reklamationen kommen, lassen sie einen in Ruhe. Ich war der einzige Elektroschweißer und wenn irgendwo ein Rohr geplatzt war oder erneuert werden mußte, wenn Rohre an irgendwelche festen Pfeiler angeschweißt werden mußten, wurde ich geholt. Wenn die Installateure sagten, um drei Uhr kannst du mit dem Schweißen anfangen, habe ich um zwei Uhr meine Sachen in der Werkstatt zusammengepackt, mich auf den Weg gemacht, mal hier, mal da mit den Leuten geredet und war dann pünktlich am Platz. Strategisch war diese Beschäftigung hervorragend, um Verbindungen zu knüpfen, mit Leuten in anderen Abteilungen zu reden, und überhaupt bekannt zu werden.

Nach besonders harter Arbeit fand ich auch Gelegenheit, mich zu erholen. Es kam vor, daß ich untertage arbeiten mußte in den Kanälen, wo die Leitungen verlaufen oder wo es ganz eng war oder wo eine Leitung an der Wand entlang läuft und an dem hinteren Teil des Rohres zu schweißen war. Spiegelschweißen erfordert eine große Übung. Die Vorgesetzten, der Vorarbeiter oder der Meister, sahen, dass das eine komplizierte Arbeit war und ließen mich dann in Ruhe, wenn nicht etwas Wichtiges kam. Oft war es so, daß die Installateure, die die Leitungen verlegten, warten mußten, bis die Schweissarbeit gemacht war. Sie standen dann herum und haben zugeguckt, wie ich das gemacht habe. Und das hat mir sehr gut gefallen und ich habe immer gedacht, also dieser Beruf ist einfach ideal.

Im Laufe der Zeit habe ich dann fachlich weitergehende Prüfungen als Hochdruckschweisser in verschiedenen Legierungen abgelegt. Das erhöhte noch meinen Wert, ganz abgesehen davon, daß das auch auf der Lohnseite honoriert wurde. Um an bestimmten Behältern zu arbeiten, mußte man diese Prüfung haben. Die Schweissnähte wurden geröntgt, um festzustellen, ob da Einschlüsse drin sind in der Schweissnaht. Das mußte homogen verbunden sein, ein geschlossenes Blech, die linke Seite mit der rechten, oben und unten, ohne Schlackenlöcher. Ich war dann der einzige Schweisser bei Daimler-Benz in Untertürkheim, der mit dem TÜV zusammenarbeitete. Wenn der TÜV kam, sagten die Ingenieure: Das muss der Hoss machen! Das gibt einen Nimbus, der mir gut getan hat, sich aber auch politisch niederschlug. Etwa ein Jahr, nachdem ich in diese Abteilung hineingekommen war, stand eine gewerkschaftliche Vertrauensleutewahl an. Ich hatte als Konkurrenten einen Sozialdemokraten, der das vorher gemacht hatte. Ich bin dann in dieser angesehenen Facharbeiterabteilung von Installateuren, Flaschnern, Heizungsmonteuren und Schlossern mit 78% der Stimmen gewählt worden.

Ein paar Jahre später passierte folgendes: Ich bekam eine Aufforderung, in die Personalabteilung zu kommen, wo mich zwei Beamte der Politischen Polizei erwarteten. Sie zeigten mir einen Durchsuchungsbefehl für die Werkstatt, das Auto und meine Wohnung. Sie durchsuchten meinen Schrank, meine Werkzeugkiste und den Spind im Waschraum, fanden aber nichts. Gleiches Ergebnis bei meinem Auto und in meiner Wohnung. Ich mußte dann noch zur Vernehmung auf das Landeskriminalamt. Am nächsten Morgen ging ich mit einem flauen Gefühl an meinen Arbeitsplatz. Es war gut möglich, daß ich in die Personalabteilung gerufen wurde, „hier sind ihre Papiere“, ich kannte ja das Spiel schon. Den Kollegen hatte ich sofort gesagt, die Polizei sei zu mir gekommen, weil ich ein Linker war. Also politische Gründe. Später erfuhr ich, daß es sich um die landesweit gegen Kommunisten durchgeführte Operation „Schneehase“ gehandelt hatte. Von der Personalabteilung hörte ich nichts, aber einige Wochen später forderte der sozialdemokratische Konkurrent eine neue Vertrauensleutewahl. Meine Gegner zogen alle Register: Es ist eine Schande für unsere Abteilung, daß wir einen Vertrauensmann haben, bei dem die Polizei ins Werk kommt und Hausdurchsuchungen macht. Trotz dieser massiven Angriffe wurde ich mit 56 % der Stimmen erneut gewählt.

Kurz zuvor war ich gewarnt worden. Diese kleine Episode war bezeichnend für das Klima unter uns. Ich hatte einen Meister, der vor 1933 im sozialistischen Arbeitersport gewesen war. Er war ein hervorragender Handwerksmeister, wie eben ein Daimlermeister sein mußte. Zu ihm hatte ich ein gutes Verhältnis. Er kam eines Tages zu mir und sagte: Willi, du musst aufpassen, die haben mich von oben gefragt, wie du bist hier in der Arbeit, was du so machst und tust. Da ist irgendwas im Busch gegen dich. Der wusste dann auch, daß das politisch war. Ich hatte schon in Betriebsversammlungen gesprochen und mich mit den etablierten Betriebsräten angelegt. Eigentlich ganz vorsichtig. Er warnte mich. Gegenüber dem Antikommunismus, dem man ständig ausgesetzt war, waren das ganz andere Töne. Der Mann war sicher geheilt vom Kommunismus. Er wollte damit nichts zu tun haben. Aber er hatte eine Ahnung davon, was das heisst, wenn man diese Überzeugung hat.

Das war wie damals im Gefängnis. Da hatte ich auch so ein Erlebnis in der Untersuchungshaft. Wir waren zu zweit verhaftet und waren getrennt. Ich hatte an meiner Zelle ein Schild: Strenge Einzelhaft. Tatgenosse Michas. Das werde ich nie vergessen. Und an seiner Zelle stand: Strenge Einzelhaft. Tatgenosse Hoss. Abends war ich eingeliefert worden. Am nächsten Tag kamen dann die Aufseher, die mich fürchterlich schlecht behandelt haben, emotional schlecht. Sie waren brummig und wütend. Da habe ich gedacht, was ist denn das? Wir hatten so eine Klappe, die konnte man von der Zelle aus ziehen, dann wussten die, ah, da muss ich mal gucken gehen. Ich fragte, ob ich etwas zum Lesen haben kann. Da sagte er: Das kommt nicht in Frage. Sie warten ab, bis Sie soweit sind! Am nächsten Tag kam derselbe Mann und sagte: Ich kann Ihnen was zu lesen besorgen, ich habe gedacht, Sie wären ein Sexualverbrecher. Bei ihnen steht: Strenge Einzelhaft. Aus den Papieren hat er irgendwie mitgekriegt, dass ich ein Politischer bin. Er war ein Sozialdemokrat, der mir dann sagte: Junge, warum machste denn das? Das ist doch Scheisse, das ist doch nichts. Er hat wie ein Vater ein paar Worte mit mir gewechselt und da habe ich auch eine Solidarität gespürt. Er hat mein politisches Engagement respektiert.

Politik im Betrieb

Meine erste politische Tätigkeit bestand darin, die Restkommunisten, die es im Betrieb gab, zusammenzubringen. In Untertürkheim waren es sieben, acht ansprechbare Leute. Wir wussten, wo jeder arbeitet und haben uns etwa ab 1960 im Abstand von zwei Monaten außerhalb des Betriebs getroffen. Von 1960 bis 1967 erschien unregelmäßig, aber alle 4, höchstens 8 Wochen die illegale KPD- Zeitung: Der Daimler-Arbeiter. Zwei, drei hektographierte DIN A 4 Blätter, in denen zu politischen Fragen, vor allem aber zu betrieblichen Vorkommnissen, Situationen, Akkorderhöhungen, Vorgesetzten, die sich schäbig verhalten haben usw. Stellung genommen wurde. Wir hatten eine Schreibmaschine und eine Hektographiermaschine und machten ungefähr 150 Exemplare, mehr war nicht drin, es ging ja auch um die Verteilung. Abends habe ich sie an die einzelnen Leute verteilt, ein Päckchen mit 15, 20 Exemplaren. Wir haben dann ausgemacht, morgens um 7 Uhr geht jeder von seinem Arbeitsplatz weg und macht einen Gang durch den Betrieb, durch die einzelnen Hallen. Da stehen die Maschinen und die Kästen, Teile, die vor oder nach der Maschine gelagert sind. Wir sind durchgelaufen und haben im Vorbeigehn die Blätter in die Kästen fallen gelassen. Oft habe ich die Blätter in die Materialkästen des automatischen Transportsystems gelegt, das in einem Halbgeschoß unter der Decke installiert war. So kamen die Blätter automatisch zusammen mit dem Material an die Arbeitsplätze der Kollegen. Das Ganze durfte nicht länger als 10 Minuten, eine Viertelstunde dauern und danach hat dann keiner mehr ein Blatt, nicht am Körper, nicht in seinem Schrank, nichts. Wenn Du geschnappt wirst, wirst du fristlos entlassen und die Mindeststrafe für illegale KP-Tätigkeit ist ein halbes Jahr Gefängnis. So war das damals. Und es hat immer geklappt. Man wußte, daß eine solche Zeitung da ist und wir wurden nie erwischt. Ich habe Jahre später jemand getroffen, der im Archiv arbeitete, in der Zentrale von Daimler-Benz. Ich war da schon nicht mehr in der KPD. Dieser Mann hat mir erzählt, daß unsere Zeitung fein säuberlich archiviert worden ist.

Ich weiß nicht, welche Wirkung diese Blätter hatten. Vielleicht schlug sich Jahre später etwas davon nieder in der großen Zustimmung, die

Hermann Mühleisen, Mario D'Andrea und die Plakatgruppe fanden. Aber 1959/60 war bei Daimler eine Situation, in der es überhaupt keine gewerkschaftliche, kritische Haltung gab. Es gab einen eingespielten Betriebsräteapparat, eine kleine Gruppe, fast schon eine Clique von Leuten, die sich immer wieder selbst bestätigten. Sie hatten den Vertrauensleutekörper so organisiert, daß der Betriebsratsvorsitzende, sein Stellvertreter und eine Gruppe von sechs, sieben Leuten, darüber bestimmten, wer Betriebsrat wird, wer gefördert oder nicht gefördert wird. Karl Hauff, der Betriebsratsvorsitzende, war ein ausgemachter Kommunistenfresser. Sein Stolz war: Unser Betrieb ist kommunistenfrei. Als sozialdemokratischer Abgeordneter saß er im Landtag von Baden Württemberg, er war im Aufsichtsrat der Daimler-Benz AG, später war er stellvertretender Aufsichtsratsvorsitzender, von der Arbeitnehmerseite her. Er war Vorsitzender des Gesamtbetriebsrates von allen Werken: Bremen, Hamburg, Berlin, Mannheim, Gaggenau, Wörth, Stuttgart-Sindelfingen. Er saß im Aufsichtsrat der AOK und der Sozialversicherung. Das war so ein richtiger Multifunktionär. Der hat nicht mehr gewusst, was am Fliessband los ist. Um ihn herum waren auch nur solche, die ihm zugearbeitet haben. Sein Verhältnis zur Geschäftsleitung war gut eingefahren. Es wurde abgesprochen was möglich und was nicht möglich ist. Von Auseinandersetzung keine Spur. Nur bei den Lohnrunden, alle zwei Jahre, kehrten die Gewerkschaftsfunktionäre den Kämpfer heraus. Unser Betrieb war dazu ausersehen, die Speerspitze der IG Metall in unserem Tarifgebiet zu sein. Wenn der Punkt kam, an dem die Unternehmer nicht höher gingen als 2 Prozent, kamen die Warnstreiks.

Wir hatten einen Warnstreik 1963. Es war nicht ganz klar, ob sich die Leute mobilisieren lassen. Eine Facharbeiterabteilung ist sehr zurückhaltend in diesen Dingen. Es war der erste Streik, den ich organisiert habe. Die zahlenmäßig stärksten in der Abteilung waren die Heizer, dann die Installateure, die Schlosser und Flaschner. Zuerst habe ich unseren Schlossern gesagt: Hört mal, wie sieht es denn aus? Und dann haben die gesagt, gut, wenn die anderen mitmachen, machen wir das auch. Dann bin ich zu den Installateuren gegangen und habe gesagt: Hört mal, so und so sieht das aus, also die Schlosser, die machen mit. Dann zu den Heizern, zu den Heizungsmonteuren, immer dasselbe und dann war es beschlossen. Aber es muss jemand geben, der diese Vermittlung zwischen den einzelnen Gruppen macht. Alleine hätten sie es nicht gemacht, das ist klar. Das Ganze war auch zeitlich sehr eng. Zwischen sieben und neun Uhr mußte das organisiert sein. In meiner Abteilung ist also nach dem Frühstück keiner aufgestanden. Alle sind sitzengeblieben. Das hat sich sofort im ganzen Werk herumgesprochen, zumal die Fliessbänder weiter liefen, die Schmiede lief weiter, die Giesserei lief weiter. Die haben es nicht geschafft, die Leute zu mobilisieren. Nicht mehr als 20 % der Belegschaft hatte sich beteiligt. Da kam der Obermeister zu mir und sagte: Was haben Sie da gemacht? Wir sind die Einzigen, die streiken, was ist denn los? Er war ganz ausser sich, nicht nur, dass gestreikt wurde, das wäre egal gewesen, aber dass wir die Einzigen waren von den Facharbeitern, wir die Installationsabteilung! Die Werksinstandhaltung, 400 Leute, mit der Zuständigkeit für den ganzen Maschinenpark, eine riesige Abteilung, hat weitergearbeitet. Wir hatten natürlich die Rückendeckung der Gewerkschaft und es wurde in der Vertrauensleuteversammlung auch hervorgehoben, daß wir die einzige Facharbeiterabteilung waren, die gestreikt hat. Das hatte in meiner Abteilung so eine Doppelwirkung. Einerseits waren sie stolz, wir haben es geschafft. Andrerseits war es ihnen auch nicht recht, weil der schwäbische Arbeiter ungern auffällt.

Die wenigen alten Kommunisten bei Daimler hatten, auch wenn es gute Leute waren, kaum die Möglichkeit, sich in den betrieblichen oder gewerkschaftlichen Gremien kritisch zu äußern. Ich war nicht als Kommunist bekannt und spürte deutlich die Diskriminierungen, die meiner Ansicht nach ungerecht und der gewerkschaftlichen Arbeit abträglich waren. Diskriminiert wurden vom mächtigen Apparat der IG-Metall übrigens auch die christlichen Gewerkschafter. Im Grunde ging es um die Frage, wieviel Spielraum haben Minderheiten in einer Einheitsgewerkschaft. In der straff organisierten IG-Metall mit ihren SPD-Betriebsratsfürsten war er denkbar gering. Das hat einen sensiblen Arbeiter wie Hermann Mühleisen so empört, daß er in der Vertrauensleuteversammlung offen dazu Fragen stellte. Er stand ganz allein da und die Funktionäre der IG-Metall haben ihn nach Strich und Faden abgebürstet. Für sie war er ein verkappter Christ. Und so trafen wir uns, er, der verkappte Christ und ich, der verkappte Kommunist. Unsere Begegnung war ein Wendepunkt. Wir begannen, uns gemeinsam in die Gewerkschaftsarbeit einzumischen und wehrten uns dagegen, daß die

Basis nicht zum Zuge kommen konnte, daß kritische Ansätze unterdrückt und die Leute im Grunde dazu erzogen wurden, sich nach denen zu richten, die vorne waren. Schnell waren die Fronten klar. Auf der einen Seite Leute, die etwas anderes wollten, die die Courage hatten, Vorschläge einzubringen und auf der anderen Seite die Masse der Vertrauensleute, in Abhängigkeit von denen da vorne. Die führende Clique hatte die Möglichkeit Versprechungen zu machen und zu entscheiden, wer 14 Tage auf die IG-Metall Schule darf, auf den Lehrgang für Vertrauensleute 1, den Vertrauensleutelehrgang 2, oder auf Betriebsräte- und Vertrauensleuteschulungen zu bestimmten Sachthemen. Das hing von denen ab, wen sie für eine Auszeit im Betrieb mit vollem Lohnausgleich und auch noch mit Spesen vorschlugen. Hermann und ich wurden nie auf einen Lehrgang geschickt und ich habe diese schwierige Zeit des Schläge Einsteckens und - Austeilens nur durchgehalten, weil ich meine Ausbildung auf der Karl-Marx-Hochschule durchgemacht hatte. Wir waren bei den Vertrauensleuten schnell als Sprecher isoliert, obwohl viele von ihnen unsere Vorschläge als vernünftig empfanden, sich insgeheim so etwas auch gedacht hatten, sich aber nicht trauten und bei Abstimmungen sogar gegen uns hielten. Unsere Themen waren die mit dem Wirtschaftswunder zunehmende Schere zwischen Lohn und Profit sowie die Differenzierungen zwischen Akkordarbeitern und Facharbeitern und auch unter den Facharbeitern selbst. Die Löhne stiegen, aber die Ungleichheiten nahmen zu und die Möglichkeiten, sich zu artikulieren, nahmen ab.

Eigentlich hatten wir nur eine Chance, wenn wir uns an die Belegschaft wandten. Wenn wir Ross und Reiter nannten. Das haben wir gemacht, indem wir diese Dinge nicht nur im Vertrauensleutebereich, sondern auch in den Betriebsversammlungen ansprachen. Das war dann sowohl der IG-Metall, als auch meiner Partei, der illegalen KPD, zuviel. Da kamen die ersten Diskussionen. So geht das nicht, man darf innere Zwistigkeiten nicht vor dem Klassenfeind austragen und undemokratische Strukturen öffentlich machen, statt es bei einem innergewerkschaftlichen Diskurs zu belassen. Den hätten sie vielleicht noch geduldet. Das wäre vielleicht noch in ihrer Vorstellung gewesen. Aber da hast du ja keine Chance, die hast du nur, wenn du die Basis miteinbeziehst. So kam zum ersten Mal dieser Vorwurf gegen uns auf, wir betrieben eine RGO-Politik (Rote Gewerkschaftsopposition), wie die Kommunisten in der Weimarer Republik. Es war die KPD, die diesen Vorwurf erhob, die den alten Fehler der Gewerkschaftsspaltung vor 1933 nicht wiederholen wollte. Aber diese Funktionäre verstanden nicht, daß wir keine Organisationspolitik machten, sondern Basispolitik. Ich sagte, wenn ich im Betrieb bin, dann sind die Leute für mich das Entscheidende, sie sind für mich der Orientierungspunkt und nicht die Organisation.

Wir haben unsere Fragen auf allen Ebenen vorgetragen, in der Ortsverwaltung und in der Delegiertenversammlung der IG Metall. Es war schon ein bißchen kritisch, daß wir vor den Funktionären der anderen Betriebe unseren eigenen Betriebsrat, die führenden Leute dort, sozusagen denunzierten. Aber wir hatten keine andere Wahl. Unsere grundsätzliche Entscheidung kam aus der Einsicht, nur wenn die Basis informiert wird und sich bewegt, gibt es eine Chance, etwas zu verändern. Öffentlichkeit im Betrieb bedeutete natürlich auch Öffentlichkeit nach außen. In der Stuttgarter Zeitung und in den Stuttgarter Nachrichten erschienen Artikel über Unstimmigkeiten in der IG Metall beim Daimler. Wir haben alle Ebenen der Öffentlichkeitsarbeit genutzt und das hat uns weitergebracht.

1967 kam es zu einem Angriff der Firma und des Betriebsrates auf Hermann Mühleisen. Hermann war Facharbeiter im Bereich „Versuch und Entwicklung", ein qualifizierter Dreher an einer speziellen Bohrmaschine und Vertrauensmann seiner Abteilung. Eine angesehene Tätigkeit. Er und ich waren die Sprecher unserer Gruppe. Es gab noch ein paar andere, z.B. Fritz Stecher vom Werksteil Hedelfingen, ein guter Mann, der nicht in der KP war, sondern bei den Naturfreunden. Hermann verteilte im Vorfeld einer Lohnrunde die IG-Metallzeitung und bekam deswegen Streit mit seinem Meister, einem Leuteschikanierer. Hermann beschrieb das in seinem Tagebuch so:

„Als er sagte, ich würde mein Geld überhaupt nicht verdienen, sondern meine Stellung als Vertrauensmann mißbrauchen, da konnte ich meine Erregung nicht mehr zügeln. Ich schrie ihn an, wenn hier einer sein Geld nicht verdiene, dann sei er es, denn er mache ja nichts anderes, als seine Leute zu schikanieren und zu bespitzeln. Nachdem er mich einen unverschämten Kerl genannt hatte, fluchte ich und schrie, so Kerle wie er hätten dieselbe Rolle auch im Dritten Reich gespielt; er habe die Nazi-Mitgliedschaft angenommen, nur um Aufseher spielen zu können, wie er es heute auch tue. Er sei ein Antreiber. Außerdem sei ich gewählter Vertrauensmann, der von der überwiegenden Mehrheit der Kollegen gegen seinen Willen gewählt worden sei. Das sei ja gerade das Traurige, meinte er" (aus Kursbuch 38, 1974).

Der Meister machte eine offizielle Beschwerde, die bis zum Betriebsratsvorsitzenden Hauff ging. Hauff stellte sich auf die Seite des Meisters, obwohl dieser zugeben mußte, daß Mühleisen ein guter Facharbeiter war und daß es bei diesem Streit eigentlich um seine gewerkschaftliche Tätigkeit ging. Hermann wurde ans Fliessband strafversetzt. Das war für uns natürlich ein Schlag. Wir dachten, mein Gott, wenn du nicht ganz genau aufpasst, dann geht´s jetzt doch zur Sache. Weil wir Einfluß gewinnen, versuchen sie mit solchen Methoden, uns zu bremsen. Bisher hatte unsere Gruppe keinen Menschen am Fliessband, wir waren alle Facharbeiter, und da haben wir gesagt, Hermann es ist nun mal so, wir müssen da durch. Wir werden dich unterstützen, so gut es geht. Nach einem dreiviertel Jahr war er Vertrauensmann an diesem Fliessband. Damals waren am Fliessband etwa 70-80% ausländische Arbeitnehmer. So kam es zum Zusammentreffen mit Mario.

Ausländer

> „Bereits Anfang 1965 stellten wir Ausländer die Mehrheit der Arbeiter an den Fließbändern; später erfuhren wir, ein Vorgesetzter habe gesagt: hier werden nur Ausländer arbeiten, denn bei denen erreichen wir alles, was wir wollen. ...
> Die Firma entwickelte ihre eigene Strategie, um aus uns Bandarbeitern die doppelte Produktion herauszuholen und erstickte Solidaritätsaktionen bereits im Keime mit Repressions- und Disziplinarmaßnahmen. Nur selten arbeiteten zwei gleicher Nationalität nebeneinander, wir wurden am Band so eingeteilt, daß die Nationalität vom einen zum anderen wechselte. Keiner durfte sich von seinem Arbeitsplatz entfernen, man durfte nicht mit seinem Nachbarn sprechen ...
> Die genaue Akkordzeit erfuhr man nicht, und wer wagte, danach zu fragen, wurde durch Versetzung an einen schwereren Arbeitsplatz bestraft."
>
> *Aus dem Tagebuch von Mario D'Andrea (PLAKAT, 1979, 41)*

Mario D'Andrea kam 1962 aus ländlichen Verhältnissen Süditaliens in die Bundesrepublik, zuerst auf eine Baustelle, dann in eine Ziegelei und Ende 1963 zu Mercedes, ans Fließband. Er wohnte in einer Firmenunterkunft („300 Mann in Baracken hinter Metallzäunen, für Frauen Zutritt verboten"). Eines Tages hörte er, „daß in der Abteilung neben mir vor kurzem ein dort noch ganz neuer Kollege mit überwältigender Mehrheit gewählt worden war. Ich ging ihn besuchen, er sagte mir, daß er Hermann heiße, und ich bemerkte, welche Sympathien er sich bereits erworben hatte, vor allem bei den ausländischen Kollegen, er war sehr kollegial. Jetzt verbrachte ich die 15 Minuten Pause, die ich täglich hatte, bei ihm; aber seine Arbeit war so abscheulich, daß wir uns nur ein paar Worte zurufen konnten, und deshalb beschlossen wir, uns abends außerhalb der Fabrik zu treffen" (Plakat, 1979, 49).

Wir sahen die Versetzung von Hermann Mühleisen ans Fliessband als Möglichkeit, die dort anhängigen Fragen direkt kennenzulernen und uns damit auseinanderzusetzen. Dabei stellten wir fest, daß die herrschende Betriebsratsclique von den Zuständen am Fliessband keine Ahnung hatte oder beide Augen zudrückte. Viele Meister gingen dort mit den Leuten auf eine Weise um, die man nicht akzeptieren konnte. In einer Untersuchung haben wir festgestellt, daß fast die Hälfte der Meister an den Fliessbändern, im Akkord, in der Produktion vorher Vertrauensleute gewesen waren. Die Firmenleitung hatte im gewerkschaftlichen Vertrauensleutekörper die intelligentesten Leute ausgesucht und ihnen das Angebot gemacht, auf die Meisterschule zu gehen, um Industriemeister zu werden. Genau so war die katholische Kirche im Mittelalter vorgegangen. Sie hatte aus den einzelnen Dörfern die schlauesten und aufgewecktesten Leute rausgezogen, zu Priestern ausgebildet und zu ihrer Stütze gemacht. Ein großer Prozentsatz der Vertrauensleute liebäugelte damit, diese Aufstiegschance wahrzunehmen. Zum Teil hatten diese Leute Verständnis für gewerkschaftliche Forderungen und gingen gut damit um. Es gab aber auch andere, die ihre gewerkschaftlichen Kenntnisse nutzten, um im Sinne des Betriebes ein guter, d.h. ein harter Meister zu sein. Und das bekamen die Ausländer besonders zu spüren.

Die ausländischen Arbeitnehmer fanden damals im Betrieb fast nirgends Unterstützung. Im Betriebsrat waren sie nur mit einem Arbeiter vertreten, obgleich sie 40 % der Gesamtbelegschaft und 70 % der Fließbandbelegschaft ausmachten. Es war ein Italiener, der immer radikal tat, aber im Grunde war nichts dahinter. Ein einziger Vorzeigeausländer unter 30 Arbeiterbetriebsräten. Das haben wir thematisiert. Wir brachten die Forderung vor, daß ausländische Arbeitnehmer nicht gerade mit 40 %, aber doch mit einer stärkeren Beteiligung im Betriebsrat vertreten sein müssen, wenn man ihre Interessen sichtbar machen will und wenn sie eine Chance kriegen sollen, ihre Lage zu verbessern. So eine Forderung stieß bei der führenden Betriebsratsgruppe auf erbitterten Widerstand, denn jeder Ausländer im Betriebsrat nahm einem deutschen Gewerkschafter diesen Platz weg, der wegen seiner Privilegien begehrt und umkämpft war.

Selbst im Vertrauensleutekörper waren die Ausländer deutlich unterrepräsentiert. Es gab ein gemeinsames Interesse von Meistern und Gewerkschaftsfunktionären, in diesem Gremium „ihre“ Leute zu haben oder zumindest Leute, deren Reaktionen kalkulierbar waren. Ausländer galten, aus kulturellen, aber auch aus politischen Gründen als unberechenbar. Dazu kam die Sprachbarriere. Mario D`Andrea hatte einen Sprachkurs besucht, um im Betrieb mitreden zu können. Aber der Meister wollte diesen „Unruhestifter" nicht. Als er eine Kandidatur nicht verhindern konnte, verpflichtete er einen anderen, als zweiter Kandidat aufzutreten. Dann gab es die Wahl: „Den Kollegen wurde der Zettel mit den beiden Namen gegeben, und sie mußten in Gegenwart der Vorgesetzten wählen und den Schein sofort abgeben; anschließend wurden die Wahlzettel ohne mich im Meisterbüro ausgezählt, und so wurde mit ein paar Stimmen Vorsprung mein Konkurrent gewählt..." (Plakat, 1979, 49).

Nach unserer Erfahrung hat es genügt, daß jemand wie Mario D'Andrea mit jemand wie Hermann zusammentraf, um ein ganz neues Klima herzustellen. Die Begegnung mit Deutschen und Gewerkschaftern, die sich nicht nach oben orientierten, sondern zusammen mit den Leuten arbeiteten, veränderte das Selbstbewußtsein der ausländischen Kollegen. Vielen, die mit Selbstbewußtsein angekommen waren, war es geknickt worden durch Strukturen, die sie nicht kannten. Es braucht Zeit, um die Industriekultur, die Arbeitskultur, die Gewerkschaftskultur, die demokratische Kultur und das alles auszuloten. Das geht natürlich viel leichter in Zusammenarbeit mit Deutschen. Ich glaube, in uns haben viele ausländische Kollegen Leute gefunden, bei denen sie spürten, die wollen nicht nach oben und sich selber Vorteile verschaffen, sondern denen geht es um die gemeinsame Sache.

Bevor wir durch Hermann und durch Mario den Zugang zum Fließband fanden, bestand unsere Gruppe nur aus Facharbeitern. Aber in der Fabrik bestand die Mehrheit der Beschäftigten inzwischen nicht mehr aus Facharbeitern, sondern aus angelernten Arbeitern. Zu deren Problemen hatten wir jetzt Zugang, weil wir durch unsere Leute dort mitten drin waren. So sahen wir, daß an den Fließbändern die Arbeitsteilung und das Tempo so auf die Spitze getrieben worden waren, daß man von nackter Ausbeutung reden konnte. Hermann Mühleisen beschreibt in seinem Tagebuch den Arbeitsablauf folgendermaßen:

„Sieben Uhr fünf fängt es an, die erste Tour klappt nicht, sie dauert etwa 4 Minuten. Man muß in dieser Zeit ein Gehäuse aufnehmen und Kontrollbuchstaben oder Zahlen einschlagen, dann auf dem Band einspannen, zwei Ausgleichsräder aufnehmen, Gehäuse austasten, Beilagscheiben aufsetzen, auf einen Plastikring aufklopfen, dann zwei Hebelräder nacheinander mit Plastikkugelscheiben einpassen, mit Schraubenzieher vermitteln, dann mit Dorn ausrichten, Bolzen ansetzen und einschlagen. Das Gehäuse wird dann abgenommen, kontrolliert auf zu schweren oder zu leichten Gang, dann abgesichert mit Sicherungsstift, das Band ist inzwischen über den Bereich hinaus. Jetzt schnell noch Zahnrad auflegen, Gehäuse einschlagen und vier, bzw. fünf Schrauben ansetzen; vergessen wird meistens, daß das Gehäuse noch an der Auflagestelle gereinigt und entgratet werden muß. Ich komme wieder in Verzug, werde nervös; die Vespereinholerin kommt, ich habe keine Zeit, winke ab. Scheiße, sagt einer, ein Wort, das auch ich immer wieder sage. Ich will nachkommen. Es klappt wieder nicht ganz beim Einpassen, ich muß das Gehäuse in Reparatur geben und ein anderes nehmen. Hetze von sieben Uhr fünf bis neun Uhr zwei, dann rufen andere: Hör auf! Dreckige Hände und das ist noch geschmeichelt, würgen eine saubere Wurst aus dem Papier, beim Anfassen wird sie dreckig, aber zusammen mit einem Wecken wird sie gefressen, von einem Schwein? Nein, von mir, und ich bin doch sonst ganz gemütlich. Das Band läuft weiter um neun Uhr 15, nicht später, eher früher, es gibt welche, die was werden wollen, die sorgen dafür. Ich hoffe, es klappt, und hetze vor und zurück. Meine Mitarbeiter sind meist Ausländer, Türken, Griechen, Spanier und Italiener. Ich frage, wirds euch nicht zu viel? Einer sagt, was hilfts, alles Scheiße, keine bessere Arbeit, wenn nicht wollen, bitte, du kannst gehen, machen andere Kollegen Arbeit von dir. Um Schit und Notdurft zu verrichten, stehen jedem 15 Minuten Pause zu. Ich spare mir sie auf und gehe um 15 Uhr in die Kantine, um ein Bier und vielleicht einen Wecken zu essen und mich für einige Minuten dem hektischen Arbeitsablauf zu entziehen." (aus Kursbuch 38, 1974)

Aber die Parzellierung und Intensivierung der Arbeit stieß an ihre Grenzen. Die Maloche war so groß, daß es am Fließband normal wurde, daß jemand zweimal im Jahr krank wurde, sogar im Urlaub krank wurde und nicht rechtzeitig zurückkam. Vor allem Ausländer. Das ging gar nicht anders. In Betriebsversammlungen und auf Flugblättern stellten wir ganz konkrete Forderungen nach größeren Arbeitsinhalten und nach Pausen. Das wurden dann gewerkschaftliche Forderungen und es kam bis zum Streik. Das Ergebnis war für jede Stunde 5 Minuten Zusatzpause. Außerdem wurde durchgesetzt, daß der Mindestarbeitsinhalt eine Minute ist. Die

Tendenz, Arbeiten immer weiter zu zerlegen, wurde damit gestoppt. Es ging also nicht mehr, daß die Tätigkeit am Fließband so weit zerlegt wurde, daß ein Arbeiter den ganzen Tag zum Beispiel nur vier Schrauben anzuziehen hatte, was vielleicht 20 Sekunden dauerte und den Mann bis zum Ende des Tages verrückt machte. Das hat die Gewerkschaft erreicht. Aber die Gewerkschaft sensibilisiert sich ja nur, wenn Unzufriedenheit laut wird, wenn über den eigenen Apparat der Vertrauensleute solche Forderungen kommen. Und ich glaube, daß wir da zumindest bei Daimler unseren Anteil daran hatten. Im Vergleich zu anderen Fabriken und Städten, wo es um die selben Probleme ging, bekamen die Forderungen bei uns eine andere Qualität, weil wir uns mit den Gewerkschaften kritisch auseinandersetzten. Da die korrupten oder halbkorrupten Betriebsratsfürsten sich der Sache nicht so annahmen, wie wir das gerne gehabt und wie das auch die Fließbandarbeiter gerne gesehen hätten, machten wir uns zum Sprecher dieser inhaltlichen Forderungen. Den Zusammenhang von Demokratie und Arbeitsorganisation haben wir eigentlich erst hier an den Fließbändern richtig begriffen.

Die spätere Plakatgruppe hat in dieser Phase ihre Wurzeln. Wir standen wegen unserer Haltung im Konflikt mit den gewerkschaftlichen Strukturen im Betrieb, aber auch mit der KPD, denn wir machten unsere eigene Politik. Wir wurden immer wieder vorangetrieben durch die gegnerischen Maßnahmen und waren gezwungen, unseren eigenen Weg zu finden: einen basisorientierten Weg.

Komm ins Offene, Freund

Unsere Basis war der Betrieb. Hier gingen wir neue Wege. Natürlich brauchten wir dafür auch ein positives Umfeld, das uns die KP nicht mehr bieten konnte. Wir fanden es in Freundschaften und Kontakten mit den mannigfaltigen Strömungen des politischen Lebens in Stuttgart und in der Region. Es gab die sozialistische Jugend, die Falken, die innerhalb ihres Verbandes als linker Landesverband abgestempelt waren, dessen Vorsitzender, Manfred Neu, Anfang der 60er Jahre sogar aus der SPD ausgeschlossen worden war, wie viele Gegner der Aufrüstung, in Stuttgart Leute wie Fritz Lamm und Peter Grohmann. Es gab die Naturfreunde, den ebenfalls aus der SPD ausgeschlossenen SDS und all diese Gruppen und Vereine mit ihren Versammlungen und Diskussionsforen. Da haben wir teilgenommen und ich wurde eingeladen, Vorträge über den Marxismus zu halten. Eine ganz wichtige Rolle spielte der im Jahre 1964 gegründete Club Voltaire. Das war ein Vorläufer der 68er Bewegung, des Aufbruchs und des Aufbrechens von festen Strukturen, die aus der Nazizeit übrig geblieben waren. In der damaligen Bundesrepublik war ein obrigkeitsstaatliches, antikommunistisches Denken weit verbreitet. Es war zum Beispiel bei den Gewerkschaften und in der Öffentlichkeit unmöglich, „DDR“ zu sagen, ohne sofort gerügt zu werden. Es mußte heißen „SBZ“, sowjetisch besetzte Zone, oder Ostdeutschland, oder russische Besatzungszone.

Ich gehörte zu den Mitbegründern des Club Voltaire. Ich war dabei, als die Räumlichkeiten ausgesucht wurden. Ich habe da eine Wendeltreppe geschweißt. Mit dabei waren Peter Grohmann, Wolfgang Müller aus Hannover, Fritz Lamm, die gesamte undogmatische Stuttgarter Szene war da versammelt. Vorbild war der Club in Frankfurt, der ein, zwei Jahre vorher gegründet worden war. Uns faszinierte, daß man ganz offen Themen ansprechen konnte: SBZ oder DDR? Wohin geht der Kommunismus? Für mich eine spannende Zeit der Öffnung, die Zeit, in der zum ersten Mal ein anderer Ost-West-Dialog versucht wurde. Ich denke an die Schallplatte, die auch einen ungeheuren Einfluß auf mich hatte: „Wolf Biermann (Ost) zu Gast bei Wolfgang Neuss (West)“ mit diesen frechen Liedern aus der DDR, Anti-Stasi Lieder und Süßkirschenzeit, da ging etwas auf, da kam es mir vor, als wenn mein Kopf vorher eingezwängt gewesen wäre.

Es gab auch ein paar Schauspieler vom Staatsheater, die sich ab 1968 einmischten, die auch unsere Geschichten beim Daimler verfolgt hatten. Es war die Palitzsch-Zeit. Sie machten damals ein Stück außerhalb des offiziellen Spielplanes, zur Aufführung in Waldheimen und bei Gewerkschaften oder bei politischen Gelegenheiten. Es war von Gerhard Kelling und hieß: „Die Auseinandersetzung“. Thema waren die Konflikte bei Klöckner in Bremen, die ähnlich gelaufen waren wie bei uns. Dieses Stück wurde geprobt und Helmut Postel, Dramaturg am Staatstheater, Mitglied im Sozialistischen Zentrum, sagte mir: Mensch, komm doch mal da rein und guck dir das an, ob das richtig ist, wie wir das machen. Das war mein Zugang zum Staatstheater. Ich habe zusammen mit Hermann an den Proben teilgenommen und meine Beobachtungen anschließend bei einem Bier in der Kantine zum Besten gegeben. Im Verlaufe dieser Geschichte habe ich 1972 die Heide kennengelernt, die Schauspielerin Heidemarie Rohweder. Das war ein halbes Jahr nachdem meine erste Ehe nach 18 Jahren auseinandergegangen war. Meine erste Frau und ich lebten bereits wohnungsmässig getrennt. Meine Tochter Irina, die heute in London arbeitet, war damals 17 Jahre alt und lernte Cutterin beim SDR.

Den Club Voltaire haben wir mit regelmäßigen Veranstaltungen bis nach 68/69 weitergeführt. Dann brach er zusammen, als keiner mehr so richtig wußte, wo es hinging, nachdem der SDS sich nach dem Attentat auf Rudi Dutschke auflöste in K-Gruppen und andere, die den Marsch durch die Institutionen antraten, nachdem die Atombewegung und der Ostermarsch ihre Bedeutung verloren, d.h. als diese ganzen festen Strukturen weggefallen waren. In dieser Zeit nahmen wir Kontakte zum Sozialistischen Büro auf, wo Hermann und ich Wissenschaftler verschiedener Disziplinen kennenlernten: Hajo Funke, Onno Poppinga, Eckard Hildebrand, Otto Jacobi, Horst Kern, Walter Müller-Jentsch, Oskar Negt, Christel Neusüß, Ursula Schmiederer, Eckehard Teschner, Elmar Altvater und andere. Als wir nach 1972 aus der Gewerkschaft ausgeschlossen und von allem abgeschnitten waren, waren sie zur Stelle, wenn wir einen Rat brauchten. Wir haben Seminare gemacht in Naturfreundchäusern, sei es zu Computerfragen, sei es zu Fliessbandfragen, zu Arbeitsinhalten, Lohngeschichten. Im Vorfeld von Lohnrunden waren es dann Leute wie Helmut Schauer, Jakob Moneta, Rainer Zoll, die nahe am IG Metall Apparat dran waren, zu denen wir Kontakt hatten. Dadurch waren wir immer sehr gut informiert. Und da wir gezwungen waren, uns die Sachen selber zu erarbeiten, waren wir in einer besseren Situation als die Vertrauensleute und Betriebsräte im Betrieb, die auf Schulen geschickt wurden, dort die Beine unter den Tisch stellten und sich etwas vortragen liessen.

Die Kontakte nach außen waren für uns lebenswichtig. In der Fabrik bist du in deiner Bewegungsfreiheit enorm behindert. Rückblickend empfinde ich die ganze Fabriktätigkeit als eine Zeit, in der ich eingesperrt war.

Morgens 5 Minuten vor 7 Uhr rein und nachmittags um 4 oder 5 Uhr wieder raus. Unerbittliche Regeln. Nur im Urlaub brauchst du nicht rein und wenn du krank bist. Du kannst die Welt nicht kennenlernen, herumreisen, Kontakte pflegen. Bei meinen Kontakten zum Asta in Stuttgart oder zu Intellektuellen habe ich immer wieder gehört: Ich bin die nächsten drei Monate nicht da, ich mache eine Reise ums Mittelmeer. Und ich wieder rein in diese Fabrik. Diese andere Art zu leben hat mich sehr beeindruckt. Ich bin sicher, daß meine spätere Brasiliengeschichte ein Ausbruch war, mit dem ich nachholen wollte, was ich in 25 Jahren Fabrikzeit versäumt hatte.

Trotzdem. In meiner ganzen Entwicklung habe ich immer Sachen gemacht, im politischen Bereich, wo ich ungeheuren Spass hatte, wo ich Menschen traf, mit denen zusammen ich mich verwirklichen konnte. Auch als Kommunist in den Zeiten des Antikommunismus. Ich hatte das Glück, Einsicht in Zusammenhänge bekommen zu haben, ich konnte mir selbst viel erarbeiten, ich sah die Bedeutung der Auseinandersetzungen um Weltkommunismus und Weltkapitalismus, ich verfolgte die chinesisch-sowjetischen Auseinandersetzungen, ich habe mit den Werkzeugen und Instrumenten, die mir zur Verfügung standen, mein Leben immer so leben können, dass ich mich sehr wohl gefühlt habe. Ich hatte es da besser als mein Vater, der Gefühlskommunist war und weniger gelesen hatte. Er konnte zwar erzählen, was Kommunismus für ihn war, aber es fehlte ihm doch viel. Ich fühlte mich nie isoliert. Auch nicht mit meiner kleinen Gruppe in einer Riesenfabrik wie Daimler-Benz, angesichts des mächtigen Apparats der IG- Metall und der SPD. Mir hat es Spass gemacht, wenn ich die Gelegenheit hatte, in einer Betriebsversammlung auf die Argumente zu antworten und wenn ich dabei noch Punkte machte. Wenn ich heute, mit über 70 Jahren, diese Reisen mache und zu den Indianern fahre, kann ich das nur tun, weil ich mein ganzes Leben am gesellschaftlichen Prozess teilgenommen und mich „eingemischt“ habe, wie der Biermann sagt. Und dass ich dabei auch Erfolge hatte. Das ist das Leben. Mehr kann ich mir eigentlich nicht wünschen.

Konflikt mit der IG-Metall (1968)

Wie verhält sich ein Kommunist in den Gewerkschaften? Macht er die Leisetreterei mit und versucht, auf diese Weise Positionen zu gewinnen oder versucht er über die Basispolitik neue Elemente in die Gewerkschaft einzubringen. Wir hatten uns für diesen zweiten Weg entschieden und so kam es 1968 zum ersten offenen Konflikt mit der IG Metall. Es ging um die Aufstellung der Listen zu den Betriebsratswahlen. Wir hatten auf Grund unserer Erfahrungen Vorschläge entwickelt, wie man Listen so aufstellen sollte, dass in den verschiedenen Abteilungen, Motorenmontage, Werksinstandhaltung, Getriebemontage, Giesserei, Schmiede usw. die jeweiligen Vertrauensleute bestimmen sollten, wer auf einen sicheren Listenplatz kommt, damit bei 30 Arbeiterbetriebsräten die 30 wichtigsten Bereiche des Unternehmens im Betriebsrat ihre Stimme haben und daß diese Bereiche selbst bestimmen konnten, wer sie vertreten sollte. Diese Vorschläge gingen den Gewerkschaftsfunktionären zu weit. Die Führenden empfanden das als eine Entmachtung, als eine Unverschämtheit, als Mißtrauensvotum gegen ihre bisherige Arbeit. Unsere Forderungen waren durch Flugblätter mit der Unterschrift von 233 Kollegen im Betrieb bekannt und spielten bei den Betriebsversammlungen auch eine gewisse Rolle. Trotzdem wurden sie in der Vertrauensleuteversammlung, dem für die Aufstellung der Listen wichtigsten Organ, nicht einmal auf die Tagesordnung gesetzt. Die Betriebsratsgruppe um Karl Hauff stellte die Liste in bewährter Manier auf, mit ausschließlich eigenen Leuten auf den aussichtsreichen Plätzen. Dadurch kamen wir in Zugzwang. Die Leute erwarten etwas von dir und sagen: die schwätzen und schwätzen und tun nichts. Selbst wenn du es nicht willst, wenn du dagegen bist, eine zweite Liste gegen die offizielle Liste der IG Metall zu machen, kommt irgendwann der Punkt, entweder stehst du als Quatschkopf da, der immer nur den Mund spitzt, aber nicht pfeift, oder du tust etwas.

Als Mitglied der IG-Metall reichte ich eine Liste ein beim Wahlausschuß. Wir nannten sie „Mitglieder der IG Metall“. Wir wollten den Gegensatz rausstellen, wir sind die Mitglieder und die anderen sind die von den Funktionären genehmigten Kandidaten. Das war wie ein Stich ins

Wespennest und ging sofort bis zum Bezirksleiter. Bezirksleiter der IG-Metall für Baden-Württemberg war zu jener Zeit Willi Bleicher, ein Kämpfer, mit dem Herzen auf der linken Seite. Er war 1938-1945 Häftling in Buchenwald gewesen. Bleicher kam und fand ungeheuerlich, daß so etwas passieren konnte. Er sagte: „Wie wagt ihr es, gegen die offizielle Liste anzutreten. Gegenpositionen kann man vortragen, aber nicht in der Öffentlichkeit; wenn du die Liste nicht zurücknimmst, ist es aus." Dann haben wir verhandelt und die Liste zurückgezogen, weil Bleicher uns in einem Punkteprogramm eine Demokratisierung der innergewerkschaftlichen Arbeit versprach. Dieses Schlitzohr hat das in den Verhandlungen zugestanden, aber nur, damit wir die Liste zurückziehen. Es waren mündliche Zugeständnisse und ich sagte, gut, wenn das der Bleicher sagt, ziehen wir die Liste zurück. Wir haben ein Flugblatt gemacht und es vor dem Betrieb verteilt. Darin begründeten wir, warum wir die Liste zurückgezogen haben. Dieses Flugblatt führte dann zu einem gewerkschaftlichen Schiedsverfahren, bei dem wir eine Rüge einstecken mußten wegen „unerlaubter Veröffentlichung interner Gespräche". Vom Ausschluß wurde abgesehen. Doch die Versprechungen wurden nicht eingehalten. Bleicher konnte oder wollte da nichts machen. In der IG Metall herrscht ein demokratischer Zentralismus, der eisern durchgehalten wird. Auf den Gewerkschaftstagen wird der Vorstand der IG Metall gewählt und dieser setzt dann in den einzelnen Bezirken die Bezirksleitung ein. Auf der unteren Ebene wird nur die Ortsverwaltung gewählt. Willi Bleicher war von oben eingesetzt. Er war Angestellter.

Einige Jahre zuvor hatte Willi Bleicher mir einmal ein Angebot gemacht. In Bruchsal wurde die Stelle eines Sekretärs der Ortsverwaltung frei und sie suchten jemanden, der da hingeht. Vielleicht wollte man mich aus dem Betrieb rausholen und mehr in die Organisation einbinden. Ich sagte ihm, im Prinzip würde ich mich über das Angebot freuen. Ich würde aber aufgrund meiner Einstellung zu solchen Dingen so etwas nur machen, wenn ich eine Wahlfunktion hätte. Nicht eine Angestelltenfunktion. Ich dachte mir: Einen Angestellten, der nicht macht, was als Order von oben kommt, schmeissen sie raus. Mir war es lieber, im Betrieb zu bleiben. Weil ich da ich selber bleiben kann. Ich werde gewählt, weil sie mich kennen und brauche mich wegen niemand krumm zu legen.

Die Vorgänge bei Daimler hatten auch bei anderen Unternehmen in Stuttgart, mit 120.000 Metallarbeitern die größte Verwaltungsstelle der IG-Metall der BRD, Aufsehen erregt. Als die Wahlen zum Gewerkschaftstag 1968 in München anstanden, wurde ich in der Verwaltungsstelle Stuttgart zum Delegierten gewählt. Die Ortsverwaltung hatte einen Vorschlag mit 14 Kollegen/innen gemacht und normalerweise wird der einfach akzeptiert. Auf die Frage, ob es weitere Kandidaten gibt, schlug Hermann vor, daß auch mein Name auf die Liste kommt. Bei der anschließenden Wahl mußte dann einer der schon Vorgeschlagenen mir Platz machen. Auf dem Gewerkschaftstag habe ich drei Mal Position bezogen, erstens zur Fließbandarbeit (Hermann hatte mich dazu verpflichtet und mir das Material dazu mit auf den Weg gegeben), zweitens zum Prager Frühling und drittens zum Antrag, das KPD-Verbot in der BRD aufzuheben.

Die Belastung durch Fließbandarbeit: „Automatisch hat sich das so geregelt, daß das Durchschnittsalter an den Fließbändern in der Motorenmontage und an anderen Bändern, das vor zehn Jahren noch bei zirka 38 Jahren lag, heute etwa bei 26,27 Jahren liegt. Das zeigt, daß heute ein Arbeiter im besten Mannesalter, zwischen 30 und 40 Jahren also, den Anforderungen dieser Tätigkeit nicht mehr standhalten kann. ... Die Frühinvalidität liegt heute in diesen Betrieben bei etwa 60, 65 %. ... Es wird die Zeitaufnahme nach dem Takt der Maschine, nach dem Takt des Automaten, nach dem Takt des Bandes gemacht, und es wird nicht danach gefragt: Wo liegt die wirkliche Normalleistung eines Menschen? ... Und ich möchte auch dem Kollegen, der vorhin gesprochen hat und gesagt hat, Mitbestimmung am Arbeitsplatz wäre nicht das Richtige, dem möchte ich doch mal entgegenhalten, daß er vielleicht an ein Band geht oder daß er im Gruppenakkord arbeitet und dort einmal an Ort und Stelle prüft, ob die Mitbestimmung dort nicht nötig ist".

Solche Fragen, die nur von wenigen Kollegen angesprochen wurden, erhitzten den Kongreß viel weniger als die politisch höchst aktuelle Frage des Einmarsches der Warschauer-Pakt-Truppen in Prag, die noch keinen Monat zurücklag. Die IG-Metall wollte die Kontakte zu den osteuropäischen Gewerkschaften abbrechen und „erst nach Wiederherstellung normaler Verhältnisse in der CSSR, wie sie vor dem Eingreifen der UdSSR bestanden" wieder aufnehmen. Dazu sagte ich: „Ich bin der Auffassung, daß dieser Satz so nicht richtig durchdacht ist, weil die Verhältnisse niemals wieder so werden, wie sie waren, wenn man die Dinge realistisch einschätzt". Mein Anliegen war, Formen der Solidarität mit dem Prager Frühling zu entwickeln, ohne Abbruch von Beziehungen und ohne daß „die Ereignisse in der CSSR zur Stunde der kalten Krieger werden". Wichtig war mir dabei eine freie Diskussion über die Entwicklung der „sozialistischen Länder" und der DDR auch bei uns, eine Freiheit, die durch das KPD-Verbot stark eingeschränkt war. „Das geht in alle Organisationen hinein. Jeder, der irgendeine These aufgreift, sei es als Rapacki-Plan oder irgendsolche Dinge, macht sich verdächtig ...". Das betrifft insbesondere „die Lage vieler Kommunisten, die in allen möglichen Organisationen, in den Betrieben und in der IG Metall tätig sind, die anerkannt sind von ihren Kollegen, die Funktionen in der IG Metall bekleiden, die also vollberechtigte Mitglieder in den Gewerkschaften und anderen Organisationen sind, deren politische Rechte aber beschnitten werden". Der Gewerkschaftstag hat die Beziehungen abgebrochen (und nach zwei Jahren stillschweigend wieder aufgenommen) und er hat natürlich auch den Antrag, das KPD-Verbot aufzuheben, abgeschmettert.

Das KPD-Verbot wurde einen Monat später umgangen. Im Rahmen der sozialliberalen Ostpolitik wurde die DKP zugelassen. Mein Parteiausschluß erfolgte nicht mehr durch die alte (illegale) KPD, sondern durch die DKP. Dabei spielte meine Solidarität mit dem Prager Frühling eine entscheidende Rolle.

Ausschluss aus der DKP (1970)

„Das Verhältnis der DKP zur Sozialistischen Einheitspartei und zur KPdSU beurteilt Willi Hoß als ein „Abhängigkeitsverhältnis“. Er fordert „die Freiheit der Kritik auch gegenüber diesen Parteien. ... Aus diesem Grunde tritt er auch nach wie vor für die „Reformer in Prag“ ein und gegen die „Einmischung der Sowjetunion in die inneren Angelegenheiten den CSSR. ... Willi Hoß hat in der Betriebsgruppe, die jetzt noch aus vier Genossen besteht, systematisch seine von der Parteilinie abweichenden Auffassungen ... in den Mittelpunkt der Diskussion gestellt. Daraus ergibt sich auch das gestörte Verhältnis von zwei weiteren Genossen zur Partei ...“

Aus dem Antrag zum Parteiordnungsverfahren gegen Willi Hoss (20.7.1970)

Ich war in meiner kommunistischen Schulung darauf getrimmt worden, daß die demokratische Grundordnung in der BRD eine bloß formale Demokratie sei, ohne Inhalte. Das war Schwarzweiß-Denken in kalter Kriegsmanier. Ich hatte nie bedacht, daß auch die bürgerliche Demokratie der Bundesrepublik einen verteidigungswürdigen Wert darstellt. Zwar hatte der Parteivorsitzende Max Reimann im Parlamentarischen Rat 1949 bei der Verabschiedung des Grundgesetzes erklärt: „Sie, meine Damen und Herren, haben diesem Grundgesetz, mit dem die Spaltung Deutschlands festgelegt ist, zugestimmt. Wir unterschreiben nicht. Es wird jedoch der Tag kommen, da wir Kommunisten dieses Grundgesetz gegen die verteidigen werden, die es angenommen haben“. Aber es gab in der Partei keine wirkliche Diskussion über Grundrechte und Verfassung. Ich habe erst im Lauf der Jahre den hohen Wert der demokratischen Grundordnung schätzen gelernt, Grundrechte wie das auf Meinungsfreiheit und auf Unversehrtheit der Person. Es hat Jahrhunderte gedauert, bis die Menschheit diese Rechte formulieren und einfordern konnte. Meinungsfreiheit, Gewaltenteilung, Föderalismus, all das ist ja nicht von unserer Generation erfunden worden, sondern ist eine Frucht der Entwicklung der verschiedenen Gesellschaften, der englischen, der amerikanischen, der holländischen und anderer. Wir hatten nach dem zweiten Weltkrieg das große Glück, neu anfangen und die demokratische deutsche Tradition zusammen mit den Erfahrungen von Franzosen, Engländern und Amerikanern übernehmen zu können. Und ich glaube, daß die 68er Bewegung eine ungeheuer große Rolle gespielt hat bei den Bemühungen, das Grundgesetz mit Inhalt zu füllen. Sie hat darauf bestanden, daß es sich um unverzichtbare Werte handelt, die eine Garantie darstellen gegen Entwicklungen, wie wir sie 1933 hatten.

Aber natürlich fällt mir dabei sofort auch die DDR ein. Für mich wurde immer deutlicher, daß auch die Kommunisten an der Macht den Menschenrechten, insbesondere dem Recht auf Information und Meinungsfreiheit und dem Recht auf die Unversehrtheit der Person verpflichtet sein müssen. Ohne diese Werte gibt es kein akzeptables System. Im sowjetischen Machtbereich wurden diese Fragen in Polen, Ungarn und in Prag immer wieder offen diskutiert. Das war eine Herausforderung. Ich hatte schon 1965 mit dem Jugendverband der Falken einen Besuch in Prag und in Lidice gemacht. Wir hatten also Kontakt zu dem tschechoslowakischen Jugendverband und hatten in die Verhältnisse dort einen gewissen Einblick gewonnen. Von da an habe ich die Entwicklung verfolgt. Der Prager Frühling war für mich der letzte Versuch, die kommunistischen Ideen mit der Demokratie zusammenzubringen. Ob das damals überhaupt noch möglich war, weiß ich nicht. Man hätte sehr viel umformen müssen. Als das dann durch die Panzer zerschlagen wurde, war das für mich der Beweis, daß die kommunistische Führung es einfach nicht will. Zu diesem Zeitpunkt, August 1968, hatte ich mich inhaltlich und gefühlsmäßig schon so weit von der Partei gelöst, daß ich ganz offen meine Position vertreten und verteidigt habe. Das und andere Sachen führten dann zum Ausschluß.

Wir hatten als Betriebsgruppe der KPD am 6. August 1968 einen Brief geschrieben an die KPC-Betriebsgruppe der Skodawerke in Pilsen. Wir erklärten uns solidarisch mit den Demokratisierungsbemühungen und schlugen vor, Kontakt aufzunehmen: „Nur durch eine offene Diskussion konnten und können unseres Erachtens Fehler der Vergangenheit überwunden und durch offene Diskussion kann der richtige Weg einer demokratisch-sozialistischen Entwicklung gefunden werden. ... Wir würden es begrüßen, wenn wir unsere Meinungen direkt austauschen könnten“. Das alles hätte der Parteivorstand zuvor genehmigen und die Kontakte hätten über ihn gehen müssen. Unser Brief wurde als Versuch gewertet, die Führung zu entmachten und zwischen sie und die Basis einen Keil zu treiben. Er galt als parteifeindlich. Das machte mir klar, wie eng man gehalten wurde und daß wir als Betriebsgruppe nicht die Möglichkeit hatten, einer anderen Betriebsgruppe unsere Meinung mitzuteilen. Diese Bevormundung ekelte mich an. Das war für mich besonders schlimm, da ich auf der anderen Seite ja die Freiheiten bei den Auseinandersetzungen im Betrieb kannte und mich für sie einsetzte. Im Betrieb war also mein Freiheitsspielraum größer als in der Partei. Wir haben übrigens auf unseren Brief, aus welchem Grund auch immer, keine Antwort bekommen.

Während der ganzen Zeit der Illegalität der KPD war ich in der Partei. In den Jahren 1961-1963 gehörte ich der Stuttgarter Parteileitung, dem sogenannten „Dreierkopf" an. Mit den beginnenden Unstimmigkeiten wurde ich abgelöst. Ich arbeitete politisch weiterhin in der Betriebsgruppe der KPD, zu der auch Hermann stieß, und daneben entwickelte sich auf Grund einer gemeinsamen Haltung in betrieblichen und gewerkschaftlichen Fragen noch eine breitere, informelle Gruppe, zu der auch Mario D`Andrea gehörte. Diese wurde für mich immer wichtiger, während die kommunistische Betriebsgruppe an Bedeutung verlor. Aber wir waren alle davon überzeugt, daß die Zulassung einer kommunistischen Partei für die Demokratie in der Bundesrepublik von großer Bedeutung sei.

Der Vorschlag unserer Betriebsgruppe war, die Partei trotz des KPD-Verbots in einem revolutionären, öffentlichen Akt wieder herzustellen. Die Zeit war 1968 in der Bundesrepublik reif dafür und das Verbot der Kommunisten galt auch in den Augen der internationalen Öffentlichkeit als anachronistisch. Ein paar hundert Leute sollten sich treffen und offen erklären, anstatt lange zu fragen, ob man das darf oder nicht. Man sollte die Presse einladen. Wenn die Polizei das Treffen zerschlagen würde, sollte man es nach einem halben Jahr noch einmal versuchen. Ich sagte der Partei: Wenn ihr das nicht könnt, einen Raum zu organisieren, wo 200 Kommunisten sich treffen, um die Legalität der KPD zu proklamieren, dann kann ich das machen. Das hätte mir Spaß gemacht. Für das alte Zentralkomitee und den Parteivorstand, die von Ostberlin aus operierten, hätte das jedoch bedeutet, daß etwas von unten kommt und daß die Sache dadurch unkontrollierbar geworden wäre. Die Vorstandslinie hat sich natürlich durchgesetzt. In Absprache mit führenden Politikern der Großen

Koalition durfte man die DKP als neue Partei gründen. Es war eine bürokratische Geburt, ohne Vitalität, ein Zeichen des Niedergangs der kommunistischen Bewegung und es war kein Akt, der von der Bevölkerung wahrgenommen worden wäre. Uns war eigentlich schon klar, daß wir inhaltlich mit diesem Verein nicht mehr viel zu tun hatten. Aber es war doch noch eine spannende Geschichte, bei der wir dachten, es gäbe vielleicht noch eine Möglichkeit, Basisinteressen geltend machen zu können. So wurde mein Eintritt in die DKP zugleich der Beginn eines Ausschlußverfahrens.

Am 12. Juni 1970 ist nach 25 Jahren Mitgliedschaft in der KPD der Ausschluß erfolgt. Er hatte natürlich einen Vorlauf, der sich lange hingezogen hat, von Ende 1968 bis 1970. Für mich war das Problem: Gehst Du selbst raus, oder läßt du dich ausschließen. Hermann zum Beispiel wollte, daß man mit der DKP den Versuch macht und so lange wie möglich drinbleibt. Aber auch er wurde ausgeschlossen. Denn nachdem man mich los war, verlangte man von ihm, daß er, zusammen mit einem verbliebenen sturen Genossen die Betriebsgruppe auf die alte KP-Linie bringt, was er nicht getan hat. Er ist mit uns zusammen geblieben, das war seine Gruppe. Unser Versuch, die DKP auf eine ganz andere Art zu gründen und auf die westeuropäischen Bedingungen einzustellen, erfuhr später eine Art Bestätigung im Versuch des „Eurokommunismus“. Viele Linke setzten in ihn ihre Hoffnung und zeitweise bezeichnete auch ich mich als „Eurokommunist“. Doch das Treffen der Parteichefs Berlinguer (Italien), Carrillo (Spanien) und Marchais (Frankreich) vom März 1977 in Madrid, das dieser Idee einen offiziellen Rahmen geben sollte, kam viel zu spät. Die Loslösung von Moskau war zwar ein Prozeß geworden, der nicht mehr rückgängig zu machen war, doch führte dieser nicht zur Bildung mehrerer vitaler, demokratischer Zentren kommunistischer Bewegungen.

Ausschluss aus der IG Metall (1972) und die Folgen

„Ihnen dürfte bekannt sein, daß die deutschen Gewerkschaften nach dem Prinzip der Einheitsgewerkschaft aufgebaut sind. In jedem Betrieb kann es daher nur eine einzige Vertretung der Gewerkschaft geben".

Eugen Loderer. Antwort an deutsche Schriftsteller (15.10.1973)

„Ich glaube, daß die Gewerkschaftsfunktionäre recht haben, wenn sie die Einheit der Gewerkschaften verlangen. Aber diese Einheit kostet auch etwas, nämlich daß man innerhalb der Gewerkschaft Demokratie hat. Denn sonst ist diese Einheit nur die Einheit eines Kartoffelsackes..."

Wolf Biermann in DIE ZEIT vom 22. 9. 1978

1972 machten wir erneut den Versuch, die Betriebsratswahlen zu demokratisieren. Der Apparat verhielt sich genauso wie vor vier Jahren. Stur wurden nur konforme Leute auf aussichtsreiche Plätze geboxt. Die IG-Metall im Betrieb glaubte nicht, daß wir dieses Mal ernst machen würden. Sie hatte dieses Mal folgende Prozedur bei der Aufstellung der Kandidaten angewandt: Nicht mehr die Mitglieder, sondern nur noch Vertrauensleute konnten Kandidaten vorschlagen und um auf die Liste zu kommen, brauchte man die absolute Mehrheit der Vertrauensleuteversammlung. Damit waren Minderheiten, aber auch ganze Bereiche im Betrieb, vor allem die unterprivilegierten, einfach niedergemacht. Hermann und ich natürlich auch.

Wir stellten daraufhin eine eigene Liste auf und erhielten auf Anhieb 29% der Stimmen. Das war sensationell und hätte für 8 von den 30 Arbeiterplätzen im Betriebsrat gereicht. Aber wir waren nur zu dritt, Hermann, Mario D'Andrea und ich und so fielen die anderen Plätze an die Liste der IG Metall. Mario, ein Kollege von Hermann am Fließband, hatte damals den Mut, mit uns zusammen zu kandidieren. Wer bei uns mitmachte, wurde mit dem Ausschluß aus der Gewerkschaft und mit Schikanen bedroht. Wir hatten es uns nicht leicht gemacht mit diesem Schritt. Aber nur so konnten wir die amtierenden Betriebsratsfürsten und ihren

Apparat in der Gewerkschaft zwingen, „mehr Demokratie zu wagen". Ich erinnere an dieses Wort von Willy Brandt, um anzudeuten, daß unsere Auseinandersetzung in der damaligen Öffentlichkeit in der Luft lag und ein großes Echo fand. Unser „Fall" war so bekannt, daß das ZDF 1975 ein dokumentarisches Fernsehspiel mit dem Titel „Die Wahl" (von Daniel Christoff) ausstrahlte, das auf den Vorgängen bei Daimler-Benz fußte.

Noch vor dem Wahltag wurde ein Ausschlußverfahren gegen uns beantragt. Es ging einfach nach dem Motto, ihr habt gegen die gewerkschaftliche Solidarität verstoßen, ihr seid schuldig. Nicht einmal das Wahlergebnis war für diese Leute ein Grund, über ihren Antrag besser nachzudenken und zu diskutieren. Mit drei gegen zwei Stimmen hat dann die Untersuchungskommission der Ortsverwaltung unseren Ausschluß empfohlen. Diese Entscheidung löste eine große Diskussion aus, nicht nur in den Stuttgarter Betrieben, sondern in der ganzen Bundesrepublik. Eine erste Solidaritätserklärung wurde unterzeichnet von 500 Betriebsräten, Vertrauensleuten, Mitgliedern der IG-Metall, von der Naturfreundejugend, von den Jungsozialisten und von Personalräten, alles Mitglieder des DGB. Es gab eine Initiative von über dreißig deutschen Schriftstellern, darunter Heinrich Böll, Günter Wallraff, Max von der Grün, Alexander Kluge, Peter O. Chotjewitz, Manfred Esser, Günter Herburger, Arnfried Astel usw. Sie schrieben einen Brief an den Vorsitzenden der IG-Metall, Eugen Loderer, in dem sie darauf verwiesen, *„daß der Wunsch nach Demokratisierung unserer Gesellschaft in allen Bereichen ständig stärker wird. Auch das Bedürfnis der Arbeitenden nach unmittelbarer Beteiligung an den Entscheidungen auf allen Ebenen wird mehr als in der Vergangenheit berücksichtigt werden müssen"*. Der Brief wurde in der Frankfurter Rundschau und in anderen Zeitungen abgedruckt. Aber Loderer und die Gewerkschaftsspitze ließen sich nicht beeindrucken. Vor allem Gotschlich, der Stuttgarter Bevollmächtigte, ein ganz harter Hund, schmetterte alle Initiativen ab und betrieb unseren Ausschluß.

In dieser Phase hatte ich noch einmal ein Gespräch mit dem Bezirksleiter der IG Metall, Willi Bleicher. Er hat mir das Angebot gemacht, er wolle sich für uns verwenden, wenn wir Abbitte leisten, eine Selbstkritik abgeben. Aber das kann ehrlich nur machen, wer einsieht, Fehler gemacht zu haben. Außerdem sollten wir versichern, alle vom Betriebsrat gefaßten

Beschlüsse anzuerkennen und andere Meinungen nicht in der Betriebsversammlung oder in Flugblättern mitzuteilen: „Abweichende Aussagen in Sachfragen sollen nicht gemacht werden". Einen solchen Maulkorb als „Zeichen der Geschlossenheit" konnten wir nicht akzeptieren. Und so wurden wir ausgeschlossen.

Mit einigem Mut hätte die Bezirksleitung der IG-Metall auch anders handeln können. In einem ähnlichen Konflikt 1975/78 bei Opel in Rüsselsheim hatte die hessische Bezirksleitung entschieden, zwei IG-Metall-Listen bei der Wahl zu bestätigen und der Belegschaft die Entscheidung zu überlassen. Dort siegte die oppositionelle Liste und die alte Betriebsratsgarde mußte ins zweite Glied. Das Beispiel Opel machte deutlich, wie sehr auch in anderen Großunternehmen undemokratische Strukturen innerhalb der IG-Metall in jener Zeit zum Vorschein kamen und aufgebrochen wurden. Das machte dem Apparat natürlich zu schaffen und stellte ihn vor die Alternative, die Konflikte bürokratisch oder demokratisch zu lösen. Allerdings gab es bei Opel gegenüber unserer Lage einen Unterschied. Der Konflikt bei Opel entspann sich zwischen zwei sozialdemokratischen Fraktionen, während wir als radikale Linke verschrien waren. Als sich der prominente Stuttgarter SPD-Abgeordnete Peter Conrady öffentlich dafür aussprach, man müsse doch unseren Konflikt mit demokratischen Mitteln lösen können, waren die Betonköpfe der IG-Metall so erbost, daß sie Conrady boykottierten und ihm bei der nächsten Stuttgarter Oberbürgermeisterwahl die Unterstützung versagten.

Wir drei neuen Betriebsräte wurden von den Betriebsräten der IG-Metall systematisch ausgegrenzt. Man enthielt uns Informationen vor und wir wurden nicht an der eigentlichen Betriebsratsarbeit beteiligt. Wir waren weder im Betriebsausschuß, der die Verhandlungen mit der Werkleitung führt, noch im Personal- und Lohnausschuß vertreten. Deshalb hatten wir mehr Zeit, uns um die Belange der Kollegen in den Abteilungen zu kümmern: Personal, Akkord, Lohn, Krankheit und Urlaub. Denn als Betriebsräte hatten wir das Recht, bei einem vorliegenden Grund, auf Anfrage und nach Bedarf, in jede Abteilung zu gehen. Wir versuchten, immer an die Wurzel der Beschwerden und Probleme zu kommen und waren deshalb keineswegs isoliert. Die 1975 anstehenden Betriebsratswahlen konnten für uns im Ergebnis nur noch besser werden.

Dieses Mal stellten wir 12 Kandidaten auf. Alle, außer den drei Ausgeschlossenen, waren Mitglieder der IG-Metall, die wußten, was sie riskierten. Sechs waren Ausländer: Zwei Italiener, zwei Griechen, ein Türke und ein Jugoslawe. Interessant war die Reaktion der IG-Metall. Die deutschen Mitglieder der Liste wurden ausgeschlossen, bei den ausländischen Kollegen, den „Verführten", beließ man es bei einer strengen Rüge. Zu unserer Überraschung kamen wir nur auf 18,7 % der Stimmen (1972 waren es 28%). Das reichte für 5 Betriebsräte. Mir kam der Verdacht, daß da nicht alles mit rechten Dingen zugegangen war. Bei den nächsten Wahlen wollten wir die Augen offen halten.

Wie richtig das war, zeigte der Wahlschwindel vom April 1978. Wir waren dieses Mal mit 17 Kandidaten angetreten, außer den bereits Ausgeschlossenen alles IG-Metall-Mitglieder. Wir waren im Wahlausschuß nicht vertreten, aber bei der öffentlichen Auszählung der Stimmen waren wir anwesend. Plötzlich zupfte mich Dieter Marcello aufgeregt am Ärmel und wies auf ganze Päckchen von Stimmzettel hin, die zusammenhingen als sie aus den Urnen fielen und wahrscheinlich zusammenhängend auch hineingesteckt worden waren. Ich mußte blitzschnell entscheiden, ob ich die Auszählung sofort blockiere oder das Risiko eines Verwischens der Spuren eingehen soll. Ich schrie: Aufhören mit der Auszählung, es liegt ein Wahlschwindel vor. Der Wahlvorstand soll sofort in eine Überprüfung eintreten. Ich verwies auf die zusammenhängenden Stapel. Der Wahlvorstand forderte alle Anwesenden auf, den Raum zu verlassen und verkündete nach zehnminütiger Beratung: Die Beanstandung ist nichtig. Die Auszählung geht weiter. Das Ergebnis war, daß unsere Liste drei Sitze gewann, also auf 8 Sitze kam und die IG Metall drei Sitze verlor.

Trotz dieses Erfolgs standen wir vor der Entscheidung, das Wahlergebnis zu akzeptieren oder vor das Arbeitsgericht zu gehen. Sie fiel uns sehr schwer, wir wollten als Arbeiter nicht in den Geruch kommen, gegen die Gewerkschaft, bzw. ihre Funktionäre, zu prozessieren. Das Arbeitsgericht ging auf unsere Vorwürfe gar nicht ein, sondern stellte sofort fest, daß einige Urnen nicht vorschriftsmäßig versiegelt waren. Das genügte, um eine Wiederholung der Wahl anzuordnen. Dagegen hat die IG-Metall Beschwerde vor dem Landesarbeitsgericht eingelegt. Und da das Gericht keine Wahlfälschung feststellte, sondern nur „formale" Umstände beanstandete, konnte die IG Metall in die Offensive gehen und in einem Flugblatt behaupten:

„Was wollen Hoss u.a.?

Mit Formalien wollen sie die Anfechtung betreiben. Keine Angaben zur angeblichen Fälschung. Das Arbeitsgericht ist ihnen gefolgt- die Vertrauensleute der IG-Metall gehen ihnen nicht auf den Leim.

IHR ZIEL: Betriebsratsloser Betrieb.

FOLGE: Freie Fahrt für die Unternehmensleitung!

Was wollen sie also: Die Konfrontation bis zur Selbstaufgabe, jedes Mittel ist ihnen recht.

Die Vertrauensleute der IG Metall bieten ihnen Einhalt. Rechtlich und politisch!"

Im Betrieb hatten solche Flugblätter gegen uns keinen Erfolg. Die Fronten waren klar und man wußte, um was es ging. Aber in der Öffentlichkeit gab es erhebliche Verwirrung. Und wir mußten äußerst vorsichtig sein mit unseren Behauptungen. In der Sendung „Tagesthemen"vom 18.7.1978 wurde ich gefragt: „Werfen Sie der IG Metall Manipulationen vor?" und ich antwortete: „Ich würde sagen, ja. Ich habe Hinweise, die mir Anlaß geben, das so zu sehen". Die IG Metall erwirkte eine einstweilige Verfügung, die mir unter Androhung einer Geldstrafe von 500.000 DM untersagte, eine solche Behauptung zu wiederholen. Ich verdiente damals etwa 3.500 DM im Monat.

Die Mehrheit des Betriebsrats verweigerte uns die Einsicht in die unter Verschluß gehaltenen Stimmzettel. Um unseren Verdacht der Fälschung beweisen zu können, mußten wir erneut vor das Arbeitsgericht und erst dann gab der Betriebsrat „freiwillig" sein Einverständnis und wir konnten schließlich am 14. Juli die Unterlagen im Beisein der gegnerischen Anwälte einsehen. Bei diesem Augenschein stellte man ohne weiteres fest, daß 1.310 Stimmzettel eine leichte Färbung aufwiesen. Auf allen Zetteln mit dieser Färbung war nur IG-Metall in einer immer gleichen Form angekreuzt. Sie kamen aus den umliegenden Werken Mettingen, Hedelfingen, Brühl, deren Urnen nach der Wahl in einem Auto in das Hauptwerk gefahren worden waren. In diesem Wagen saßen fünf alte Betriebsräte, alle Kandidaten auf der Liste der IG-Metall. Man war also unter sich, außerhalb jeder Kontrolle. Ein Mitglied der christlichen Gewerkschaft in Mettingen hatte das sonderbar und nicht korrekt gefunden und uns informiert. Es wurde nie festgestellt, wer von den Fünfen der Schuldige war - wahrscheinlich alle. Auch die gegnerischen Anwälte sahen ein, daß sie bei dieser Sachlage nicht mehr weiter kamen. Aus dieser Situation zog die IG Metall endlich Konsequenzen. Sie stellte Strafanzeige gegen Unbekannt und am 17. Juli erklärte der Betriebsrat seinen Rücktritt und machte dadurch den Weg zu einer Wiederholung der Wahl frei. Dieses ganze Hin und Her, bei dem jeder Fehler nicht nur unsere politische, sondern auch unsere berufliche Existenz gekostet hätte, brachte mir meine ersten Herzrythmusstörungen.

Jetzt erst hatte die IG-Metall gelernt und die alte Garde wurde abgelöst. Die neue Liste, die aufgestellt wurde, war ganz demokratisch das Ergebnis von Urwahlen in den einzelnen Hallen. Möglichst alle Bereiche wurden berücksichtigt und die Belegschaft konnte bestimmen, wer auf einen sicheren Listenplatz kommt. In die letzte, entscheidende Betriebsversammlung vor der Wahl, schickte die IG-Metall ihren Bezirksleiter als Redner, Franz Steinkühler, Nachfolger von Willi Bleicher. So etwas war seit Jahren nicht mehr vorgekommen. In einer riesigen Halle saßen auf Bierbänken 6.000 Leute und ich war der Gegenredner, sprach für unsere Liste. Ich war zuerst dran. Das hatte die Versammlungsleitung, die in der Hand des amtierenden Betriebsrates lag, so beschlossen. Steinkühler ist es nicht gelungen, die Stimmung, die ich geschaffen hatte, in dieser Versammlung zu wenden. Er hat drei, vier Mal ausgeholt, um die Leute zu überzeugen. Er hat natürlich den „von Unbekannten" verübten Betrug verurteilt. Er hat gesagt, die Konsequenzen seien gezogen worden und es könne letztlich nicht darum gehen, ein kleines Häuflein Kritiker zu wählen. Die Arbeiter bräuchten eine gestandene Organisation. Aber er hat es nicht geschafft, die Stimmung herumzureissen. Wir bekamen dieses Mal 39,2 % der Stimmen und 12 Sitze im Betriebsrat. Nun konnten wir nicht mehr diskriminiert werden und da auch auf der IG-Metall-Liste neue Leute gewählt worden waren, war eine kollegiale Zusammenarbeit möglich geworden. Nun standen wir im Betriebsrat und in den Ausschüssen voll in der Pflicht. Wir bekamen sogar den Vorsitzenden des Personalausschusses und in anderen Ausschüssen den Stellvertreter. Im Stillen hofften viele, daß wir nicht in der Lage wären, mit den Dingen umzugehen, aber Dieter Marcello hat den Personalausschuß sehr gut gemeistert. Die anderen hatten das vorher nicht so gut gemacht wie er. Wir hatten fast alle einschlägige Erfahrungen mit Verwarnungen und Maßregelungen und stellten in den Mittelpunkt unserer Arbeit die Frage, wie man mit solchen Maßnahmen umgehen sollte.

Zu Steinkühler hatte ich menschlich eigentlich immer ein ganz gutes Verhältnis. Als wir nach jener Betriebsversammlung rausgingen, durch den langen Schlauch dieser Halle, es war die Verladehalle von Materialien, Motoren u.s.w., die für Versammlungen immer ausgeräumt wurde, zwinkerte er mir mit den Augen zu. Es war wie ein freundschaftlicher Anrempler. Viele Funktionäre, das habe ich später erfahren, als ich schon im Bundestag war, hatten Respekt und Sympathie für uns, für diese kleine Gruppe, die gegen den Stachel der größten Einzelgewerkschaft der Welt löckt und sich nicht unterkriegen läßt. David gegen Goliath. Ich habe auch immer versucht, in der Sache zu argumentieren und persönliche Angriffe zu vermeiden. Die gab es natürlich auch, man kann ja den Bären nicht waschen, ohne ihn naßzumachen. Steinkühler war immerhin einer von denen, die die Unterschrift unter meinen Ausschluß gesetzt haben, der mich zeitweise heißspornig angriff und als Kontrahent auftrat, obwohl es ihm vielleicht lieber gewesen wäre, einer wie ich wäre Betriebsratsvorsitzender. Willi Bleicher hat mir das einmal gesagt. Denn die haben doch auch gesehen, was diese Betriebsratsfürsten für eine Bande waren. Es war von außen schwer, gegen diesen Klüngel anzukommen. Darum haben sie mich anfangs sogar unterstützt, bis es dann hart auf hart ging und sie Stellung beziehen mußten. Später hat dann Steinkühler als Aufsichtsrat bei Daimler-Benz Insiderwissen für Aktiengeschäfte ausgenützt. Da habe ich es mir nicht verkneifen können zu denken: Guck mal, wo der gelandet ist und wo ich heute stehe. Es war ein unrühmliches Ende für einen eigentlich hervorragenden Gewerkschaftsführer.

Einmal bekam ich einen Anruf von Rolf Hochhuth, der an einem Theaterstück arbeitete, in dem thematisiert wurde, inwieweit sich Führer der Arbeitnehmer den Führern der Arbeitgeber anpassen oder angleichen. Die Mitbestimmung schafft ja einen engen Kontakt zwischen beiden Seiten. Er erzählte mir, er sei bei Stihl, dem Präsidenten des Arbeitgeberverbandes, zu Hause gewesen. Und als er in die Wohnung von Steinkühler kam, fand er dort die gleiche Art von Bildern an den Wänden, das gleiche Design der Möbel, dieselbe Gestaltung der Räume, als ob es Kopien wären. Das gibt zu denken.

Dickhäuter brauchen Zeit

„Die Konfliktlösung bei Daimler-Benz in Stuttgart-Untertürkheim zwischen der Plakat-Gruppe und den beteiligten Kollegen der Organisation im Betrieb und der Stuttgarter Ortsverwaltung ist möglich geworden, weil die IG Metall ihren Anspruch nach Öffnung und größerer Toleranz eingelöst hat- aber auch, weil wir Plakat-Leute in all den Jahren nie vergessen und immer anerkannt haben, daß die bedeutenden gesellschaftlichen Aufgaben nur mit einer wirkungsvollen, starken Organisation, wie es die IG Metall ist, zu lösen sind."

Willi Hoss, Rede auf dem Gewerkschaftstag der IG Metall 1989

„Die Ausgrenzung der Ökologie ist vorbei ... Die Ausführungen von Hoss, ... wurden von den Gewerkschaftern mit Zustimmung aufgenommen. Es blieb der Eindruck, als sei dort jemand zurückgekehrt, der eigentlich nur einen Fehler gemacht hatte, nämlich seiner Zeit und seiner Organisation um einige Jahre voraus zu sein".

TAZ, 25.10.1989

Es ist erstaunlich, mit welcher Unbekümmertheit und Leichtigkeit wir als Gewerkschaftsfeinde und Spalter hingestellt werden konnten, nur weil wir unnachgiebig auf demokratischen Umgangsformen bestanden. Wir haben die Bedeutung der Gewerkschaften, insbesondere der IG-Metall, immer anerkannt und haben jahrelang versucht, wieder in die Organisation aufgenommen zu werden. Dabei wurden wir von vielen Intellektuellen, von Arbeitern und zahlreichen Gewerkschaftsleuten unterstützt. 1978 hat Wolf Biermann, nach seiner Ausbürgerung aus der DDR, in der Stuttgarter Liederhalle ein Solidaritätskonzert für uns gegeben und gesagt: „Die Gewerkschafter, die glauben, sie müßten hier bei Daimler-Benz eine Schlacht liefern gegen diese anders denkenden Arbeiter, die sollten sich überlegen, ob es nicht mehr menschliche Größe und politische Vernunft bedeuten würde, wenn sie das Herz hätten zu sagen, wir haben in der Vergangenheit gesündigt gegen die Demokratie innerhalb der Gewerkschaft. Wir sind nicht so verknöcherte, hoffnungslose Trauergestalten, wir sind fähig, daraus Konsequenzen zu ziehen und diese Arbeiter, die uns und der Gewerkschaft eigentlich einen Dienst erwiesen haben, wieder aufzunehmen" (DIE ZEIT, 22.9.1978).

Im Mai 1979 (also nach dem großen Wahlschwindel) kam es zu Gesprächen mit der Verwaltungsstelle Stuttgart über eine Wiederaufnahme. Trotz des geänderten politischen Klimas, trotz zahlreicher Unterschriften von Mitgliedern der IG-Metall für eine Wiederaufnahme, trotz der erfolgreichen Arbeit der Plakatgruppe im Betrieb, vielleicht auch wegen all dieser Umstände wurde die Wiederaufnahme erneut abgelehnt. Springender Punkt blieb das Demokratieverständnis der Gewerkschaftsführung, die von uns verlangte, daß „demokratisch zustande gekommene Mehrheitsentscheidungen außerhalb der gewerkschaftlichen Gremien nicht kritisiert werden dürfen", während wir uns das Recht vorbehielten „die Belegschaft in geeigneter Weise (Betriebsversammlung, Plakat) über abweichende Meinungen der Minderheit zum Mehrheitsbeschluß zu informieren" (Brief der Verwaltungsstelle vom 30.5.1979). Gotschlich, der Erste Bevollmächtigte der Ortsverwaltung Stuttgart, machte daraus: „Sie wollen eine gruppenspezifische Einheit bleiben und sich vorbehalten, auch gegen Mehrheitsbeschlüsse das zu tun, was sie für richtig halten. Solche Ausnahmeregelungen können wir nicht zulassen" (Stuttgarter Nachrichten vom 4.9.1979). Es ging also letztlich immer um die Macht des Apparats, die gleichgesetzt wurde mit dem Interesse der Arbeiter.

Es ist wahr, daß wir diesen Apparat und seine Funktionäre manchmal sehr hart angegriffen haben, zum Beispiel als wir den Spieß umdrehten und behaupteten, nicht wir, sondern Gotschlich in Stuttgart und der Chef der IG-Metall, Eugen Loderer, seien gewerkschaftsschädigend. Das war im Februar 1982, als der Skandal der gewerkschaftseigenen Wohnungsbaugesellschaft Neue Heimat die Gewerkschaften an den Rand des moralischen und finanziellen Ruins brachte. Wir machten ein Flugblatt mit dem Titel: „IG-Metall-Chef Loderer: Vom schwäbischen Metallarbeiter zum Berliner Wohnungsspekulanten" und schrieben über solche Spitzenfunktionäre: „Statt als Aufsichtsratsmitglieder die größte Wohnungsbaugesellschaft Europas mit rund 2 Milliarden Mieteinnahmen jährlich zu kontrollieren, sind sie heute über diese Gesellschaft Besitzer von zig-Wohnungen".

Aber wir haben doch auch immer differenziert und nie die Propaganda der K-Gruppen mitgemacht, die Funktionäre der SPD und der Gewerkschaften seien „Arbeiterverräter", denen man dann alle Mißerfolge der „Klasse" in die Schuhe schob. Flugschriften diesen Inhalts waren im Januar 1972 vor den Werktoren verteilt worden und wir hatten reagiert, indem wir unter der großen Überschrift „Ist Willi Bleicher ein Verräter?" schrieben:

„Bleicher gehört nicht zu denjenigen Gewerkschaftern, denen ihr SPD-Parteibuch und ihre Abgeordnetenkarriere wichtiger sind, als die zähe Vertretung der Arbeiterinteressen. ... Um es allerdings hier gleich darzustellen: wir sind nicht der Ansicht, daß man heute ernsthaft Betriebspolitik machen kann, ohne die Gewerkschaft zu kritisieren. Das Falsche an der Argumentation der genannten Flugschriften liegt aber in folgendem: sie tun so, als könnte man ein wichtiges politisches Problem, dessen Lösung für uns immer dringender wird und immer mehr Anforderungen an Einsicht und Geschicklichkeit stellt, einfach auf die Frage nach den ´guten´ oder ´bösen´ Absichten einzelner Personen beschränken. ... Nach dieser Auffassung genügt es dann, wenn statt der falschen Spitzenfunktionäre die richtigen nach oben kommen (d.h. also, statt der Funktionäre mit SPD-Parteibuch solche mit DKP- oder je nachdem auch KPD-ML-Parteibuch). ... Worauf es ankommt ist, daß die Kollegen lernen, ihre konkreten Probleme am Arbeitsplatz und in allen Lebensbereichen selbst auszudrücken, und zwar nicht jeder einzeln im privaten Gespräch mit dem Betriebsrat, sondern im Austausch untereinander, kollektiv, als diejenige einheitliche Gruppe, zu der sie durch die kapitalistische Arbeitsorganisation in den Betrieben längst gemacht worden sind." (Plakat Nr. 13, Januar 1972)

Da die IG-Metall sich beharrlich weigerte, uns wieder aufzunehmen, haben wir die Wiedereingliederung schließlich vor Gericht verlangt. Unserer Ansicht nach hat die IG-Metall als Monopolverein nicht das Recht, mißliebige Personen einfach auszuschließen. Sie muß auf Grund des Verfassungsgebots, das politische Meinungs- und Machtträger zur „Herstellung einer demokratischen Binnenstruktur" verpflichtet, ein bestimmtes Maß an Handlungs- und Meinungsfreiheit gewährleisten. Dem hat das Frankfurter Landgericht im Mai 1982 stattgegeben. Der Bundesgerichtshof in Karlsruhe hat dann im Oktober 1984 dieses Urteil verworfen und das Bundesverfassungsgericht hat anschließend eine von unserem damaligen Anwalt Rezzo Schlauch eingereichte Verfassungsbeschwerde nicht angenommen. Demnach hat die IG-Metall das Recht, ihren Mitgliedern eine sehr weitgehende Disziplin abzuverlangen und hat nicht die Pflicht, Mitglieder aufzunehmen, die sie als eine Gefahr für die Organisation sieht.

Als ich später weg vom Betrieb und für Die Grünen im Bundestag war, ging die Konfrontation auf einer neuen Ebene weiter. Die verschiedenen Parteien schickten immer ihre Vertreter zu einem Grußwort auf die Gewerkschaftstage. Zum im Herbst 1983 anstehenden Gewerkschaftstag der IG-Metall nominierten Die Grünen mich. Ich war ja der einzige Metaller in der Fraktion. Ich sollte die Grußrede halten, auch wenn ich ausgeschlossen war. Das hat die IG-Metall abgelehnt. Franz Steinkühler sagte: Der spricht nicht auf unserem Gewerkschaftstag, der hat sich gegen die Beschlüsse vergangen, das kommt nicht in Frage. Die Ablehnung führte bei den Grünen zu einer Diskussion, ob es besser sei, jemand anderen hinzuschicken, der dort sprechen und die Position der Grünen vortragen soll oder ob man auf dem Recht besteht, daß die Fraktion schicken kann, wen sie will. So wie die CDU ihren Norbert Blüm hinschickt, der akzeptiert wird, obgleich er von den Gewerkschaften wegen seiner Haltung zum Art. 16 ArbFöG als Gewerkschaftsfeind bezeichnet wurde. Es gab eine Abstimmung, die ziemlich knapp zu Gunsten meiner Haltung ausfiel. Ich wunderte mich, wie groß in der Fraktion die Minderheit war, die dem Druck der IG-Metall nachgeben und mich im Regen stehen lassen wollte. Es gab eine gewisse Bereitschaft zu Zugeständnissen an mächtige Institutionen. Mir ging es darum, die IG-Metall dazu zu bringen, demokratische Gepflogenheiten zu respektieren. So stand es dann auch in allen Zeitungen und für die Grünen war die Wirkung meines Fernbleibens größer, als wenn ich zum Kongress gefahren wäre und eine Rede gehalten hätte.

Erst Ende der 80er Jahre wurden wir alle auf Grund eines normalen, natürlich vorher abgesprochenen Antrags, wieder in die IG-Metall aufgenommen. Diejenigen unserer Gruppe, die noch im Betrieb sind, sind heute Betriebsräte der IG-Metall und auf ihrer Liste gewählt. Dickhäuter brauchen Zeit. Auf dem Gewerkschaftstag in Berlin (Oktober 1989) habe ich die ökologischen Positionen der Grünen vorgetragen, insbesondere die Frage der Ausdehnung der Mitbestimmung auf das Produkt, soweit es die Umwelt belastet. Da war die IG-Metall so weit, daß sie den Kontakt zu progressiven Intellektuellen sogar suchte, zu Leuten wie Oskar Negt, Elmar Altvater und anderen aus dem ehemaligen Sozialistischen Büro. Im Jahre

1990 veranstaltete die IG-Metall in Frankfurt zwei Tage lang den Kongreß: Auto, Verkehr, Umwelt. Auch daran habe ich teilgenommen. Also die IG-Metall hat sich bewegt und in den Fragen Demokratie, Information und Ökologie waren unsere Positionen salonfähig geworden.

Plakat

> „Mit ihrer Betriebszeitung hat sich die plakat-Gruppe kein anderes Ziel gesetzt als das: soviel wie möglich Öffentlichkeit über möglichst viele Vorgänge im Betrieb zu schaffen ..., Öffentlichkeit über Planungen und Absichten der Werkleitung, Öffentlichkeit über die Verhandlungen des Betriebsrats mit den Instanzen der Firma, Öffentlichkeit über Ereignisse in der Belegschaft. Man versucht die Dinge im Lauf ihrer Abwicklung möglichst lückenlos zu dokumentieren, damit die Arbeiter, an die sich die Zeitung an erster Stelle richtet, die Handlungen und die Personen erkennen mögen, die ihren reglementierten und aufs äußerste beschränkten Alltag in der Fabrik bestimmen."
>
> *Kurt Randecker in: PLAKAT, Berlin 1979, S. 89*

Indem wir die Position der KP verließen, entstand das Neue: Die Plakatgruppe. Die erste Nummer der Zeitschrift „Plakat" erschien im Juli 1969 zur Hauptversammlung der Aktionäre der Daimler-Benz AG. Schüler, Studenten, junge Arbeiter und bei Daimler Beschäftigte wollten mehr über den Konzern wissen und diskutierten miteinander: woher das Kapital kommt, wieviel der Hauptaktionär Flick (Beteiligung 42%) und wieviel die 90.000 Arbeiter und Angestellte verdienen, wie die Arbeitsbedingungen und wie die Mitbestimmungsrechte aussehen. Bis 1972 kam die Plakat - Betriebszeitung unregelmäßig, von da an dann jeden Monat heraus, und zwar in fünf Sprachen. Es war die einzige Zeitung in der Bundesrepublik, die in Deutsch, Italienisch, Türkisch, Griechisch, und Jugoslawisch erschien, „herausgegeben von sozialistischen und kommunistischen Kollegen in der Daimler-Benz-AG" unter der Verantwortlichkeit von Peter

Grohmann. Die Zeitung wurde so populär, daß unsere Gruppe schließlich „Plakatgruppe" genannt wurde. Der Name Plakat deutet hin auf Anschlag, Sachen bekannt machen, nicht mehr unter der Hand informieren, sondern offen auftreten, plakatieren. Eine Wandzeitung. Das war auch eine Anleihe an die Chinesische Kulturrevolution, von der wir in jener Zeit nur mitbekamen, daß sich die Informationen und Meinungen selber auf den Weg machten, unabhängig von Bürokratie und Partei. Weil wir in einer ersten Phase Angst hatten, aus dem Betrieb rausgeschmissen zu werden, denn die IG-Metall hätte uns sicher nicht verteidigt, wurde die Zeitung nicht durch uns verteilt, sondern durch Studenten oder Kollegen aus dem Sozialistischen Zentrum oder dem Sozialistischen Büro. Immer wenn die Zeitung zu verteilen war, brauchten wir mindestens 12 Leute, die bei der Frühschicht um 5 Uhr 30 morgens bis zur Normalschicht um 7 Uhr, sommers wie winters, an den verschiedenen Toren standen. Unter denen, die sich damit ihre Sporen verdienten, war auch der junge Joschka Fischer.

Eines Tages kam Kurt Randecker und sagte, ich mache das nicht mehr mit, diese Versteckerei. Die nächste Zeitung verteile ich mit. Wir haben ein Grundrecht auf die Veröffentlichung unserer Meinungsverschiedenheiten mit dem Betrieb. Damit zwang er uns, auf eine neue Weise Farbe zu bekennen. Wenn wir selbst Plakat verteilen, zwingt uns das zur Recherche und zu einer journalistischen Genauigkeit, die wir bis dahin nicht so hatten. Wir konnten da mal über einen Meister schreiben und der arme Kerl konnte sich nicht wehren, wenn wir überzogen hatten. Da merkt man schon einen Unterschied. Es gab einen direkten Dialog mit denen, die die Flugblätter annahmen und uns unter Umständen auch kritisierten. Ich weiß nicht, vielleicht wären wir da auch drauf gekommen, aber sicher erst ein, zwei Jahre später. Kurt Randecker und Jochen Sonn, die ursprünglich keine Arbeiter waren, und nicht die Absicht hatten, ständig im Betrieb zu bleiben, beteiligten sich von nun an am Verteilen. Wir anderen stiegen später ein, nachdem wir sahen, daß die Werkleitung keine Schritte gegen uns unternahm.

In erster Linie ging es uns um Aufklärung über die Löhne und die Arbeitsbedingungen: Hitze, Lärm, arbeitsplatzbedingte Krankheiten, unter denen die ausländischen Kollegen an den Bändern besonders litten. Sie konnten sich in ihrer Sprache in Plakat artikulieren. So etwas gab es damals in keinem anderen deutschen Großbetrieb. Aber auch die deutschen Kollegen erfuhren meist nur durch Plakat, was im Betrieb vorgeht. Da war z.B. die Geschichte mit dem Wasser. Im Betrieb hatten wir zweierlei Wasser, Trinkwasser und aus dem Neckar hochgepumptes Brauchwasser für die Maschinen. Die Duschen der Arbeiter waren an das Brauchwasser angeschlossen, das in einem Klärwerk des Betriebs vorgesäubert wurde. Trotzdem war es voller Bakterien und Schadstoffe. Wir ließen dieses Wasser untersuchen und veröffentlichten den Befund mit dem spitzen Kommentar: In den Toiletten der Angestellten und Direktoren wird mit Trinkwasser gespült, die Arbeiter duschen sich mit Brauchwasser. „Es gibt Kollegen mit empfindlicher Haut, die sich auf Anraten ihres Arztes nicht mehr im Betrieb duschen". Das schlug ein wie eine Bombe. Als ich morgens in den Betrieb kam, kam mir der Abteilungsleiter entgegen und sagte: Herr Hoss, das überstehen Sie nicht. Ich zuckte die Achseln, aber natürlich war die Situation nicht ungefährlich. Es konnte ja sein, daß unsere Wasserproben nicht richtig abgenommen waren oder daß das Ergebnis zufallsbedingt war. Die Sache ging durch die ganze Presse und kam bis vor den Landtag. Oberbürgermeister Rommel wurde bemüht und die Firma legte stillschweigend die Trinkwasserleitung zu den Duschen, ohne uns weiter zu behelligen.

Oder die Frage der Hitze. Wir forderten:

„10 Minuten Extrapause je Stunde, wenn die Hitze in den Hallen 28 Grad erreicht! Unsere Gesundheit ist wichtiger als der Profit! Die Daimler-Hitze ist ein politischer Fall. Die Hitze ist kein Naturschicksal. ... Es ist ein großer Unterschied zwischen 30 Grad am Strand und 30 Grad an der Maschine. ... Unsere Kollegen bei Eszet und Tobler z.B. haben es kühler. Warum? Weil die Schokolade gekühlt werden muß und weil man Schokolade nicht bei 30 Grad abpacken kann. Was für Schokolade möglich ist, ist auch für den Menschen möglich, meinen wir. ..."

In einem Informationsbrief für die Führungskräfte der Daimler-Benz AG wurde vor radikalen Gruppen gewarnt, die in den einzelnen Betrieben des Unternehmens agierten. Folgende Publikationen wurden aufgeführt: „Linksabbieger", „Roter Stern", „Plakat", „Der Benzler", „Roter Mercedes", „Der Daimler-Lehrling, „Der rote Benzarbeiter", „Der Anlasser", „Unser Stern", „Die Stoßstange", und es wurde allgemein festgestellt: „Das früher gepflegte revolutionäre Kauderwelsch ist der Hinwendung zu konkreten betrieblichen Fragen gewichen. Die Funktionäre bemühen sich, als Arbeiter auf die Probleme der anderen Arbeiter in deren Sprache einzugehen und betriebliche Mißstände oder Unzulänglichkeiten -wo gäbe es die nicht!- als notwendigen Bestandteil unserer freiheitlich demokratischen Grundordnung darzustellen". Den Führungskräften wurde empfohlen, als Argumentationshilfe für die „Auseinandersetzung mit radikalen Gruppen" die Broschüren des Deutschen Industrieinstituts „Die neue Linke" zu studieren. Es wurde nicht empfohlen, sich einmal mit offenen Augen bestimmte Arbeitsbedingungen im Betrieb anzuschauen. Wie ich viele Jahre später erfuhr, wußten die Führungskräfte des Unternehmens ebenso wenig wie die oberen Gewerkschaftsfunktionäre, wie es wirklich in der Produktion zuging.

Unser Ansatz fußte immer auf der konkreten Arbeit im Betrieb. Aber wir wollten natürlich auch Kontakte zu den deutschen Werken des Unternehmens herstellen, also zu Berlin, Hamburg, Mannheim, Kassel, Bremen usw., wo es überall auch oppositionelle Gruppen gab. Das war nicht leicht. Die Gruppe in Mannheim war trotzkistisch-orientiert. Sie vermied Konflikte mit der Gewerkschaft und wollte ihre Linie innerhalb der Gewerkschaft vorantreiben. Dann hatten wir Kassel. Das waren Leute, die neugierig waren, genauso wie die in Bremen und Berlin. Sie kamen von den studentischen, marxistisch-leninistischen K-Gruppen her. In Hamburg standen sie unter dem Einfluß des kommunistischen „Arbeiterkampf". Trotz dieser völlig anderen ideologischen Sehweise haben wir uns doch getroffen. Aber es war nicht sehr fruchtbar, weil es gleich zu politischen Auseinandersetzungen kam. Die Bochumer Gruppe von Opel stand ebenfalls unter dem Einfluß studentischer Gruppen und verfolgte eine sogenannte „Massenlinie". Sie hat sich sogar mit den Gewerkschaften angelegt, aber in einer Form, die mehr politisch war und nicht aus den Widersprüchen, aus dem Betrieb heraus kam, wie wir das gemacht haben.

Mitte der 70er Jahre, fuhren wir nach Mailand, um uns mit italienischen Kollegen von FIAT und ALFA ROMEO auszutauschen. Die Bewegung in den italienischen Fabriken war uns politisch insgesamt voraus. Die Delegiertenbewegung hatte verkrustete gewerkschaftliche Strukturen eher aufgebrochen, gerade an den Fließbändern. In Mailand haben wir ein Wochenende mit Arbeitern und Gewerkschaftern diskutiert und uns informieren lassen. Das hat uns auch beeinflusst und bestärkt. Denn wir waren einem ungeheuren Druck ausgesetzt. Wir mußten immer beweisen, daß wir keine Rumkrakeeler sind, sondern inhaltlich etwas zu sagen haben.

Politisch fand eine Annäherung zum Sozialistischen Büro statt, das auf uns aufmerksam geworden war und wo wir auch schon an Diskussionen teilgenommen hatten. Im SB und um die Zeitschrift „Expreß International" sammelten sich in dieser Phase viele linke Gewerkschafter. Sogar Franz Steinkühler war ein Sympathisant und unterstützte „Expreß International". Später gingen die etablierten Funktionäre aus der Sache raus. Auch weil wir durch unsere bloße Anwesenheit sie zwangen, Position zu beziehen. Auf die Dauer war unsere Arbeit im „Expreß International" mit Leuten wie Franz Steinkühler nicht zu vereinbaren. Wir hatten im SB eine Heimat gefunden. Denn du brauchst außerhalb des Betriebes eine Entsprechung. Besonders nach dem Ausschluß aus der IG-Metall. Das Besondere von Plakat lag ja in einer Mischung: Es gab die konkreten Schilderungen der Zustände im Betrieb, aber auch eine wirkliche Anteilnahme von Intellektuellen. Das erzeugte jene Spannung, die die Öffentlichkeit immer wieder auf uns aufmerksam werden ließ.

Da wir ja in einem internationalen Konzern arbeiteten, der Unternehmen in Afrika, in Brasilien, in der Türkei usw. hat, haben wir versucht, über das Sozialistische Büro zu den Arbeitern in den dortigen Werken Kontakte herzustellen. Das war damals sehr schwierig, gerade auf der Basisebene, vom Betrieb aus. Später, als Abgeordneter, bekam ich viel mehr Möglichkeiten, die Werke in Brasilien, Südafrika usw. zu besuchen und Kontakte zu den Arbeitern herzustellen. Im September 1987 konnte ich vor 2.800 ausgesperrten Mercedesarbeitern in East London, Südafrika, vor dem Hauptgebäude (die Firmenleitung hatte abgelehnt, mich zu empfangen) eine mit den dortigen Gewerkschaften abgesprochene Rede halten, in denen ich Löhne, Arbeitsbedingungen und demokratische Rechte deutscher und südafrikanischer Mercedesarbeiter miteinander verglich. Weil die schwarzen Arbeiter einen Mindestlohn von 5 Rand verlangten (bisher bekamen sie 3,5 Rand, nicht einmal ein Viertel des Mindestlohns in einem deutschen Daimler-Betrieb), waren sie ausgesperrt worden, ohne für uns als normal geltende demokratische Rechte in Anspruch nehmen zu können. Ich forderte die Daimler AG auf, „die Apartheidspolitik aufzugeben und alle Menschen, gleich welcher Hautfarbe, als Menschen zu behandeln .... Den Managern von Daimler-Benz, auch denen in der BRD, wünsche ich, daß sie zur Vernunft kommen, die Entlassungen zurücknehmen und zu einem akzeptablen Verhandlungsergebnis bereit werden. Euch Arbeitern sage ich: Gebt nicht auf! Euer Kampf ist ein gerechter Kampf!". Nach meiner Rückkehr haben die Kollegen der Plakatgruppe im Werk Untertürkheim in der Mittagspause vor dem Hochhaus ihre Solidarität mit den Streikenden in Südafrika demonstriert. Demonstrationen im Werk hatte es bis dahin noch nie gegeben. Auf einem Plakat habe ich die Firmenleitung, Herrn Reuter und Herrn Gentz, persönlich angesprochen: „4 Mal weniger Lohn für Schwarze als für Weiße, das ist Apartheidlohnpolitik. Was sagt der Sozialdemokrat Reuter dazu?". Dann hat sich auch die IG Metall gerührt und durch ihre Vermittlung und Druck wurde ein Verhandlungsergebnis erzielt. Sie lud die südafrikanischen Gewerkschafter nach Stuttgart ein und ich habe im Gewerkschaftshaus, wo ich damals noch persona non grata war, meine Freunde aus Südafrika wiedersehen können.

Die Studenten

Der Kontakt zu den Studenten kam in einer ersten Phase über den Club Voltaire (gegr. 1964), der ein Schmelztiegel war, wo sich alles traf: die Studenten der Universität und die der Kunstakademie, die in Stuttgart 1968 eine große Rolle spielten. Man kannte sich und dann war es leicht, Verbindungen herzustellen. Manchmal saß ich nachts bis um 11 Uhr/ 12 Uhr im ASTA und habe Texte für Flugblätter so umformuliert, daß Arbeiter sie verstehen konnten. Es waren manchmal regelrechte „Übersetzungen". Anschließend ging ich nach Hause, habe vier, fünf Stunden geschlafen und bin morgens dann in den Betrieb gegangen, wo das Flugblatt bereits von Studenten verteilt wurde. Im ASTA war ich ein gern gesehener Gast, wir haben diskutiert und die Studenten haben mich gebeten, ihnen zu helfen, wenn es darum ging, eine Problematik an die Arbeiter heranzubringen.

Es war phantastisch, diese Zeit so zu erleben. Einerseits, was im Osten ablief, Prag, mit Dubcek und seinen Leuten, deren Mut ich bewunderte, wie sie dem Druck der osteuropäischen Zentralkomitees, einschließlich dem der SED, standhielten. Dann die 68er Bewegung. Das war ein Aufbruch, der gar nicht hoch genug einzuschätzen ist. Das wahrzunehmen, sich hinzustellen und etwas zu sagen, hat eine große Rolle gespielt und uns auch befähigt, im Betrieb unser Experiment zu machen, das ja kein Experiment war, sondern eine Notwendigkeit.

Als der SDS sich gleich zu Beginn der 70er Jahre auflöste und die Studenten Gruppen und Grüppchen zu bilden begannen, KBW, KP, Roter Morgen, Marxistisch -leninistische Arbeiterpartei und wie sie alle hießen, bekamen wir einen gewissen Zulauf von Studenten, die in die Betriebe wollten. Das war sozusagen eine Spätfolge der Studentenbewegung. Wir wußten, daß der Apparat der von Berliner Studenten gegründeten KPD ihre Leute in die Bundesrepublik losgeschickt hatte, um Zentren zu schaffen und daß sie auch zum Daimler kamen. Sie sahen uns als Opportunisten und hatten den Auftrag, unsere Gruppe zu unterwandern und politisch in die Hand zu kriegen. Bei uns tauchten Kurt Randecker und Dieter Marcello auf. Sie nahmen an unseren Gruppensitzungen teil und ich merkte, daß sie eine ziemlich studentisch-marxistische Terminologie draufhatten. Ich fragte, wart ihr eigentlich organisiert und in welcher Gruppe? Aber sie stritten das ab. Sie nahmen den Lenin sehr ernst mit der Unterwanderung und seinem: Um weiterzukommen, muß man auch lügen können. Das ging eine Zeit so. Dann aber haben beide bei uns sehr loyal mitgearbeitet und das Ergebnis war, daß sie die Zugehörigkeit zu ihrer Gruppe aufgaben und auf unserer Linie arbeiteten. Sie sahen, daß die K-Gruppen sowieso im Auflösungsprozeß waren und daß sie sich neu orientieren mußten. Wir waren so stark in der Betriebspolitik, daß sie uns nichts vormachen konnten. Und doch wurden sie zu einer ungeheuren Bereicherung für uns. Kurt war Chemotechniker, er hatte teils studiert, teils gearbeitet und Dieter Marcello war ein Allerweltstyp. Er hatte Schauspielerei gemacht, er hatte Juristerei gemacht, er hatte Taxifahrer in Berlin gemacht, später wurde er Filmemacher und bekam Mitte der 80er Jahre den Bundesfilmpreis. Dazu kam aus einer anderen kommunistischen Gruppe an der Universität Tübingen noch Jochen Sonn zu uns. Er hatte seinen Abschluß als Diplompsychologe gemacht. Durch diese „Studierten“ bekamen wir in unsere Gruppe plötzlich ein wissenschaftliches Moment rein. Ich will das an einem Beispiel erklären.

Wenn ich so durch die Halle gegangen bin, meinetwegen Maschinenhalle, Produktion von Nockenwellen, Kurbelwellen, eine einzige Aneinanderreihung von Maschinen, wo immer ein Teil zur anderen Maschine weitergegeben wurde, habe ich manchmal vor lauter Bäumen keinen Wald mehr gesehen. Aber Jochen Sonn, der dort seit knapp einem Jahr im Akkord gearbeitet hat, legte uns plötzlich eine Ausarbeitung vor über die Veränderungen und die Planungen, wo und wie diese Halle verändert wird, wie die Einzelmaschinen aneinandergekettet werden, wie das nachher in die Richtung geht von zusammenhängenden Transferstraßen. Auf Grund dessen, was er sah und in Gesprächen herausbekam, analysierte er die Absichten der Firmenleitung zur Rationalisierung dieser Halle. Er hat uns die Veränderung in der Maschinenaufstellung, in der Art und Weise, wie die Produktion organisiert wird, dargestellt, und da gingen mir Augen und Ohren auf. Da habe ich gemerkt, daß schon ein Unterschied besteht, ob jemand trainiert ist, solche Phänomene systematisch einzuordnen und ein Auge dafür hat oder nicht. Wir waren nun in der Lage, die Einzelveränderungen in einen Zusammenhang zu stellen und die Konsequenzen für die Qualifikation und Arbeitsbedingungen aufzuzeigen. Wir konnten mit den Kollegen zusammen reagieren, bevor vollendete Tatsachen geschaffen waren und wir waren fast immer schneller als die IG-Metall.

Helmut Bauer kam 1976 zu uns, als die Gruppe schon funktionierte. Er hatte Politik und Literatur studiert und seinen Doktor gemacht. Er war der erste von uns, der mit dem Einsatz von Robotern in der Produktion konfrontiert wurde. Später drehte er hervorragende Dokumentarfilme über Mercedes im Dritten Reich und über Zwangsarbeiterinnen aus dem KZ Ravensbrück, die in der Kriegsproduktion von Mercedes eingesetzt waren. Gerd Rathgeb war ursprünglich in der Bundesleitung der katholischen Arbeiterjugend und beschloß unter dem Einfluß der 68er Bewegung, in den Betrieb zu gehen. Er brachte neben seiner moralischen Sensibilität großes Verständnis für die Umweltfrage mit. Anfang der 80er Jahre haben Sonn, Marcello, Randecker und Bauer nach und nach den Betrieb verlassen. Diejenigen unserer Gruppe, für die der Betrieb die einzige Lebensperspektive war und die, die auch andere Möglichkeiten hatten, haben fast ein Jahrzehnt lang täglich zusammen gearbeitet, konnten sich aufeinander verlassen und haben ein Gefühl der Zusammengehörigkeit entwickelt, das ganz außergewöhnlich war.

Neue Technologien – Mitbestimmung

> „Die neuen, elektronisch gesteuerten Maschinengenerationen verkörpern in sich die Herrschaft über den Bediener. Die Erfahrungen der Arbeiter und Angestellten, ihre Fähigkeiten, ihre kreativen Möglichkeiten, sind weitgehend in diesen Maschinen materialisiert worden. Die Informationen und Entscheidungsmöglichkeiten sind von ihnen weg, weiter nach oben verlagert, zentralisiert worden. Die Rationalisierungsingenieure der Autoindustrie sagen das so: Überall da, wo noch Produktionsmaschinen vom Tempo eines Bedienungsmannes abhängen, gibt es noch etwas zu rationalisieren."
>
> *Willi Hoss, Rede vom 15.1.1983 in Sindelfingen*

In den 70er Jahren gab es einen großen technologischen Schub, dem die Arbeiter zunächst einfach ausgeliefert waren: Computerisierung des Maschinenparks, Computerisierung der Personalpolitik. Die Computerisierung der Maschinen im Akkordbereich war für die Leute schon übel. Bis dahin hatte ein Akkordarbeiter am Tag seine bestimmte Stückzahl zu machen. Er teilte sich die Sache in der Regel so ein, daß bis Mittag schneller gearbeitet wurde und er ein „Vorderwasser" erreichte, wie man im schwäbischen sagt. Die Einteilung seiner Kräfte war seine persönliche Sache und ging niemand etwas an. Hauptsache er lieferte bis Feierabend seine Stückzahl. Mit der Computerisierung konnte der Meister oder Akkordfachmann im Büro nun ohne Wissen des Arbeiters zu jeder Zeit die Daten abrufen: wieviel Stück hat er in der ersten Stunde gemacht, wieviel in den anderen Stunden. Wann stand die Maschine still, wie ist die Tageskurve. Daraus konnte man Schlüsse ziehen, um die Arbeitskräfte intensiver zu nutzen. Gegen solche technischen Neuerungen waren wir im Prinzip machtlos. Das Betriebsverfassungsgesetz sieht lediglich eine rechtzeitige Information des Betriebsrats vor und gestattet Verhandlungen bei der Einführung, um gravierende Nachteile zu vermeiden oder auszugleichen. In der Praxis erfolgt aber so eine Einführung schrittweise und zunächst ohne Nachteile der Arbeiter. In den verschiedenen Hallen und Abteilungen wird mal hier, mal da die Sache getestet. Wir entwickelten als Gegenstrategie zur Verdichtung der Arbeitszeit nach Refa (Stückzahlbestimmung durch Zeitmessung) und MTM (Zergliederung des Arbeitsvorgangs und Festsetzung von Zeiten nach in Tabellen festgehaltenen Bewegungszeiten) Forderungen nach Erholungszeit-Zuschlägen. Dabei waren die uns unterstützenden Wissenschaftler für uns Gold wert. Unsere Sensibilität in dieser Frage hat die IG-Metall-Strategie im Betrieb inhaltlich befruchtet. Das mündete dann in einen Streik der IG-Metall um Zusatzpausen im Akkordbereich.

Im Sommer 1979 wurden wir mit einem Computersystem zur Führung der Personalpolitik konfrontiert (ISA). Es war vorgesehen, die Daten der ganzen Belegschaft zu erfassen, eines jeden Einzelnen, seine Qualifikation, sein Herkommen, sein Verhalten im Betrieb, die Zahl der Tage, die er krank ist und die er arbeitet. Dem konnte man die Anforderungsprofile der Maschine oder des Arbeitsplatzes gegenüberstellen. Als Ergebnis kommen immer 20, 30 oder 50 Leute raus, die für den Arbeitsplatz das Anforderungsprofil besitzen. Von der Unternehmensseite her erlaubt das eine genauere Zuordnung von Menschen an den Arbeitsplatz, eine Art just in time, nicht nur das richtige Stück, sondern auch die richtigen Leute zur richtigen Zeit an der richtigen Stelle. Mann/Frau mit den nötigen Eigenschaften, nicht überqualifiziert und nicht unterqalifiziert.

Das ist nicht nur negativ, führt letztlich aber zu einer seelenlosen, computergesteuerten Personalpolitik, bei der der Einzelne auf ein Profil abgestempelt wird und kaum mehr Chancen hat zu sagen, ja das kann ich, um zunächst Mal reinzukommen und um sich dann mit Hilfe der Kollegen zu entwickeln. Wie es mein Vater in der Weimarer Republik gemacht hatte, als er arbeitslos sich für Stellen beworb, für die er nicht von vornherein die Qualifikation mitbrachte, was er aber mit Hilfe der Arbeitskollegen überbrücken konnte. Solche Geschichten laufen dann nicht mehr. Das nimmt den Leuten Möglichkeiten, nimmt ihnen Mut und zerschlägt ihre Initiative. Wir haben sofort versucht, uns über dieses System einen Überblick zu verschaffen. Durch das Sozialistische Büro bekamen wir Kontakt zum Lehrstuhl Informatik an der Universität Hannover und zu Leuten in Hamburg. In Stuttgart hat uns Horst Sackstetter, Professor für Betriebswirtschaftslehre geholfen. Sie haben mit uns Schulungen gemacht und wir waren dann schlauer als die IG-Metall-Betriebsräte.

Die Einführung dieses „Informationssystems Arbeitseinsatz und Arbeitsplatzplanung" (ISA) war im Sommer 1979 konzernweit schon mit der IG-Metall verhandelt und unterschriftsreif, ohne daß die Belegschaft davon etwas mitbekommen hatte. Es sollte in Untertürkheim ausprobiert werden. Die einzige Gegenreaktion kam in einer denkwürdigen Betriebsversammlung von unserer Gruppe. Das System wurde vom Betriebsrat vorgestellt und ich brachte meinen Zettel nach vorne, sichtbar, so daß jeder sehen konnte, aha, der hat eine Wortmeldung, den können wir nicht untermischen. Dann hatte ich vielleicht zwanzig Minuten Zeit, bis ich dran kam. Es ist mir gelungen, bei den 5.000 Leuten eine solche Nachdenklichkeit zu erzeugen, dass der Test gestorben war. Die IG-Metall, die dem Unternehmen erlauben wollte, gesundheitliche Daten zu speichern und zu verwenden, musste den Vertrag zurücknehmen und neu verhandeln. Die Firmenleitung bestand darauf, dass ich mit in die Verhandlungskommission komme. Für die IG-Metall, die mich ausgeschlossen hatte und mich an der Betriebsratsarbeit so wenig wie möglich beteiligte, war das eine Blamage. So kam ich aus dem Stand heraus in die Verhandlungskommission des Gesamtbetriebsrats.

Diese Erfolge, die bundesweit Aufsehen erregten, konnten wir nur erzielen, weil wir uns immer an die Öffentlichkeit gewandt haben, weil wir immer versucht haben, eine demokratische Öffentlichkeit herzustellen. Zum „gläsernen Arbeiter" veranstalteten wir 1984 in der Liederhalle einen Orwell-Kongreß. Die Fragen, die wir aufwarfen, wurden in den Zeitungen diskutiert. Journalisten, die meist auch aus der 68er Bewegung kamen, haben Artikel gebracht über die Absicht des Konzerns, als erster Betrieb in der BRD das computergesteuerte Personalinformationssystem einzuführen. Als das öffentlich war, hatten die IG-Metall und der Konzern keine Chance mehr, das ohne weiteres durchzuziehen.

Ich saß also in der Verhandlungskommission und da genügt es nicht, einfach nein zu sagen. Man wird gefragt, wie stellen Sie sich das denn vor, wie sollen wir das in dem Vertrag denn anders machen? Die erste Verhandlung mit der Konzernleitung fand oben im Hochhaus statt, im 7. oder 8. Stock. Verhandlungsführer war Herr Gentz, später Finanzchef der Daimler/Chrysler AG. Bis dahin war ich immer im blauen Anton in Verhandlungen gegangen. Soll ich mich jetzt umziehen, wie die andern, mit Anzug und Krawatte? Ich bin im blauen Anton da hoch, aber komisch war mir schon. Dann wurden in etwa 10 Sitzungen das System und die strittigen Punkte dargestellt. Aus den anderen Daimler-Werken war immer ein Vertreter da. Alle haben als erstes immer auf mich geschaut. Der Druck, der da auf einem lastete, war enorm. Die Angst, dass einem nicht immer das Richtige einfällt. Das Endergebnis war, daß natürlich dieses System insgesamt nicht verhindert wurde. Aber wir haben Punkte eingebaut, bei denen Mitbestimmungsrechte festgelegt waren. Und wir haben den ganzen Gesundheitsbereich aus dieser Sache rausgekriegt. Gesundheitsdaten kamen in eine sogenannte Black Box, die nur geöffnet werden konnte, wenn beide Seiten damit einverstanden und beide Seiten präsent waren. Durch diese Art von Mitbestimmung haben wir Technologie nicht verhindern können, aber Bremsen eingebaut und die Sache transparenter gemacht. Am Schluß habe ich trotzdem dagegen gestimmt. Ich habe mitgearbeitet, aber immer gesagt, wenn wir nicht mehr Zeit haben, miteinander zu reden oder mit den Leuten zu sprechen, um dem System eine bestimmte Richtung zu geben, muß ich es ablehnen. Wir müssen die Möglichkeit haben, daß Menschen vorgegebene Profile durchbrechen und sich auch für andere Dinge interessieren, andere Dinge ausprobieren können. Sonst kann ich das System nicht mittragen, aus diesem menschlichen Grund. Das wurde akzeptiert, aber die Sache ging trotzdem weiter.

In dieser Frage gab es eine bessere Zusammenarbeit mit der IG-Metall im Betrieb. Der stellvertretende Betriebsratsvorsitzende Gerhard Marte, der Vorsitzende der Vertrauensleute Martin Mössner und ich haben zusammen vor dem Tor gegen ISA agitiert. Um die Verhandlungen von außen zu unterstützen haben wir eine Unterschriftensammlung gemacht: Ich verweigere der Firma die Speicherung meiner gesundheitlichen Daten. Wir bekamen über 9.000 Unterschriften. Wir erreichten, daß die Gesundheitsdaten nicht automatisch in das Profil eingehen und daß der Einzelne mit seiner Krankheitsgeschichte besser geschützt wird.

Boxberg und die Zukunft des Automobils

„Wir wissen, daß es zuviele PKW gibt, aber es gibt zu wenig BMW"
von Kuenheim, Vorstandsvorsitzender von BMW

„Auf die Fragen nach dem Sinn und den Folgen der Massenautomobilisierung gibt es von den Konzernen, aber auch von den Gewerkschaften und Parteien nur unzureichende Antworten"
Willi Hoss, 1983

Durch unsere Kontakte zu Intellektuellen und Universitäten wurden wir ständig mit neuen Problemen und Sichtweisen konfrontiert. Wir brachten unsere Erfahrungen ein, so daß die Diskussionen immer ein Austausch waren und nie eine Einbahnstraße. Es gab ein gemeinsames Nachdenken über die Konzentrationsprozesse in der Autoindustrie, über die Zukunft unserer Arbeitsplätze und allgemein über die Zukunft der Arbeit. Wir haben an vielen außerbetrieblichen Tagungen und Kongressen teilgenommen, sehr oft im Rahmen des SB, aber auch darüber hinaus. In Bielefeld gab es z.B. Ende der 70er Jahre eine große Tagung zur Zukunft der Arbeit. Ich erinnere mich an eine Rede, die ich gehalten habe auf diesem Kongreß. Da wurde ich zum ersten Mal mit der feministischen Bewegung konfrontiert. Bei uns im Betrieb war das eigentlich kein Thema. Wir waren sehr männerorientiert, ganz automatisch, weil wir aus einem Männerbetrieb kamen. Die Männer standen an den Fließbändern und Frauen gab es höchstens als Vesperholerinnen oder in der Werkzeugausgabe. In meiner Rede fiel, ganz selbstverständlich für mich, das Wort Vertrauensmännerkörper. Da gab es ein großes Gelächter und ich wußte gar nicht, warum die lachten, weil das ein bei den Gewerkschaften üblicher Terminus war. Es war ein Schock, so angegriffen und ausgelacht zu werden. Eigentlich waren wir zu dem Kongreß gekommen als die Vorkämpfer für die Rechte der Arbeiter und nun wurden wir von den Frauen ausgelacht. Ich habe mich dann später auch aufgrund dieses Erlebnisses und der Freundschaft mit Christel Neusüß, mit der unsere Gruppe oft Kontakt hatte, mehr mit der Rolle der Frau befaßt. Auch als Auseinandersetzung mit Marx, der die Rolle der Frau in der Ökonomie völlig unter den Tisch fallen läßt. Wir waren für neue Themen immer offen. Aber wir wollten es dann auch genau wissen.

Nach der Energiekrise und der Schließung von Borgward in Bremen fragten wir uns nicht nur nach den Auswirkungen auf die Beschäftigung, sondern prinzipieller: Wieviele Autos verträgt unsere Gesellschaft überhaupt. Dahinter steht das Problem des Widerspruchs zwischen der Natur und der entfalteten Warenproduktion im Kapitalismus. Das Gewinnstreben nimmt keine Rücksicht auf die Natur. Die Masse der in den industrialisierten Ländern erzeugten Waren wird zu einer Gefahr für den Planeten. Wenn die Lebensgrundlagen der Menschheit angegriffen werden, verliert der Klassenkampf seinen beherrschenden Stellenwert. Was droht, ist der gemeinsame Untergang der kämpfenden Klassen, wie Rudolf Bahro betonte. Für mich persönlich war das sowohl eine Kritik, als auch eine Weiterentwicklung des Marxismus.

Wir haben diese ganzen Fragen natürlich am Auto festgemacht. Was passiert, wenn die Masse der Autos keinen Platz mehr findet auf den Straßen und Parkplätzen, da die Organisierung der Mobilität der Bürger nur über das private Auto, unter Vernachlässigung der kollektiven, öffentlichen Verkehrsmittel erfolgt. In Amerika hat die Automafia sogar Eisenbahnen geschleift, um auf den Schienenwegen Straßen zu bauen, für die man dann Autos verkaufen konnte. Auch bei uns wurden Strecken stillgelegt und Straßen gebaut. Es ist nicht leicht, so etwas in einer Autofirma und ausgerechnet noch bei Mercedes zu thematisieren. Im Betrieb warf man uns vor, unser eigenes Produkt und unsere eigene Arbeit in Frage zu stellen. Auch innerhalb der Plakatgruppe kam es zu Meinungsverschiedenheiten. Das machte weiter nichts aus, soweit das unsere Arbeit befruchtete. Wie z.B. in der Boxberggeschichte, bei der wir uns völlig einig waren, bei der aber die IG-Metall den Unternehmensstandpunkt vertrat.

In der Gegend von Boxberg, also auf der Strecke von Heilbronn nach Würzburg, wollte Daimler-Benz eine Teststrecke bauen. Das vorgesehene Areal hatte eine Fläche von 5 km mal 1,5 km und war fruchtbares Bauernland mit Wald. Die Bauern, die sich wehren wollten, kamen zu uns, weil sie gehört hatten, es gibt bei Daimler-Benz ein paar Betriebsräte, die auch ökologische Fragen bearbeiten und dafür einen Sinn haben. Sie baten um unsere Unterstützung. Das war schon eine Herausforderung, weil die IG-

Metall mit ihrem Vorsitzenden Franz Steinkühler, der im Aufsichtsrat bei Daimler-Benz war, sowie der Gesamtbetriebsrat dem Bau der Teststrecke schon ihre Zustimmung gegeben hatten. Die Mehrheit des Betriebsrats in Untertürkheim und auch die meisten Beschäftigten waren der Meinung, daß die Daimler-Benz AG eine Teststrecke braucht, um die Qualität ihrer Produkte zu gewährleisten. Daimler-Benz führte auch Umweltargumente an. Die Tests von LKWs und PKWs fänden bis jetzt auf den Straßen statt, also auf der Autobahn, und eine Teststrecke würde die öffentlichen Verkehrswege entlasten.

An einem Wochenende sind wir nach Boxberg gefahren und haben uns das erstmal angeschaut. Wir waren Gäste der Bauern, die uns das ganze Gelände gezeigt und uns in die Problematik eingeweiht haben. Nach einer Diskussion in der Plakatgruppe gaben wir eine Erklärung ab, daß wir gegen die Teststrecke sind und auf seiten der Bauern stehen. Damit hatte niemand von uns Schwierigkeiten, denn es ging ja ganz konkret um die Interessen von arbeitenden Menschen, von Bauern. Wir hatten zwei Gründe. Wenn man eine Teststrecke baut, dann nicht ausgerechnet in einem Gebiet mit so fruchtbarem Ackerland und Wald. Und das stärkere Argument: Unter den heutigen technologischen Bedingungen können diese Tests alle simuliert werden. Man kann Maschinen bauen für Schütteltests, bei denen man Lastwagen stundenlang, tagelang, wochenlang auf einem balancierten Gerät laufen läßt, wo das Auto geschüttelt, gezogen und gezerrt wird, unter den gleichen Bedingungen, die ein Lastwagen auf der Baustelle hat, denn darum ging es ja letztendlich. Mit dieser Haltung bekamen wir zunächst einmal Zoff im Betrieb. Und außerhalb spitzte sich die Auseinandersetzung zu. Die Bauern hatten sich organisiert im Bundschuh, als Erinnerung an die Bauernkriege. Bauern gegen einen großen Konzern. Dann haben sie einen Treck gemacht nach Stuttgart, in mittelalterlichen Kleidern auf Traktoren, mit Sensen und Mistgabeln. Sie hatten für Samstagmorgen eine Demonstration auf dem Schloßplatz in Stuttgart angekündigt. Auch ich war als Redner angekündigt, ich als Betriebsrat. Und dann passierte folgendes. Freitag nachmittag erhielt ich einen Anruf, ich solle zu Dr. Hirschbrunn, dem Werkleiter kommen. Er hat mich in seinem Büro empfangen und gesagt, er hätte gehört, daß ich morgen sprechen werde und er wolle mir nur sagen, daß ich dem Betriebsverfassungsgesetz zufolge als Betriebsrat verpflichtet sei, alles zu unterlassen, was gegen das Unternehmensinteresse verstößt. Er wolle mir das im Vorfeld mitteilen, weil er hinterher ungern Maßnahmen ergreifen wolle, ohne mich vorher gewarnt zu haben. Ich sollte eingeschüchtert werden. Ich muß sagen, ich war dadurch auch eingeschüchtert. Rausschmiß aus der Firma, das verunsichert einen schon. Zum Glück gab es in Stuttgart als Folge der 68er Bewegung eine republikanische Juristengruppe, hauptsächlich Leute vom Landgericht. Sie haben mir gesagt, was du in deiner Freizeit machst, geht den Betrieb nichts an, aber trotzdem hast Du eine gewisse Pflicht zur Loyalität. Deswegen müssen wir aufpassen. Wir nehmen das ganze auf Band auf. Am Samstagmorgen komme ich auf den Platz und sehe als erstes meinen Direktor. Das Rednerpult stand auf einem Lastwagen und als ich hochstieg, fiel mir das Richtige ein. Ich fing so an: Liebe Leute, ich will Euch mal erzählen, was mir gestern nachmittag passiert ist. Ich habe die Geschichte erzählt und gesagt, daß der Direktor auch hier ist und ich ihn herzlich begrüße. Und dann erklärte ich, warum ich gegen die Teststrecke bin und es war ein toller Erfolg. Für mich war das wieder einmal die Bestätigung dafür, daß man am besten immer ganz offen auftritt und sagt, wie die Situation ist. Jeder konnte meine Schwierigkeit mitfühlen und das hat meinen Argumenten noch mehr Gewicht gegeben.

Das Ganze zog sich jahrelang hin. Eine Reihe von Bauern verkaufte ihr Land. Man hatte ihnen enorme Summen geboten. Aber es gab auch andere, die um nichts in der Welt verkauft hätten. Trotzdem wollte Daimler auf den gekauften Grundstücken mit dem Bau beginnen und die Bäume fällen. Es gab eine große Mobilisierung. Im Januar 1986 war ich schon Abgeordneter der Grünen. Wir sind mit hunderten von Protestlern abends hin und haben bei den Bauern im Heu übernachtet. Am Morgen waren die Mannschaftswagen der kasernierten Polizei da und sollten auf den Straßen und Wegen die Aktion absichern.Wir sind aber im Morgengrauen durch die Felder gegangen und haben uns an die Bäume geklammert, um zu verhindern, daß sie abgesägt werden. Das dauerte stundenlang. Es kamen Greiftrupps der Polizei, immer drei, vier, die dich dann vom Baum losgerissen und abgeführt haben. Mich hat man ungefähr 20 km weit weg gefahren und dort in eine Zelle mit anderen zusammen eingesperrt. Dort haben sie verlangt, daß ich mich mit den Händen an die Wand stelle, damit man mich abtasten konnte, ob ich Waffen habe. Ich sagte, das mache ich nicht. Ich bin Abgeordneter des deutschen Bundestags, das machen sie mit mir nicht, da können sie sich auf den Kopf stellen. Irgendwie kriegst du einen Zorn, was die so mit einem machen, wie sie einen da so an die Wand stellen, Hände über dem Kopf, Beine breit auseinander, daß sie dich dann abtasten, daß sie wie selbstverständlich davon ausgehen, daß wir Grünen bewaffnet herumlaufen. Sie haben dann telefoniert und mich in Ruhe gelassen.

Die ganze Boxberggeschichte wurde schließlich vom Verfassungsgericht in Karlsruhe entschieden. Es ging um die Frage, ob Mercedes als private Firma ein öffentliches Interesse geltend machen kann, um gegen die widerspenstigen Bauern Enteignungsverfahren einzuleiten. Wie beim Straßen- oder Eisenbahnbau. Laut Mercedes ging es um das höhere Interesse am Erhalt von Arbeitsplätzen und an der Aufrechterhaltung der Produktion. Die Gerichte entschieden zu Gunsten der Bauern und damit war die Teststrecke gestorben. Sie wurde Jahre später in Papenburg gebaut, in Niedersachsen, zur Zeit als Gerhard Schröder dort Ministerpräsident war.

Für mich stand immer mehr fest: wir müssen uns nicht nur um die Arbeitsbedingungen kümmern, sondern auch das Produkt unserer Arbeit in unsere Kritik einbeziehen, also das, was wir herstellen und wofür wir mitverantwortlich sind. Dieser erweiterte Ansatz nahm Kraft weg aus dem Betrieb und zwang dazu, sich mit Fragen, die außerhalb des Betriebes lagen, zu beschäftigen. So kam ich zur Ökologiebewegung und wurde einer der Mitbegründer der Grünen. Ich sagte: Unsere Bewegung im Betrieb ist an eine Grenze gestoßen, wir können da weiter machen, aber es bedarf auch politischer Lösungen und einer neuen Verbindung zur Politik. Da die Sozialdemokraten das nicht aufgenommen haben und die Kommunisten dazu auch nicht fähig waren und da die Grünen im Entstehen waren, war für mich klar, es geht in diese Richtung. Hier muß ich mich einbringen. Das war nicht für alle in unserer Gruppe nachvollziehbar, auch nicht für das Sozialistische Zentrum in Stuttgart. Hermann, Tom Adler und zwei, drei, ausländische Kollegen fanden, daß man sich auf den Betrieb konzentrieren solle und interessierten sich weniger für Umweltfragen. Außerdem waren die Grünen für sie kleinbürgerlich und letztlich konservativ. Meine Entscheidung für die Grünen und später für den Bundestag führte zu einem unsichtbaren Riß in der Gruppe. Es war vor allem Gerd Rathgeb, der nach meinem Ausscheiden aus dem Betrieb das ökologische Moment des Produktes und der Produktion betonte. Er hat zusammen mit anderen später einen von der Firmenleitung weitgehend unabhängigen Arbeitskreis für Umwelt ins Leben gerufen, dem vor allem Ingenieure, Techniker und Manager angehören.

Für mich selbst wurden die Zusammenhänge zwischen Produkt und Umweltzerstörung immer entscheidender, die Notwendigkeit, in Gesamtzusammenhängen zu denken. Für Menschen, die an das Fließband gekettet sind, ist das ungeheuer schwierig, weil der Gesamtzusammenhang von Arbeit und Leben ja schon zerstört ist. Mit der Zerstückelung der Arbeit wird der Blick auf das Leben ausgetrieben.

Bei der Arbeit (um 1960)

Auf dem Gewerkschaftstag der IG Metall, München 1968

Die Plakatgruppe 1981 (immer von l. n. r., quer liegend: Gerd Rathgeb und Kurt Randecker; nächste Reihe: Jochen Sonn, Franjo Antunovic, Hermann Mühleisen, Dieter Marcello, Walter Kress; nächste Reihe: Jannis Mizoglou, Charissis Deligiannis, Willi Hoss, Johann Croner, Stefan Tselios; nächste Reihe: Vincenzo Calabro, Ali Cataltepe, Fritz Stecher, Heinz Kneer, Ali Kul)

Wolf Biermann, Willi, Heidemarie und Nina (1978)

Auf dem Gewerkschaftstag der IG Metall, (Berlin, Okt. 1989)

Mit streikenden Mercedes-Arbeitern in Südafrika (Sept. 1987)

Die Plakatgruppe protestiert auf dem Werksgelände gegen Apartheid (Sept. 1987)

Vor dem Werk

Teil III

Die Grünen

Menschheit

„Der Kampf um die Überwindung der ökologischen Krise hat Priorität gegenüber einem solchen Klassenkampf, der ohne systemüberschreitende Perspektive ist, mehr noch, der so verläuft, daß jede neue Runde im Karussell der Rationalisierung, der Inflation und der Tarifabschlüsse den Kessel weiter anheizt für eine bei Fortsetzung unvermeidliche Explosion".

Rudolf Bahro in Karlsruhe, 1980

„In Wirklichkeit treiben wir mit dem Industriesystem den Ausbau der menschlichen Existenzgrundlage in einer Richtung voran, in der ihre Linie unvermeidlich abbrechen muß".
„Wenn dem Kapital der nächste Durchbruch in die äußere Natur hinein, mit den Folgen für die menschliche Subjektivität gelingt, dann verschärfen sich am Ende dieser nächsten Phase alle Momente der ökologischen Krise, und es wird um so wahrscheinlicher, daß wir autoritäre und kriegerische Lösungen erleben werden. Also, Schranken setzen, den Auslauf abschneiden, dem Reproduktionssystem den quantitativen Entfaltungsspielraum einschränken. Dann ist die Chance am größten, daß es zu einer qualitativen Veränderung kommt".

Rudolf Bahro in: „System entfesseln oder System begrenzen?"

Nach 1968, das ist schon fast vergessen, gab es erstmals seit den 20er Jahren die Möglichkeit, die künstliche Aufspaltung und Trennung der Menschen in Konsumenten und Produzenten in Frage zu stellen. Die demokratische Basiserfahrung, die wir im Betrieb gewonnen hatten, befähigte uns zu fragen: Was ist das eigentlich, was wir da produzieren. Wir sind nicht nur Arbeiter, die egal was machen, um sich ihr Geld zu verdienen. Zu ähnlichen Fragen nach dem Unterschied von „brauchen" und „verbrauchen" kamen auf Grund der demokratischen Entwicklung viele Teile der Gesellschaft. Mit Bürgerinitiativen nahmen die Menschen bestimmte Probleme selber in die Hand, kümmerten sich um ihre Orte, um den Lastwagenverkehr, der durch die engen Straßen ging, um die damit verbundenen Gesundheitsprobleme, um die Fragen der Kinder und ihrer Spielräume. Man dachte grundsätzlich darüber nach in wessen Interesse

Verkehrsmittel entwickelt werden, wie die Produktion anderer Verkehrsmittel aussehen könnte, also über ganz neue Entwicklungen im Bereich der Schiene und der kollektiven, öffentlichen Mobilitätshilfen für die Menschen. Plötzlich war da eine Dimension, wie wir sie nach 1945 bisher nie gehabt hatten. Die Antiatombewegung der Ostermärsche mündete in eine breite Friedensbewegung und diese war eng verbunden mit den Bürgerinitiativen, die sich seit 1972 überall bemerkbar machten. Mitte der 70er Jahre gab es etwa 15-20 Tausend Bürgerinitiativen in der BRD und diese Strömungen bündelten sich letzlich dann in der grünen Problematik.

So bestand die Möglichkeit, sich jenseits der bereits etablierten Parteien auch parlamentarisch bemerkbar zu machen, indem man eine Partei gründete, die sich nicht nur für die neue Thematik, sondern auch für neue politische und persönliche Verkehrsformen einsetzte. Für mich war es zunächst unverständlich, die alten politischen Farben rot und schwarz durch eine neue zu bereichern. Warum eine Partei der „Grünen"? Aber ich habe dann nachher begriffen, daß es ganz gut war, sich von den anderen abzusetzen und die Partei mit einer Farbe zu belegen, die das Thema symbolisiert: Umwelt, Natur, Grün. Die These vom Ende des Proletariats schmerzte, machte aber auch neugierig. Theoretiker wie Gorz verabschiedeten sich von der Arbeiterklasse, die vom Marxismus als jene Klasse definiert war, die den Kapitalismus begraben und eine klassenlose, eine bessere und freiere Gesellschaft ohne Armut einführen wird. Sie sahen dieses überlebensgroße Subjekt der Geschichte aufgesaugt und integriert im Kapitalverhältnis. Für mich war das auf Grund meiner Erfahrungen auch einsichtig. Die Arbeiterklasse, die sich in den großen Fabriken, also in den Organisations- und Hierarchiestrukturen des Kapitalismus entwickelt hat, hat dessen autoritäre Organisationsformen weitgehend übernommen. Wir haben das erfahren müssen bei unseren ständigen Auseinandersetzungen mit der IG-Metall. Auch im Bereich der Organisation der Produktion sahen wir die getreue Imitation des kapitalistischen Großbetriebs in den sozialistischen Ländern. In Rußland durfte Fiat Ende der 60er Jahre eine Autofabrik bauen, deren Standort zu Ehren des ehemaligen italienischen Parteichefs Palmiro Togliatti Togliattigrad hieß. Sie funktionierte wie alle kapitalistischen Betriebe, mit Fliessband und allem drum und dran, vielleicht mit ein paar sozialen Verbesserungen, ich lasse das dahingestellt sein:

Fabriken, in denen nichts neues passierte. Da war für mich klar, daß die Arbeiterklasse im Grunde nicht die Klasse sein kann, die über den Kapitalismus hinauswachsend etwas Neues bringt. Es gab keine Formen, die wie Pflänzchen sichtbar machten: Siehst du, das werden wir in einer anderen Gesellschaft machen. Zeichen dieser Art sah ich viel mehr bei den Bürgerinitiativen als bei den Arbeitern. Bei den Grünen faszinierte mich das Sammelsurium von aufgeklärten Menschen: Lehrer, Akademiker, Mittelstand, aufgeklärte Arbeiter, aufgeklärte Manager, Kapitalisten, die Klarheit gewinnen wollten über „die Grenzen des Wachstums". Schon 1972 war unter diesem Titel ein Bericht des Club of Rome erschienen, dann kamen Berichte aus Amerika, der Worldwatch Report und diese Sachen, die uns zunehmend beeindruckten. Auch wir fragten uns: Wo gibt es Gegengewichte gegen die verhängnisvolle Entwicklung des Raubbaus an der Erde?

Ich wurde sehr stark beeinflußt durch Rudolf Bahro. Als Bahro Mitte Oktober 1979 aus der DDR ausgewiesen wurde, kam er schon wenige Wochen später zu uns nach Stuttgart. Wir organisierten ein Hintergrundgespräch mit Journalisten des Fernsehens, der Zeitungen u.s.w. und eine öffentliche Veranstaltung, die sehr gut besucht war. Bahro hat seine Positionen dargelegt (er wollte eigentlich eine sozialistische Partei gründen) und mich faszinierten die Vergleiche, die er anstellte, die Parallele, die er zog zwischen unserer Situation und dem Untergang des alten Rom. Im Grunde ist nirgends garantiert, daß die Menschheit auf diesem kleinen Stern Erde in dem riesigen Weltall weiter existieren muß. Wir waren ja so von uns überzeugt: Wir sind die Menschen, das höchste entwickelte Produkt der Welt, unsere Existenz wird ewig sein. Bahro war noch nicht so auf Untergangsvisionen und religiöse Heilsrezepte fixiert, deretwegen er später die Grünen verließ, die sich seiner Ansicht nach nur noch mit „Putzarbeit auf der Titanic" beschäftigten. Er war ein Eiferer, der keinen Weg zeigte, um visionäre Kritik mit kleinen Schritten zu verbinden. Damals jedoch war er der Erste, der mir überzeugend klar gemacht hat, daß wir heute in der Lage sind, unsere eigenen Existenzgrundlagen zu zerstören, nicht nur im atomaren Konflikt, sondern durch unsere bloße, gefräßige Existenz. Das war eine völlig neue Sicht der Dinge, die ich nun einbringen wollte in meine Rolle als Daimler Benz Betriebsrat.

Ich muß sagen, ich stand dabei ziemlich allein. Betriebsräte und Kollegen in anderen Betrieben in der Bundesrepublik schüttelten eher den Kopf über den Spagat, den ich da unternahm, ausgerechnet bei Mercedes, im Nobelbetrieb Deutschlands. Typisch war, daß Betriebsräte aus Atom- Chemie- und Rüstungsbetrieben „ihre" Produkte verteidigten und wenig Verständnis hatten für Demonstranten vor „ihren" Werktoren. Daß nicht nur der Kapitalismus, sondern die Menschheit an ihre Grenzen stößt, so eine Idee muß man zuerst einmal an sich heranlassen und in Diskussionen verarbeiten. Dann beginnt die Suche nach einer Strategie. Wie lassen sich Grenzen setzen, damit der Amoklauf des Menschen durch die Natur aufhört? Der Klassenkampf treibt ihn eher weiter. Grundlegend wurde für mich der Bezug auf die Grundrechte in unserer Verfassung, insbesondere das Recht auf die Unversehrtheit der Person und die Meinungsfreiheit. Sie sind die Grundvoraussetzung dafür, daß wir bei uns etwas verändern können.

Gründung der Grünen 1980

> „Der Anstoß dazu mußte von Leuten kommen, die nicht mit dem Odium „Kommunist" behaftet waren. Die Hypothek auf diesem Wort ist bei der Bevölkerung hier ungeheuer groß. Das kommt daher, daß die Linken in der Vergangenheit oft undemokratisch und inhuman wirkten und sich verhalten haben. Undemokratisch indem sie versuchten, Bewegungen zu funktionalisieren, wie etwa die Friedensbewegung. Inhuman durch Stalinismus in der DDR und stalinistische Ideologie hier. Es ist gut, daß heute der Anstoß für eine Bewegung von anderen gekommen ist. Die Linke kann sich jetzt neu orientieren, sich in der Bewegung human und demokratisch verhalten und so zu der Tradition von Marx auch praktisch zurückkehren". ...
> „Die Menschen wehren sich auch ohne uns Linke. Das hat Wyhl gezeigt - oder der Abriß der Bergarbeitersiedlungen im Ruhrgebiet. Gründe, sich zu wehren gibt es genug und deshalb wird die Bewegung weiter gehen".
>
> *Willi Hoss, Interview in LINKS, Dezember 1979*

„Gründe sich zu wehren, gibt es genug und deshalb wird die Bewegung weiter gehen": Das war der Punkt, wo Rudi Dutschke und ich sich trafen, wo sich ein Arbeitszusammenhang und eine Freundschaft entwickelte. Schon die erste Reise im Jahre 1972, die Rudi Dutschke nach dem Attentat und seiner schweren Krankheit durch die Bundesrepublik gemacht hatte, eine sogenannte Informationsreise, hatte ihn nach Stuttgart und zu unserer Gruppe geführt. Er trug einen Bart und wollte möglichst unerkannt bleiben. Er hatte von uns gehört und wollte sich selber informieren, wie die Situation ist bei den Arbeitern, wie sie denken, was sie machen, welche Perspektiven sie sehen. Wir haben eine ganze Nacht zusammen diskutiert. Rudi Dutschke war später SB-Mitglied und unsere Diskussion setzte sich in den kommenden Jahren fort im SB.

Die im Sozialistischen Büro organisierte neue Linke veranstaltete am 20. Oktober 1979, kurz vor der Gründung der Grünen, eine Arbeitsgruppentagung in Buchschlag bei Frankfurt. Es ging vordergründig um die Frage: Die Linke angesichts der Kanzlerkandidatur von Strauß. Aber dahinter stand das eigentliche Problem des Verhältnisses von Bewegung und Institutionen, konkret, ob es richtig ist, daß sich die außerparlamentarische Bewegung, als die wir uns bis dahin verstanden, auch ein parlamentarisches Spielbein verschafft? Man war sehr geteilter Meinung. Leute wie Elmar Altvater oder Oskar Negt bestanden auf dem außerparlamentarischen Charakter der Bewegung, auf den Bürgerinitiativen, und befürchteten eine Aufhebung der Radikalität durch die Arbeit im Parlament. Rudi und ich stritten für eine Öffnung des SB. Wir waren der Meinung, es gäbe zum ersten Mal die Chance, die Fünf- Prozent-Klausel zu überspringen. Wir sollten diese Möglichkeit nutzen. Daher waren wir für den Versuch, auch im Parlament Einfluß zu nehmen und unsere Thematik voran zu bringen. Und wenn es dort bürokratische Barrieren und Verhaltenszwänge geben würde, müßte man neu überlegen, wie man damit umgeht. Bei der folgenden Arbeitsgruppentagung in Hannover (16/17.2.1980) kam es zur Abstimmung. Ein Drittel sprach sich dafür aus, neben dem außerparlamentarischen auch den parlamentarischen Weg zu gehen, ein Drittel enthielt sich der Stimme und ein Drittel war dagegen. Das SB konnte sich also zu keiner klaren Aussage durchringen, aber ich entschied mich dafür, den Weg der Grünen mitzugestalten und unsere politischen und betrieblichen Erfahrungen einzubringen. Da meine freie Zeit begrenzt war, führte das zwangsläufig zum Ausscheiden aus der aktiven Arbeit des SB.

Das Jahr vor dem Karlsruher Gründungsparteitag (12-13. Januar 1980) war sehr bewegt. Es gab die großen Demonstrationen gegen Gorleben und den Bau von Atomkraftwerken, es gab Listen, die sich an Landtags- und Kommunalwahlen beteiligten und es gab die Versuche, das Ganze organisatorisch unter einen Hut zu bekommen (im März 1979 die Gründung der „Sonstigen Politischen Vereinigung-Die Grünen"). Bei den Europawahlen im Juni 1979 erzielten die Grünen 3,2 % der Stimmen; auf ihrem Parteitag Anfang Dezember in Berlin entschied sich die SPD für den Ausbau der Atomenergie; ebenfalls im Dezember kam es zum berüchtigten „Doppelbeschluß" der NATO; es standen Landtagswahlen an (im Oktober 1979 in Bremen und im März 1980 in Baden-Württemberg) und die Parteigründung stand, auch terminlich, unter dem Druck der kommenden Bundestagswahl vom Oktober 1980. Rudi Dutschke beteiligte sich aktiv in Bremen an den Vorarbeiten für die Landtagswahlen vom 7. Oktober 1979, wo es den Grünen tatsächlich zum ersten Mal gelang, die 5%-Klausel zu überspringen. Seine Rolle war die eines Vermittlers zwischen linken und rechten Strömungen und Organisationen und er war auch eine Art Garantie gegen die Unterwanderung der neuen Partei durch die K-Gruppen. Er bestand immer darauf, Klarheit über das Verhältnis Demokratie und Sozialismus und das Verhältnis Ökonomie und Ökologie einzufordern. Rudi Dutschke ist zu früh gestorben. Er hat die Grünen mitgegründet, starb aber noch im Dezember 1979, kurz vor dem Gründungsparteitag in Karlsruhe. Er wäre eine entscheidende Bereicherung gewesen, gerade in der Frage, wie weit Kompromisse um des Machterhalts wegen gehen dürfen.

Im November 1979 gab es in Offenbach den bundesweit von der „Sonstigen Politischen Vereinigung - Die Grünen" organisierten Vorkongress, der die Modalitäten einer Parteigründung beschließen sollte. Am Abend zuvor trafen sich Lukas Beckmann, Rudi Dutschke, Rudolf Bahro und ich in der Wohnung von Milan Horacek. Bahro, noch neu in der Bundesrepublik und Gast auf diesem Kongress, wollte mit uns seine Rede besprechen. Als er hörte, wie breit und bunt das Spektrum der Delegierten sein wird, nahm er jene Akzente seiner Rede etwas zurück, die auf eine sozialistisch geprägte Partei abzielten. Aber wir waren uns einig, daß, wie Rudi Dutschke in einem Leserbrief an die FR schrieb (8.11.1979), „die Spaltung zwischen Arbeitsinteressen und ökologischer Bewegung nicht ewig sein wird, die

Anwesenheit von Willi Hoß u.a. war dafür ein Beispiel". Rudi, in seinem Überschwang, nannte mich in diesem Brief „einen der bedeutendsten Theoretiker der heutigen Arbeiterschaft" und er schrieb ihn, weil er es als ein ernstes Problem ansah, daß die meisten Medien sich auf die sogenannten Prominenten oder auf Chaoten stürzten und Leute, die mit ihrer Person und ihrer Geschichte etwas anderes darstellten, nicht zur Kenntnis nahmen.

Im Gegensatz zu meiner bisherigen politischen Arbeit befand ich mich bei den Grünen in einem ganz anderen sozialen Milieu. Auf diesen ersten Kongressen saßen Leute da mit ihrer Katze auf dem Buckel, Frauen, die Kinder stillten, ältere Männer kamen herein mit ihren Rucksäcken. Das bot ein ganz anderes Bild, als das, was man normalereweise gewohnt war. Meine Arbeitskollegen, einfache Arbeiter, sagten, als sie das im Fernsehen sahen: Jetzt dreht der Willi durch, wo ist er nur gelandet. Mit welchen Leuten tut er sich da zusammen? Arbeiter sind ja kulturell eher kleinbürgerlich und stark angepasst, vor allem in ihrem Verhältnis zur Mode, zum Auto, zum Wohnen. Sie sahen mich als Exoten in dieser exotischen Umgebung. Aber auch die anderen, die Lehrer, Intellektuellen und Hippies, sahen in mir einen „Vorzeigearbeiter". Physisch, psychisch, in jeder Hinsicht war ich eine auffallende Figur. Man erträgt das nur, wenn man von der Sache überzeugt ist. Und ich hatte auf Grund meiner herausgehobenen Position in der Arbeiterbewegung das Glück, sofort Ansprechpartner zu sein für Leute wie Bahro, Dutschke, Biermann und andere.

Zu diesen Diskussionspartnern gehörte für mich auch Herbert Gruhl mit seinem Buch: „Ein Planet wird geplündert. Die Schreckensbilanz unserer Politik" (1975). Für mich war faszinierend, daß ein Abgeordneter der CDU sich selber Gedanken gemacht hat und darüber in Gegensatz gekommen war zu seiner Partei und das durchgehalten hat. Obwohl er konservative Auffassungen hatte, z.B. in der Familienpolitik und von manchen als reaktionär bezeichnet wurde, habe ich es als einen großen Verlust empfunden für die Grünen, daß die Linke ihn schon nach einem Jahr aus der Partei herausgeekelt hat. Es gab viele linke Grüppchen, die zu den Grünen stießen, als sie merkten, da passiert etwas, da macht sich ein breiter Strom auf den Weg. Das waren die Hamburger (Der Arbeiterkampf) und andere, die diesen Strom im trotzkistischen Sinne unterwanderten und knallhart ihre Politik machen wollten. Es war eigentlich ein unehrliches Bündnis zwischen denen, die sich die Ökologie zu Eigen gemacht hatten und den verschiedensten linken Grüppchen, die auf dem Rücken der Grünen aus ihrem Sektiererdasein rauskommen wollten, ohne ihre Linie und Methoden aufzugeben. Die hatten überhaupt kein Gespür für so einen Menschen wie Gruhl und erkannten nicht, daß so jemand zu dem Bündnis gehört. Gruhl war anders als Haußleiter, mit dem ich von Anfang an Schwierigkeiten hatte. Haußleiter kam von der AUD (Aktionsgemeinschaft Unabhängiger Deutscher), aus dem rechten Spektrum, das aber in der „nationalen Frage“ und „gegen die Supermächte“ den Kontakt mit der Linken suchte. Ich hatte zu ihm nie ein Verhältnis und auch nie die Lust verspürt, mit dem Mann zu diskutieren oder etwas zu machen. Er war mir suspekt. Er war Kriegsberichterstatter unter den Nazis gewesen, was ich aus seiner Sprache noch heraushörte und gehörte dann 1946 in Bayern zu den Gründern der CSU. Später isolierte er sich auch bei den Grünen, obwohl er eine zeitlang einer der Vorsitzenden war. Es waren ausgerechnet die Hamburger Linken, der „Arbeiterkampf“, Reents, Ebermann, Trampert, die ihn stützten. Das war reiner Opportunismus, aber es gibt in der Umweltbewegung diese Berührung mit den Rechten, die die Natur, Sonne, Wind, Feuer mythisch überhöhen. Das waren nicht die Gesprächspartner, die ich brauchte, um mich selber zu orientieren, um Argumente zu finden, um mich auseinanderzusetzen.

Die Leute, mit denen ich enger zu tun hatte, waren im Stuttgarter Bereich. Das waren die beiden Lehrer Wolf-Dieter Hasenclever (vorher in der SPD) und Winfried Kretschmann, der aus dem KBW kam. Rezzo Schlauch und Uli Cassel vertraten uns als Rechtsanwälte in arbeitsrechtlichen Fragen (Uli Cassel schon seit Ende der 60er Jahre) und standen uns bei, wenn wir wegen Demonstrationen Verfahren an den Hals bekamen. Es gab viele, viele Leute, die aus dem studentischen Bereich kamen und eigentlich froh waren, daß es endlich eine Bewegung gab, die nicht sektiererisch, sondern offen war und wo man auf die Leute zugehen konnte. Das waren dann auch meine Partner. Es gab andere, die diese Enge weiterpflegten und versuchten, die Menschen für ihre Ziele zu benutzen. Das waren dann die, die ich bekämpft habe. Es gab wilde Auseinandersetzungen auf den Landesparteitagen. Zu bestimmten Themen wie z. B. Lohnfortzahlungen im Krankheitsfall, Arbeitszeitregelungen usw. war ich besonders gefragt. Man wollte mich hören, weil ich aus der Arbeiterbewegung kam. Meine Position richtete sich auch unter dem Einfluß von Erich Fromm gegen dieses Haben, Haben und immer mehr Haben. Wir traten z.B. ein für Arbeitszeitverkürzung, wir hatten ja damals noch die 38 Stundenwoche, viele arbeiteten sogar 40 Stunden. Als Kompromiß auch unserer Diskussionen haben wir differenzierte Lösungen vorgeschlagen. Die unteren Lohngruppen sollten einen Lohnausgleich bekommen, aber die gut und besser Verdienenden sollten kürzer arbeiten dürfen: Ohne Lohnausgleich. Demgegenüber hatte die Linke immer die These vertreten, daß man nehmen muß, was man kriegen kann, ohne Rücksicht auf die Gesamtsituation. Darüber gab es bei den Grünen heftige Debatten, Abstimmungen, Lärm und Auszug aus dem Parteitag. Also da ging es manchmal zu wie im Tollhaus.

Risiko

> „In unserer Gesellschaft haben sich soviel Unbehagen und Zündstoff angehäuft ... Ich nenne als Beispiele die Atomenergie, die Wachstumspolitik, die Rüstungsausgaben, das Elend in den armen Ländern oder die immer eintönigere Arbeitswelt. ... Die derzeitige SPD hat am Entstehen der beschriebenen Probleme mitgewirkt. Sie ist ein Teil dieser Politik.“
>
> *Willi Hoss in der FR vom 17.11.1979*

Die Grünen beteiligten sich erstmals 1980 an einer Bundestagswahl. Es war eine besondere Situation: Strauß war Kanzlerkandidat. Und wir meinten, das Risiko einer Kanzlerschaft Strauß müsse man tragen. Strauß mit seiner Geschichte, die bis zurück auf die Spiegel-Affäre uns bewußt war, war natürlich schon eine Gefahr für die Demokratie, auch wenn es völlig überzogen war, das Bild eines Faschisten an die Wand zu malen. Die Sozialdemokraten argumentierten, daß die Stimmen für die Grünen verlorene Stimmen seien und der Linken gegen Strauß fehlen würden. Dadurch entstand ein erheblicher Druck auf die Grünen. Auch an der Basis. Ich wurde in Stuttgart immer wieder gefragt: wie könnt ihr das nur machen! In einem Interview mit der Frankfurter Rundschau begründete ich, daß wir in dieser Situation, in der die ökologische Frage in der bundesrepublikanischen Gesellschaft bei keiner Partei eine Rolle spielte, keine andere Wahl hätten. Alle Versuche, die Frage zu thematisieren, in der CDU durch Gruhl und in der SPD durch Erhart Eppler, waren gescheitert. Da haben wir gesagt, das Risiko einer Kanzlerschaft Strauß müsse man eingehen. Die Gefahr, die von einer Vernachlässigung der Umwelt ausgeht, ist ungleich größer. Das nahm Herbert Wehner auf dem Parteitag der SPD in Berlin 1979 zum Anlaß, mich in seiner Rede anzugreifen. Er sagte:

„Ich war, milde gesagt, sehr erstaunt, als ich in einer sicher auch von vielen hier gelesenen Zeitung, der 'Frankfurter Rundschau', unlängst, d.h. am 17. November, jeder kann es nachlesen, die Überschrift las: 'Das Risiko einer Kanzlerschaft Strauß muß man tragen'. Dazu wurde ein Interview veröffentlicht - in der 'Frankfurter Rundschau' - und zwar mit jemand, der bei Daimler-Benz die gewerkschaftliche Einheit zerbrochen hat und sich dort mit einer Sonderliste in den Betriebsrat hat wählen lassen. Keine Angst! Ich werde hier nicht lange zitieren. Da hat der fragende Redakteur gefragt, ob derjenige, der die Grünen unterstützen oder wählen wolle, damit nicht ungewollt das Risiko einer Kanzlerschaft Strauß erhöhe. Darauf wurde die Antwort gegeben. 'Ich meine, das muß man tragen. Langfristig kommt so etwas wie diese grüne Bewegung in jedem Fall. Die Frage ist nur, ob die Formierung jetzt oder 1984 erfolgen soll. Abgesehen davon, in 4 Jahren Regierungszeit kann Strauß bei der gegenwärtigen internationalen Lage keine extrem rechte Politik betreiben. Eine SPD in der Opposition würde da schon aufpassen.' Derjenige, der diese Antwort gegeben hat, ist ein erklärter Gegner der Gewerkschaft. Er hat früher einmal sozialdemokratisch gewählt. Er ist ein aus der Gewerkschaft Ausgeschiedener und mit einer eigenen Betriebsratsliste bei Daimler Benz zu einem Erfolg gekommen. Da könnt ihr euch vorstellen, darum zitiere ich das, wie verrückt Leute gemacht werden können, weil sie sich nicht nur persönlich, sondern auch im Hinblick auf ihr Politikverständnis in eine politische Auseinandersetzung mit der und gegen die SPD hineinverfilzt haben, wobei dann plötzlich über Strauß sogar gesagt wird, bei der gegenwärtigen internationalen Lage könne er überhaupt keine extrem rechte Politik betreiben. Ich nenne den Namen des Mannes, der das gesagt hat, nicht. Manchen wird er bekannt sein. Aber sonst ist das nicht interessant."

Die schematische Zweiteilung für oder gegen die Gewerkschaft, für oder gegen die Partei, dieses totale Unverständnis für das Anliegen der Grünen, hat die SPD blind gemacht. Mit keinem Wort ging Wehner auf die Umweltfrage ein. Das bestätigte eigentlich noch einmal, daß man auf diese SPD keine Rücksicht nehmen sollte. Ich spürte bei diesem Ton und bei dieser Methode sofort den alten KP-Kader, der die Leute, die sich anders äußern und eine andere politische Meinung haben, fertigmacht. Ich war nie ein Gewerkschaftsfeind, sondern ich opponierte ganz konkret gegen bestimmte Erscheinungen innerhalb der Gewerkschaft. Bei dieser Auffassung des Umgangs mit den Anderen sehe ich ganz deutliche Entsprechungen mit der kapitalistischen Organisation in einer Fabrik. Man muß funktionieren in diesem Getriebe, in diesem Räderwerk, und wenn man nicht funktioniert, wird man ausgestoßen. Die Arbeiter haben nichts anderes gelernt als diese Organisationsform. Sie haben ja nie eine demokratische Schule gehabt. Die paar Intellektuellen, die da waren, haben das irgendwie nicht reingebracht. Auch die Gewerkschaften, zumindest die IG-Metall, sind streng organisiert von oben nach unten. Und das hat letztlich dazu geführt, daß heute die Arbeiter mit ihrer Bewegung nichts mehr anfangen können.

Wie man aus starren Schemata ausbrechen und die Rolle des produktiven Außenseiters auf sich nehmen kann, habe ich bei Alexander Langer gesehen. Alex war deutscher Südtiroler und Italiener, Christ und Linksextremist, grüner Europaabgeordneter und unermüdlicher Organisator von Bewegungen. Er lud mich zu einer Tagung 1982 nach Bozen ein zum Thema: Wie grün sind die Konservativen, wie konservativ sind die Grünen? Das war für mich besonders interessant, weil wir in der Bundesrepublik, auch in der Bundestagsfraktion, uns fast ausschließlich mit der Frage beschäftigten: Wie links sind die Grünen, wie links können sie sein? Unsere Marxisten ließen die Ökologie als ein Grundproblem des Kapitalismus und des Sozialismus gar nicht an sich heran. Es wurde eine interessante Tagung, auf der ich auch die Arbeitsweise von Alex kennen lernte, die der Sache ihren Stempel aufdrückte und den Geist dieser Tagung bestimmte. Das begann schon mit dem Spektrum der Eingeladenen. Es gab sehr interessante Konservative und von katholischer Seite kam ein Priester mit einem hervorragenden Beitrag über die Schöpfung. Das ist ja ein zutiefst ökologisches Thema. Er kritisierte die herkömmliche Auffassung der Kirche, wonach der Mensch sich die Erde untertan machen soll. Das Problem, daß der Mensch sich zum Herren der Erde erklärt, hat ja nicht nur der Marxismus, sondern auch die Kirche. Alex hat es fertig gebracht, Leute der verschiedensten Denktraditionen zusammenzubringen und die Freund-Feind-Schemata immer wieder aufzubrechen. Das habe ich in Bozen deutlich gesehen und habe die Tagung bis heute nicht vergessen.

Abgeordneter 1983

„... in einer Auszählpause - rechts neben mir sitzen Sozialdemokraten - sprach mich jemand aus der übernächsten Reihe gleich ganz barsch an: Das ist ja ein starkes Stück, was du da gemacht hast, gegen die IG Metall kandidieren. ... Ich merkte gleich, daß er aggressiv war, schließlich ist es zehn Jahre her und sagte ihm, wenn du mit mir über das Problem diskutieren willst, können wir das gerne machen, wenn du mich hier anmachen willst, dann habe ich kein Interesse. Daraufhin antwortet er. Warte nur, dich werden sie hier auch noch klein kriegen. Das war jemand aus dem Gewerkschaftsbereich, aus dem Apparat oder aus dem etablierten Betriebsräteclub. Erst einmal habe ich den Satz auf mich bezogen. Dann wurde mir klar, daß er eigentlich sich selbst gemeint hat. Er ist sicherlich mit Erwartungen in den Bundestag gekommen ...“

Willi Hoss in der TAZ vom 27.4.1983
über seinen ersten Tag im Bundestag

Noch am Freitag vor der Bundestagswahl lief ich im blauen Anton in Untertürkheim herum und machte meine ganz normale Arbeit. Am Sonntag war die Wahl und am Sonntagabend um 19 Uhr wußte man, daß die Grünen im Bundestag sind. Zwei Stunden später kam ein Telegramm aus Bonn, daß am Montagmorgen das erste Treffen der Grünen Bundestagsfraktion stattfinden wird. Plötzlich war ich in Bonn, in einer ganz neuen

Welt. Einen Vorgeschmack hatte ich schon im Wahlkampf bekommen. In einer Sendung der ARD zur Wahl sah ich mich mit Blüm, Stoltenberg, Waigel und Lambsdorff konfrontiert und war gehemmt. Aber das hat mir nicht geschadet, sondern eher den Eindruck hinterlassen, der meint es ehrlich. Ich habe mir auch nicht das Wort so ergriffen, wie die anderen es taten, wenn da ein Mikrophon steht. Das kam sehr positiv an und ich habe da Punkte gut gemacht.

Ich war Spitzenkandidat auf der Landesliste in Baden-Württemberg. Das war überhaupt kein Problem. Hasenclever, eigentlich der bekannteste Grüne in Baden-Württemberg, war bei den Landtagswahlen 1980 in den Landtag gewählt worden und Fraktionsvorsitzender der Landtagsfraktion. Er hatte also am Bundestag kein großes Interesse, das wäre auch mit seinem Mandat im Landtag nicht vereinbar gewesen. Es war ganz natürlich, daß ich der Spitzenkandidat der baden-württembergischen Grünen war, sowohl bei der ersten Bundestagswahl 1980 (1,5%), als auch 1983, wo wir dann die 5% übersprungen haben. Meine Geschichte als Betriebsrat bei Daimler, die Plakatgruppe, der Skandal der Betriebsratswahlen, die Opposition in Boxberg, all das hatte mich nicht nur in Baden-Württemberg bekannt gemacht. Mein Name stand für Ehrlichkeit, für politische Opposition, für Wagemut und Standfestigkeit. Mit der Rolle als „Vorzeigearbeiter" konnte ich umgehen, sie hat mir auch nie etwas ausgemacht, weil ich wußte, was ich wollte und warum ich das mache. Für mich persönlich war die Kandidatur auch ein Schritt hinaus aus der Enge des Betriebs. Ich hatte zunehmend das Empfinden, eingesperrt zu sein in dieser Fabrik, bei jedem Schritt beobachtet zu sein.

In der Zeit zwischen 1980 und 1983 war ich im Betrieb in Stuttgart, fuhr aber am Wochenende zu Sitzungen, die bundesweit stattfanden, wo man Themen diskutierte oder Tagungen machte. Das hatte zwei Aspekte. Der erste Aspekt war, daß ich eben nicht bei allem dabei sein konnte, also auch nicht bei den Kungelgeschichten. Wenn da etwas vorher ausgehandelt wurde, war ich nicht dabei. Also wenn irgendwo am Sonntag eine Delegiertenkonferenz war oder ein Treffen, haben sich Leute schon am Donnerstag getroffen und im Nebenstübchen ausgemacht, wie sie das Ganze deichseln wollen. Ich war viel zu sehr durch meine Arbeit im Betrieb gebunden, als daß ich da hätte teilnehmen können. Solche Sachen behagen mir auch nicht. Das habe ich auch nachher im Bundestag gemerkt. Diese Kungeleien und Grüppchenbildungen, das kann ich nicht, das liegt mir charakterlich nicht und ich bin dazu auch zu wenig Machtmensch. Als man ohne das später auch bei den Grünen nicht mehr durchkam, verlor ich die Lust und verzichtete 1990 auf eine Kandidatur zum Bundestag. Aber in den Anfängen, und das ist der zweite Aspekt, war es so, daß man mir, wenn ich da war, zuhörte; gerade weil ich nicht kungelte und nicht überall dabei war.

Nach meiner Wahl in den Bundestag wurde ich von meinem Arbeitsplatz bei Mercedes beurlaubt. Als ich zwei Jahre später 1985 durch die Rotation ins zweite Glied rückte, stellte ich bei der Werkleitung den Antrag auf Teilzeitarbeit. Das lag ganz auf der Linie des Kampfes um mehr Möglichkeiten für Teilzeit. Ich sagte, ich würde gerne Montag und Dienstag frei haben und Mittwoch, Donnerstag und Freitag in der Fabrik arbeiten. Das war ein bißchen mehr als halbtags. Der Direktor beschied, so einen Arbeitsplatz hätten sie nicht. Da habe ich ihm gesagt, ich könnte ihm solche Arbeitsplätze zeigen, es gäbe genügend Plätze, wo man das machen kann, ohne daß der betriebliche Ablauf gestört wird. Hofkehrer zum Beispiel, ich bin gerne bereit, Hofkehrer zu machen. Das wäre natürlich eine sensationelle Meldung geworden: Bundestagsabgeordneter arbeitet als Hofkehrer. Darum haben sie mir lieber einen Arbeitsplatz in meiner alten Abteilung gegeben, als Schlosser. Pumpenschlosser war ich dann. Sonntagabend oder montags, ganz früh, fuhr ich nach Bonn, nahm an der Meinungsbildung der Fraktion teil, montags an der Arbeitsgruppe über Sozialpolitik, dienstags an der Fraktionssitzung. Nach der Fraktionssitzung fuhr ich mit dem Zug zurück nach Stuttgart und mittwochs arbeitete ich im Betrieb als Schlosser. Da passierte mir dann, daß einmal ein älterer Kollege kam und sagte: Sag mal, du bist ja bescheuert. Wir wären froh, wenn wir aus dem Scheiß hier raus wären und du kommst freiwillig zurück. Für mich war das eine kalte Dusche. Ich hatte mir eingebildet, daß die Kollegen das respektieren, daß sie sagen: Also das ist ein Kerl, der geht wieder in die Fabrik zurück. Und jetzt sagt mir einer: Du bist bescheuert. Diese Art von Realismus der Arbeiterklasse hat mich schon etwas enttäuscht.

Als ich Abgeordneter wurde, habe ich meinen Posten als Betriebsrat einem Nachfolger zur Verfügung gestellt, im Unterschied zur häufigen Praxis bei den Gewerkschaften und der SPD, wo Abgeordnete, die ursprünglich aus Betrieben kamen, die Mandate vereinigten und sowohl Betriebsrat, als auch Abgeordnete blieben. Sie konnten natürlich nur noch stundenweise, halbtagsweise im Betrieb sein und die Interessen der Kollegen nicht mehr wirklich vertreten. Dazu waren sie schon zeitlich nicht mehr in der Lage, ganz abgesehen von der Entwicklung ihres Bewußtseins. Aber sie haben den Posten behalten. Als ich nach 2 Jahren Bundestag auf Grund der Rotation in den Betrieb zurück kam, war ich einfacher Schlosser. Hinter meiner Haltung stand zumindest ein bißchen auch die konkrete Utopie, Handarbeit und Kopfarbeit zu vereinen, diese Trennung im Marxschen Sinne aufzuheben. Nach zwei Jahren rotationsbedingtem Aussetzen bin ich wieder Kandidat gewesen und wurde 1987 auch wieder in den Bundestag gewählt. Ich habe hier die Zeit von 1987 bis 1991 erlebt, die sehr spannend war.

Spielregeln – Stilfragen

> „Präsidentin Dr. Süssmuth: Herr Abgeordneter Hoss, gestatten Sie eine Zwischenfrage des Abgeordneten Reimann?
> Hoss: Vielleicht dient es meiner Beruhigung. Ich rege mich so auf, weil es hier um Menschen geht.
> (Günther, CDU/CSU: Das geht uns genauso! Spielen Sie sich nicht so auf, als wenn das nur Ihnen so ginge)“
>
> *3. Lesung des Rentenreformgesetzes, 9. November 1989*

Als die Grünen 1983 in den Bundestag einzogen, gab es den Rotationsbeschluß. Nach zwei Jahren gehen die ersten zurück und lassen die zweite Linie vorrücken. Das habe ich auch gemacht. Man konnte einen Antrag stellen, daß man weitermachen will. Darüber entschied die Landesdelegiertenkonferenz. Man brauchte dazu eine Dreiviertelmehrheit und ich bekam 1985 nur eine Zweidrittelmehrheit. Das hat nicht ausgereicht. Ich war der einzige, der Bonn verließ und zurück in die Fabrik gegangen ist. Vorgesehen war, daß die Nachrücker, so hieß das ja, in Bonn blieben und präsent waren. Sie wurden von der Fraktion bezahlt, gehaltlich genauso wie die Abgeordneten, und nach 2 Jahren gab es den Wechsel. Die Vorrücker wurden zu Nachrückern. Das habe ich nicht mitgemacht. Ich wollte in Bonn sein, wenn ich gewählt bin. Ich bin nicht aus der Fabrik raus, um Angestellter in Bonn zu sein. Entweder bin ich Abgeordneter, dann gehe ich nach Bonn, oder ich bin Angestellter der Fraktion und das interessiert mich nicht. Dazu kam, daß ich einfach keinen Bock hatte, wie man heute so sagt, jeden Montag nach Bonn und am Freitag wieder zurück zu fahren. Am Freitag standen reihenweise Abgeordnete auf den Bonner Bahnsteigen, alle mit ihren Aktentaschen. Ich war Montagearbeiter und kenne das Bild: Montagearbeiter, die nach Hause fahren. Als Abgeordneter hatte das seine Notwendigkeit, aber als rotierender Nachrücker nicht mehr.

Als die Rotation beschlossen wurde, war ich sowohl auf dem Landesparteitag, als auch auf dem Bundesparteitag einer der wenigen, die gegen die Rotation Stellung nahmen. Aus Überzeugung, denn diese Haltung war damals sehr unpopulär. Bei der Abstimmung waren es vielleicht 20 %, die dagegen waren. Von meiner Betriebsratstätigkeit her erinnerte ich mich, daß ich 3 Jahre gebraucht hatte, um mich überhaupt in den Einzelheiten dieser Arbeit zurechtzufinden, wohin und zu wem man geht, wenn man dies oder jenes Problem hat. Es war mir klar, daß das genauso in Bonn sein wird. In 2 Jahren lernt man einfach nicht, auf dem Klavier zu spielen, zumindest ich nicht. Mag sein, daß ein Superintelligenter das schneller kann, aber ich nicht. Ich bin immer vom normalen Menschen ausgegangen. Natürlich gibt es auch positive Argumente, zum Beispiel, daß jemand, der 2 Jahre zugearbeitet hat, jetzt selbst ins Licht tritt. Meinen Platz im Arbeits- und Sozialausschuß übernahm Eberhard Bueb, ein guter Mann, der über die bayrische Liste Abgeordneter wurde. Aber meiner Ansicht nach genügt die Rotation alle 4 oder 8 Jahre, bei den jeweiligen Wahlen, wenn die Parteien die Möglichkeit erhalten, neue Leute aufzustellen. Zwei Jahre sind eine Zwangsjacke. Oft hatten die Nachrücker auch ganz andere Kompetenzen. Mir wäre lieber gewesen, die Fraktion hätte einen Fachmann eingestellt, einen Sozialpolitiker, der das Rentensystem in- und auswendig kennt, der über das Krankenkassensystem genau Bescheid weiß, das ich nur aus der Perspektive des Betriebs kannte. Das dicke Sozialgesetzbuch mit über 500 Seiten kannte ich doch gar nicht. Die meisten Nachrücker kamen nicht über ihre fachlichen Qualifikationen an diese Stelle. Viele kamen aus der Arbeitslosigkeit. Eine Nachrückerin hatte noch nie in einer Versammlung mit mehr als 15 Leuten gesprochen, die mußte das erstmal lernen. Sie bekam fast einen Herzschlag, als sie ans Rednerpult mußte. Aber gut, sie hat das auch gelernt.

Der Rotationsbeschluß hat uns bei der Wahl geholfen. Es war eine Zeit, in der die Leute diese immergleichen Gesichter, die im Fernsehen erschienen, nicht mehr ausstehen konnten. Dagegen sind wir Sturm gelaufen und haben gesagt: Wir bringen frische Ideen und frische Köpfe und keiner von uns hängt an seinem Posten. Damals hatte man der FDP gerade vorgeworfen, sie habe die SPD fallen lassen, nur um an der Regierung zu bleiben. Die Rotation war ein Argument gegen diese Postenkleberei. Das hatte was für sich. Aber das war auch ein populistisches Argument. Petra Kelly zum Beispiel war vor der Wahl die heftigste Verfechterin der Rotation. Nach der Wahl hat sie einfach für sich entschieden, zu bleiben und nicht zurückzutreten. Und der General, wie man Gert Bastian nannte, auch. Nach zwei Jahren im Bundestag hatten sie ihre Meinung geändert. Warum soll jetzt ein Nachrücker, der weiter keine große Rolle spielt, unseren Platz einnehmen? Petra hatte, das möchte ich annehmen, gewichtige Gründe. Aber das Ganze hat bei den Grünen zu Verwicklungen geführt, die sehr unschön waren.

Ich war gegen die Rotation, aber ich war einverstanden mit dem Kampf gegen die Vielämterei, die bei den anderen Parteien üblich war. Willy Brandt oder Herbert Wehner waren Abgeordnete, hatten Funktionen im Präsidium der Partei und möglicherweise auch in der Regierung. Diese Vermengung von Ämtern wollten wir bei uns nicht dulden. Wir wollten vermeiden, daß sich die Politik zunehmend ins Parlament verlagert und dessen Zwängen und Machtspielen unterworfen wird, auf Kosten der Bewegung und auf Kosten der Visionen. Außerdem soll sich jeder auf sein Amt konzentrieren, dann hat er genug zu tun. Auch das haben die Grünen inzwischen abgebaut. Denn es gibt natürlich Koordinationsprobleme, wenn die Gremien personell mit verschiedenen Leuten besetzt sind. Bündelungen sind da effizienter. Man kann das aber auch begrenzen und teilweise Überschneidungen erlauben. Es ist klar, die parlamentarische Arbeit entwickelt ihre eigene Logik und Arbeitsorganisation. Eine neue Partei muß alles ausprobieren und genau prüfen, was sie an Herkömmlichem übernimmt und wo sie gegen den Strom schwimmt.

Viel hängt von der konkreten historischen Situation ab. Im Kampf gegen die Nachrüstung lehnten es viele der damals sehr pazifistisch eingestellten Grünen ab, als Abgeordnete für Reisen Bundeswehrflugzeuge zu benutzen. Wenn es so einen Beschluß gibt, sollte man sich in der konkreten Situation der Friedensbewegung auch daran halten. Das ist eine Frage der Anständigkeit und Glaubwürdigkeit. Es gab Abgeordnete, die da legerer mit umgingen, auch wenn sie die Möglichkeit gehabt hätten, zivil, mit der Lufthansa zu fliegen. Ich stand vor so einer Entscheidung, als der Sozialausschuß 1984 eine Reise in die Vereinigten Staaten machte, nach Houston, Dallas und auch nach Detroit. Das interessierte mich sehr, aber ich bekam im letzten Moment mit, daß die Reise aus Kostengründen mit der Bundeswehr gemacht werden sollte. Die mußte ohnehin zwei Mal in der Woche rüberfliegen und da konnten wir mit. Ich nahm von der Reise Abstand, weil das 1984 in der Zeit der Friedensbewegung war. Es war ein Opfer, denn ich war noch nie in den Vereinigten Staaten gewesen und bin bis jetzt auch nicht mehr hingekommen. Ich muß sagen, ich war damals nicht gewieft genug. Ich war so empört, daß der Sozialausschuß mit der Bundeswehr fliegt, daß ich gar nicht auf die Idee kam, für mich einen zivilen Flug buchen zu lassen. Das hätte der Haushalt noch verkraftet, zumal die Lufthansa ja auch staatlich war oder zumindest der Bund kapitalmäßig beteiligt war. Kurz darauf las ich, daß der Grünen-Abgeordnete Kleinert in einer Militärmaschine nach Washington geflogen war, während drunten, in Hessen, eine Blockade der Friedensbewegung gegen die Nachrüstung stattfand. Er hat sich das von oben angeguckt. Das führte zu der seltsamen Situation: Ich da oben, ihr da unten. Da fällt man ein Stück weit den eigenen Leuten in den Rücken. Solche Fragen des politischen Stils sind damals noch aufgefallen.

Die Bilder vom Einzug der Grünen in den Bundestag gingen um die Welt. Begleitet von zahlreichen Menschen aus Bürgerinitiativen und Friedensgruppen zogen die 28 frischgewählten Abgeordneten durch die Bonner Innenstadt ins Bundeshaus. Wir schleppten einen gesunden Baum mit, der das Opfer der Startbahn West des Frankfurter Flughafens geworden war, daneben eine abgestorbene Schwarzwaldtanne und wir rollten einen Globus in Form eines riesigen Gummiballs vor uns her, eine Aufforderung zum Schutz der Erde, zum globalen Denken und lokalen Handeln. Die enge Verbundenheit zwischen Wählern und Gewählten zur Lösung der Probleme war augenscheinlich. Symbole dieser Art waren für uns wichtiger als die Kleiderordnung des Parlaments und andere Formen des standesgemäßen Auftretens. Das hat irritiert, begeistert oder nachdenklich gestimmt. Eine hervorragende Persönlichkeit wie Nelson Mandela hat mich auf seinem Deutschlandbesuch als erstes zu dieser Frage angesprochen. Ich werde das nie vergessen. Er war noch nicht lange aus dem Gefängnis und ich traf ihn als Sprecher der Grünen. Es gab eine sehr lockere Unterhaltung, bei der er mir sagte: „Im Gefängnis habe ich die Entwicklung der Grünen verfolgt und habe mir immer eine Frage gestellt, die Sie mir vielleicht beantworten können. Warum haben Sie sich nicht ordentlich angezogen, wenn sie ins Parlament gingen? Warum zogen Sie keine Krawatte an?" Es war für ihn als Sohn eines Stammesfürsten, also aus einem Königshaus kommend, einfach unvorstellbar, solche Regeln zu durchbrechen. Ich erklärte ihm, daß das keine Nachlässigkeit war, sondern eine bewußte Aussage. Wir wollten einerseits die Normalität ins Parlament bringen, als einfache Bürger und wir wollten damit auch sagen, daß es in diesem Parlament zu viele Leute gibt, die hinter einer weißen Weste den Dreck verbergen, den sie am Stecken haben. Er hat meine Erklärung angenommen und nicht weiter kommentiert.

Solche Proteste und ihre Sprache nützen sich natürlich ab. Wir waren damals andere, aber man bleibt nicht anders. Ich habe das an mir selbst gemerkt. Irgendwann, im ersten Jahr, im zweiten Jahr, im dritten Jahr, und in der zweiten Legislaturperiode im fünften oder sechsten Jahr, kommt man an einen Punkt, wo dieser umgekehrte Kleiderzwang dann lächerlich wird. Auch ich zog ein besseres Hemd an, es muß nicht gleich Armani sein. Ich war 1984 der erste Abgeordnete, der in Brasilia in den brasilianischen Kongress ohne Krawatte reingegangen ist. Wahrscheinlich bin ich der einzige geblieben. Man hat mich gelassen, aber es war ein Sakrileg. Ich war nie ein Krawattenträger, aber heute trage ich welche bei besonderen Anlässen. Meinen ersten Smoking zog ich an, als meine Tochter Nina in München 1997 einen Filmpreis erhielt.

Es war natürlich für die althergebrachten Parteien unangenehm, daß auf Kosten ihrer Sitze, die sie seit Jahren sozusagen gepachtet hatten, plötzlich so viele seltsame Neuankömmlinge da waren. Diese Wunden mußten sie zuerst einmal verschmerzen. Damit hing auch die Nichtanerkennung zusammen, die uns entgegenschlug und die völlig ungerecht war. Die ersten, eigentlich die ganzen vier Jahre waren wir an den Rand gedrängt. Weil auch die Sozialdemokraten Berührungsängste hatten, vermieden sie peinlichst, gemeinsame Gesetzentwürfe, oder irgendwie gemeinsame Entschließungen mit uns zu machen. Ich war bei der ersten Sitzung des Bundestages, also 1983, der zweite Redner. Im Auftrag der Fraktion sollte ich unseren Anspruch auf einen Bundestagsvizepräsidenten begründen. Der Präsident wurde von der größten Fraktion gestellt und dann gab es drei Vizepräsidenten, zwei waren von der SPD und einer von der FPD. Jetzt ging es darum, auch unseren Anspruch anzumelden. Vor meinem Auftritt hatte ich eine schlaflose Nacht, es war ja mein erster Auftritt im Plenum des Bundestages und da unten saßen all diese Gesichter, die man sonst nur vom Fernsehen kannte: Brandt, Genscher, Kohl, Barzel, Jenninger, Stoltenberg usw. Ich hatte mir natürlich alles aufgeschrieben, obwohl ich sonst ein freier Redner bin, der nur mit Notizen arbeitet. Vor lauter Schiß hatte ich jedes Wörtchen aufgeschrieben, um da eine einigermaßen gute Figur zu machen. Aber auch die beste Rede hätte nichts genützt. Man ging einfach über uns hinweg und behandelte uns wirklich undemokratisch, ungerecht und unkollegial. Das war mehr dem Egoismus als der Ideologie der Parteien geschuldet. Die Ideologie und handfeste politische Befürchtungen kamen ins Spiel, als wir nicht in den Sicherheitsausschuß durften, in dem solche Gremien wie der Verfassungsschutz und der BND parlamentarisch überwacht wurden. Wir waren ja aufgetreten als eine Partei und als Leute, die die herkömmlichen Spielregeln, z.B. der Geheimhaltung, nicht unbedingt akzeptierten. Wir waren ein so bunter Haufen, daß wichtige Fragen wie die des staatlichen Gewaltmonopols keineswegs geklärt waren. Es gab eine radikale Linke, die völlig antikapitalistisch und antimilitaristisch eingestellt war und es war ein Schock für die anderen, daß wir da plötzlich auftauchten. Wir waren ein Sicherheitsrisiko und das ist mehr als ein Benimmrisiko. Das hat sich inzwischen alles geklärt, heute sitzen Grüne in der Regierung, haben Armani-Anzüge an, das ist alles ganz anders als damals.

Nach dem Einzug der PDS in den Bundestag im Jahre 1990 hatten sich ähnliche Probleme ergeben und ich muß sagen: Ich glaube, daß es korrekt ist, zu unterscheiden zwischen demokratischen Normen, die uneingeschränkt gelten und einer persönlichen Befindlichkeit. Wenn ich zum

Beispiel weiß, daß bei Gysi die Stasimitarbeit nicht geklärt ist, daß er und andere der PDS-Fraktion nicht mit offenen Karten spielen, wenn du das Gefühl hast, es könnten ja doch noch so manche Leichen im Schrank liegen, dann setze ich auf Distanz und nicht auf kollegiale Zusammenarbeit. Ich bin überzeugt davon, daß sich auch das mit der Zeit normalisieren wird. Aber am Anfang spielen persönliche Befindlichkeiten auch bei mir eine Rolle. Ich sage das auch aufgrund meiner internen Erfahrungen in der KP; ich sehe das anders, als einer, der nie in der KP war. Ich bin durch diese Leute, durch den Stalinismus, ungeheuer verletzt worden. Mein Vertrauen war mißbraucht worden. Und wenn sie sagten, das ist die Propaganda des Klassenfeindes, habe ich ihnen geglaubt. Diese Unehrlichkeit hat mich ins Mark getroffen. Das kam alles wieder hoch in der ersten Zeit 1989/1990, nach der Vereinigung Deutschlands. Damals nahm ich Stellung zur Frage, ob man Lehrer oder Polizeibeamte der DDR einfach so weiter beschäftigen kann. Ich war damals sehr rigide, heute wäre ich es vielleicht nicht mehr. Ich wollte Klarheit. Wenn sich jemand als Lehrer vor die Kinder hingestellt hat und wider besseres Wissen die SED hochgehoben und sich selbst praktisch prostituiert hat, wie soll der zu einer Erziehung fähig sein? Wir wollten nach dem Krieg ja auch keine Nazilehrer. Ich habe große Angst davor, daß irgendwann eine Situation kommen könnte, wo die Menschen sich wieder so einlullen lassen und sich wieder so opportunistisch verhalten, und wenn man das immer durchgehen läßt, wird nichts aufgebrochen in den Leuten, aufgebrochen in dem Sinne, daß sie spüren, sie haben etwas gemacht und müssen dafür einstehen und die Konsequenzen tragen.

Privilegien

Ich hatte zu zwei Leuten engere Kontakte, zu Milan, der aus der Tschechoslowakei kam und nach dem Prager Frühling abgehauen ist und zu Lukas Beckmann. Da bestand ein Vertrauensverhältnis. Milan Horacek war zu jener Zeit Nachrücker. Es gab damals diese heftigen politischen Auseinandersetzungen zwischen den Hamburgern, dem „Arbeiterkampf", die bei den Grünen gelandet waren, Thomas Ebermann, Jürgen Reents und diese Leute. Wir fragten uns, wo geht diese Gruppe hin, was passiert da und was kann man dagegen machen. Wir besprachen auch unser Abstimmungsverhalten in der Fraktion. Ich muß hinzufügen, daß ich von dem Abgeordnetendasein eine besondere Auffassung hatte. Ich wollte mich nicht nur an das halten, was vorgegeben wurde, sondern wie im Betrieb mit meiner Arbeit als Linker, eine Art Grenzerweiterung betreiben, immer ein Stückchen weiter gehen und mir Dinge erlauben, bei denen ein kleines Risiko dabei war. Außerdem hatte ich als Abgeordneter mehr Möglichkeiten Freiheitsräume zu erweitern, als sie ein normaler Bürger hat. Mit Milan und Lukas Beckmann, die auch so dachten, kam es zu einigen Aktionen und, sehr früh schon, im März 1984, zu einer Reise nach Ankara. Dabei waren noch Gaby Potthast, eine Abgeordnete aus dem Ruhrgebiet, Uli Fischer, Kalle Winkler, ein 1982 aus der DDR ausgewiesener Liedermacher, und Rudolf Bahro. Wir wußten von den Hinrichtungen und Folterungen von Kurden in türkischen Gefängnissen und von der bedrängten Lage der Kurden. Das stand auch hier in den Zeitungen, erregte damals aber größere Empörung als heute. Wir sagten uns, wir sind deutsche Abgeordnete, wir gehen dort hin und ketten uns auf dem Kizilay-Platz am Denkmal von Atatürk an. Wir entrollen Transparente gegen die Folterung in den Militärgefängnissen und für die Menschenrechte in Ost und West, auch für Kurden. Und das in türkischer und kurdischer Sprache, was verboten war. Unabhängig von der Frage, wie militant die Kurden sich wehrten, war für uns die Tatsache unerträglich, daß ein Staat, der den Anschluß an die Europäische Gemeinschaft erstrebte, einem Teil seiner Bürger elementare Menschenrechte verwehrte. Wir waren sieben Leute und auf dem belebtesten Platz in Ankara. Das ging so 30 Minuten. Es ist ja so, daß man eine Aktion auch richtig beenden muß, damit möglichst niemand zu Schaden kommt. Das gilt für den großen Kreis der Umstehenden, Neugierige und Sympathisanten, aber auch für uns. Wir hatten die Aufmerksamkeit der Öffentlichkeit erreicht und als ein Pulk von Polizeiautos erschien und Festnahmen begannen (unter den Festgenommenen befanden sich mehrere ausländische Journalisten), sahen wir die Aktion als beendet an. Man hat uns zur Securite gebracht, in den fünften Stock in Räume hinter Stahltüren. Wir haben das so organisiert, daß gleichzeitig mit dem Beginn der Aktion um 9.30 Uhr in Bonn Petra Kelly bei Genscher im Außenministerium anruft und sagt: In diesem Moment ketten sich in Ankara grüne Abgeordnete an, verständigen Sie den Botschafter. Wir wollten uns absichern, daß wir da nicht zusammengeschlagen werden, denn es war uns klar, daß die erste Stunde die gefährlichste war. Es war schon eine Mutfrage und ich muß ehrlich sagen, daß ich auch Schiß hatte auf dem Weg vom Hotel zum Platz. Wir hatten nachts auf den Zimmern die Transparente gemalt, uns zuvor das Material besorgt und einige Korrespondenten des deutschen Fernsehens und deutscher Zeitungen verständigt. Wir hatten vom Hotel aus eine Viertelstunde zu laufen und ich dachte mir: Jetzt hast du noch die Möglichkeit auszusteigen. Ich hatte das Transparent um den Bauch gewikkelt und eine Jacke darüber. Noch am gleichen Abend wurden wir ausgewiesen. Mit Maschinenpistolen bewaffnete Beamten der Securite verfrachteten uns in einen Omnibus, in dem vorne einer mit der Maschinenpistole stand, also völlig verrückt, und dann wurden wir durch einen Nebeneingang des Flughafens zu einer Maschine der Lufthansa gebracht, die von der Polizei aufgehalten worden war. Alle 5 Meter stand bis zu dem Flugzeug jemand mit der Maschinenpistole. Dann ins Flugzeug rein und ab nach Deutschland. Die Geschäftsleute und andere Passagiere moserten furchtbar, als wir in die Maschine kamen, weil sie ihre Anschlüsse verpaßten. Diese Aktion spielte natürlich in der türkischen, kurdischen Bewegung eine große Rolle. Als wir nach Frankfurt zurückkamen, standen zum Empfang Grüne und Kurden, Leute von den Menschenrechtsbewegungen und Amnesty International da. Wir gaben kurze Statements fürs Fernsehen und wurden auf den Schultern der Türken und Kurden durch den Flughafen getragen. Die Wirkung danach war sehr interessant. Der Druck auf die Bundesregierung und den Bundestag war nun so stark, daß es in der Woche darauf zu einer Diskussion im Parlament zur Situation der Menschenrechte in der Türkei kam, mit dem Beschluß, eine Delegation von Parlamentariern in die Türkei zu entsenden, um dort die Lage in den Gefängnissen zu beobachten. Diese deutsche Delegation wurde von den Türken gar nicht reingelassen, sie sei eine Einmischung in die inneren Angelegenheiten der Türkei.

Ich war für solche völlig gewaltfreien Aktionen, weil ich mir sagte: Jetzt bist du Abgeordneter, deine Privilegien sind nicht nur für dich da. Du mußt sie nützen. Das war meine erste Aktion dieser Art im Ausland.

Die zweite führte mich im September 1985 nach Südafrika. Es war in der letzten Phase, ein halbes Jahr bevor alles kippte, Mandela saß noch im Gefängnis. Während die amerikanische Antiapartheidbewegung amerikanische Firmen boykottierte, die mit Südafrika Geschäfte machten, hatten die deutschen Firmen ziemlich freie Hand. Siemens zum Beispiel rüstete die Armee und die Polizei mit modernsten Kommunikationsmitteln aus. Wir organisierten eine Demonstration, um zu zeigen, daß die Deutsche Botschaft eine Drehscheibe solcher Geschäfte war. Es gehört zu ihren Aufgaben, solche Sachen zu vermitteln und Wirtschaftskontakte herzustellen. Moralisch aber war diese Rolle fragwürdig und für uns nicht akzeptabel. Darauf wollten wir hinweisen. Wir waren mehrere: Petra Kelly und Gert Bastian (der General), Ludger Volmer, Uschi Eid, Eberhard Bueb, Hannegret Hönes und Lukas Beckmann, der das wieder eingefädelt hat. Wir gingen in die Botschaft, wir waren ja Abgeordnete, und bekamen ein Briefing zur Lage in Südafrika. Dann zeigte man uns die Botschaft und irgendwann sagte ich: Wir sind eigentlich hier, um gegen die Tätigkeit und gegen das Verhalten der Botschaft zu protestieren. Wir zogen unsere Ketten raus und haben uns aneinander und um den Schreibtisch des Geschäftsführers herum angekettet. Damit waren Tatsachen geschaffen. Dann sagten wir: Wir bleiben jetzt 48 Stunden hier. Draussen versammelte sich sofort die Presse, ein Pulk von Journalisten, und wir standen am Fenster. Ein Wachmann, ein Beamter vom Bundesgrenzschutz, wollte uns vom Fenster wegreißen. Aber wir waren ja Abgeordnete und der Beamte wurde abgezogen. Nach wenigen Stunden kamen Solidaritätstelegramme, aber auch Verlautbarungen von den Buren und ihren rechten Organisationen mit dem Tenor: Hier kommt ihr nicht mehr lebend raus, dafür sorgen wir. Diese Drohung mußte man im damaligen Südafrika absolut ernst nehmen und unter uns gab es den Vorschlag, nach Beendigung der Aktion die Botschaft nicht wie angekündigt, durch den Haupteingang zu verlassen, um kein Ziel abzugeben. Andererseits konnte es sich die südafrikanische Regierung nicht leisten, das Leben deutscher Abgeordneter zu gefährden. Petra Kelly setzte schließlich durch, daß eine kleinere Gruppe die Botschaft durch einen Nebeneingang verließ. Damals war ich verärgert, aber ich war auch tief betroffen und es hat mich noch jahrelang beschäftigt, daß eine so starke Kämpferin gegen Gewalt und für Gewaltfreiheit in diesem Augenblick ganz emotional keine andere Möglichkeit sah, auf eine Gewaltandrohung zu reagieren. Wir verbrachten die Nacht angekettet und am nächsten Tag 14 Uhr ging alles zu Ende. In den südafrikanischen Zeitungen stand groß: Deutsche Abgeordnete protestieren gegen die Funktion der Botschaft.

Arbeit und Soziales

„Die Bundesregierung kennt in ihrem Arbeitszeit-Gesetzentwurf nur ein Subjekt, das die Arbeitszeitbedingungen bestimmt: den Unternehmer. Die abhängig Beschäftigten sind im Regierungsentwurf bloße Objekte unternehmerischer Flexibilitätsinteressen.
In dem Arbeitszeit-Gesetzentwurf der SPD aus dem Jahre 1988 ist der „Arbeitnehmer“ traditionellen Typs - der männliche Facharbeiter - das Leitbild.“ ...
„Wir verstehen unter „Arbeiten“ auch Tätigkeiten wie Kinderbetreuung, Weiterbildung, Pflege, soziale Dienste und politische Arbeiten, für die wir ausreichende Zeiträume schaffen wollen. Wir wollen, daß Männer und Frauen die gesamte Arbeit, d.h. Erwerbs- sowie Haus- Erziehungs- und Pflegearbeiten, grundsätzlich zu gleichen Teilen und gleichberechtigt wahrnehmen. Dies setzt veränderte Arbeitszeitbedingungen voraus“.

Willi Hoss in: Arbeitszeiten ändern -
Die Grünen im Bundestag, Sept. 1988

Der Ablauf der parlamentarischen Arbeit war folgender: Montags saß man in kleinen Gruppen zusammen, zum Beispiel wir Sozialpolitiker der Grünen, und befassten uns mit dem, was in der Woche auf der Tagesordnung stand, klärten unsere Position zu den Vorschlägen der anderen und was wir selber neu einbringen wollten. Dienstags war die Fraktionssitzung auf der die Arbeit der laufenden Woche des Bundestags und die Ergebnisse der einzelnen Arbeitsgruppen besprochen wurden, sei es jetzt Außenpolititk, sei es Innenpolitik, sei es Rechtspolitik, sei es Landwirtschaft oder Arbeit und Soziales, was eben gerade im Bundestag anstand. Wer dann im Plenum dazu für die Grünen reden sollte, wurde in der Fraktion entschieden, manchmal nicht ohne Auseinandersetzungen. Alles war eigentlich sehr gut organisiert und es gab Diskussionsmöglichkeiten. Am Mittwoch tagten die Bundestagsausschüsse. Am Donnerstag und Freitag war Bundestagsplenum.

Anfangs hatte ich keineswegs die Vorstellung, daß ausgerechnet ich in den Arbeits- und Sozialausschuß gehen sollte. Ich hatte eigentlich eher etwas anderes machen wollen, Entwicklungspolitik zum Beispiel oder Wirtschaftspolitik. Aber bei der Verteilung der Aufgaben und Besetzung der Ausschüsse stellte es sich heraus, daß die Erwartung an mich sehr groß war, weil ich über bestimmte Erfahrungen verfügte und aus der Praxis kam. Rentenversicherung, Krankenkasse, Arbeitsrecht, da sah man meine Zuständigkeit. Ich hingegen suchte nach ganz neuen Erfahrungen und Sachgebieten, was mir erst in meiner dritten Lebensphase, durch mein Engagement in Brasilien wirklich gelungen ist. Ich wollte mich nicht festlegen lassen auf das Bild des Arbeiters, der in einem Arbeiterhaushalt geboren wurde, seinen Beruf gelernt hat, einen Arbeiterberuf natürlich, und der dann in der Fabrik sein Leben verbracht hat, unterbrochen durch Ausflüge in die Politik. Gerade diese Arbeiterbiographie wollte ich durchbrechen und hinaus in die Welt, neue Ansichten der Welt gewinnen. Bereits auf der Karl-Marx-Hochschule war ich mit vielen Problemen, die mir vorher unbekannt waren, zusammengekommen und von da an war mein Blick eigentlich offen geblieben. Ich suchte immer nach den größeren Zusammenhängen. Darum hätte ich bei den Grünen gerne da gearbeitet, wo ökologisch weitergedacht, wo Neuland beschritten wurde. Ich war einer der wenigen Linken, die offen waren und versuchten, die neuen Widersprüche zwischen Konsumtion und Produktion zu verarbeiten. So, und jetzt war ich erneut eingeengt auf die Arbeit im Sozialausschuß. Wir Grünen waren da zu dritt und in der zweiten Legislaturperiode dann zu zweit, Gaby Potthast, die spätere Ausländerbeauftragte Marieluise Beck und ein Vertreter aus Bayern, Eberhard Bueb. Gut, ich habe mich da eingearbeitet und es hat dann auch Spaß gemacht, aber es war nicht mein Traumjob.

Ich war Obmann der Grünen im Arbeits- und Sozialausschuß und lernte in dieser Rolle die Regeln und Formen der Zusammenarbeit mit den anderen drei Parteien, CDU/CSU, SPD und FPD. Vor der Sitzung des Bundestagsausschusses traf man sich in kleinerem Kreis, nur die Obleute, zu einem Frühstück beim Vorsitzenden des Ausschusses, in meiner Zeit immer ein Sozialdemokrat. Eugen Glombig war ein Schwerbehinderter und ein exzellenter Sozialpolitiker, später kam dann Jürgen Egert. Das Frühstück ging von 8 Uhr bis 9 Uhr, 9.30 Uhr. Um 9.30 Uhr begann der Ausschuß. Da war vieles schon vorab geklärt, um keinen Leerlauf zu haben. Man wußte, wo Konsens bestand oder wie man mit bestimmten Gesetzesvorlagen umgehen wollte. Man wußte auch, wo Diskussionsbedarf war. Für mich war diese kollegiale Arbeitsweise neu. Ich war frisch im Bundestag und kam aus einem harten Wahlkampf. Dazu kam die ganze Situation, in der sich die Grünen als Außenseiter befanden. Daher hatte ich gewisse Vorbehalte vor allem gegenüber der CSU und CDU. Ich fand aber eine große sachliche Kollegialität. Man hat die Dinge und die Kräfteverhältnisse so, wie sie sind als gegeben anerkannt. Zu bestimmten Abgeordneten wie z.B. Norbert Blüm hat sich ein Verhältnis gegenseitiger Wertschätzung entwickelt. Blüm hatte meine Entwicklung bei Daimler verfolgt. Er gehörte zu den christlichen Sozialausschüssen, die ja auch manchmal große Schwierigkeiten mit der IG-Metall gehabt hatten.

Es gibt bestimmte Regeln, die die Grundlagen dieser Zusammenarbeit bilden. Wenn zum Beispiel der Sozialdemokrat sagte: Wir haben noch einen Beratungsbedarf zu diesem Gesetz, das nach der ersten Lesung im Bundestag in den Ausschuß überwiesen wurde; ich würde vorschlagen, wir machen eine kurze Debatte, die nicht länger als eine halbe oder dreiviertel Stunde dauert, so daß jede Fraktion eine Stellungnahme abgeben kann und vertagen dann das Ganze auf das nächste Mal. Das fanden wir dann alle in Ordnung. Es ging auch darum, die Sitzungen nicht jedesmal bis Mitternacht ausufern zu lassen. Es gab ohnehin genug Terminzwänge, die die Debatten verkürzten. Aber im Ausschuß selbst wollten wir alle einen möglichst produktiven Arbeitsablauf finden. Oft mußte man noch zu strittigen Punkten die Meinung der Fraktion einholen, denn der Obmann mußte dafür gerade stehen, was im Ausschuß vereinbart wurde. Diese Art der Zusammenarbeit und diese Versachlichung beeindruckten mich ungeheuer.

Oft hört man ja, das Parlament sei eine Quasselbude, da wird geredet und nur geredet. Diese Position unterschätzt, wie in den Ausschüssen gearbeitet oder wie im Ältestenrat die Festlegung der Diskussionszeiten für ein Thema, für eine Gesetzesberatung festgelegt wurde. Jede Fraktion bekam einen bestimmten Anteil an der ausgemachten Redezeit. Wir hatten zum Beispiel als Grüne von jeder Stunde 5 oder 6 Minuten. Das konnte auch mal geändert werden, wenn eine Partei Gründe vorbrachte, um etwas mehr zu bekommen. Die Bundestagsmehrheit hat insgesamt mehr Redezeit als die Opposition. Die CDU/FDP hatte, sagen wir einmal, von einer Stunde 35 bis 40 Minuten. Die großen Parteien haben 200 Abgeordnete und mehr und wenn sie nicht mehr Redezeit haben, kommen ihre Hinterbänkler überhaupt nie zu Wort. Das sind Dinge, die für das Innenleben des Parlaments ungeheuer wichtig sind. Und wenn jemand nur 5 Minuten Zeit hat, ist die Aufmerksamkeit unter Umständen größer, als wenn man 35 Minuten Zeit hat. Da wird ja auch viel Stuß geredet. Das Plenum ist die Tribüne für die Öffentlichkeit, wenn die Dinge schon festgeklopft sind. Meinungsänderungen und Überzeugungsarbeit passieren im Vorfeld. In den Ausschüssen redet man ganz anders miteinander. Der Ausschuß ist ja im Prinzip nicht öffentlich, gerade damit man miteinander redet und keine Fensterreden hält. Einmal wollte die CDU/CSU zum Beispiel den Gehörlosen die Vergünstigungen bei Fahrgeldern streichen. Ich hatte kurz zuvor mit einem ihrer Verbandsvertreter gesprochen und verstanden, daß die Gehörlosen z.B. nicht telefonieren können und sich sehen müssen, um zu kommunizieren. Sie haben also einen ganz anderen Mobilitätsbedarf als andere Behinderte. Und da habe ich im Ausschuß gedroht: Herr Kollege, wenn sie das ändern, werden sie draußen was erleben. Wir werden bei jeder Gelegenheit ihre unmenschliche Haltung anprangern und dann können sie sich selber ausrechnen, was das bedeutet, für Sie und ihre christliche Partei. Da sind sie in sich gegangen und haben das zurückgenommen. Auch wenn es Kleinigkeiten sind, kann man so etwas nur im Ausschuß erreichen oder über interfraktionelle Anträge. In jeder Fraktion gibt es Leute, die neue Ideen haben oder sich über bestimmte Fragen einig sind. Sie bringen dann fraktionsübergreifend einen Antrag ein. Man hat damit größere Chancen durchzukommen.

Ich habe mich besonders für den Entwurf eines neuen Arbeitszeitgesetzes eingesetzt, das die alte Arbeitszeitordnung aus dem Jahre 1938 ablösen sollte. Mir ging es darum, Flexibilität mit den Augen des Arbeitnehmers zu sehen, von seinen Interessen auszugehen, sein Recht auf Teilzeitarbeit zu unterstützen. Wer anders leben will, muß auch anders arbeiten dürfen und umgekehrt. Im Gegensatz zur SPD und den Gewerkschaften verstanden wir unter Arbeit nicht nur Erwerbsarbeit, sondern auch jene Tätigkeiten, die gewöhnlich wenig Anerkennung finden, obgleich sie für die Gesellschaft notwendig sind: Betreuung und Erziehung der Kinder, Hausarbeit, Altenpflege, gesellschaftspolitische und gemeinnützige Tätigkeiten. Eng damit zusammen hängt die Gleichberechtigung der Frau und die Anerkennung ihrer spezifischen Bedürfnisse, auch die Frage der gemeinsamen Zeit für die Kindererziehung. Das Arbeitszeitgesetz sollte es den Menschen leichter machen, verschiedene Tätigkeiten bei Bedarf zu kombinieren, es sollte Freiräume im Betrieb für Diskussion und Nachdenken schaffen, den Abbau von Überstunden garantieren und Teilzeitarbeit im Interesse der Arbeitnehmer ermöglichen. Mit diesen Fragen waren wir Grünen den etablierten Parteien weit voraus. Ganz stark am Herzen lag mir die Möglichkeit, in der Fabrikarbeit Auszeiten zu nehmen. Wie läßt sich ein Recht auf Muße („Recht auf Faulheit" hieß es in der libertären Arbeiterbewegung) geltend machen? Wir meinten, Arbeitnehmer sollten das Recht bekommen, alle 5 Jahre ein halbes Jahr auszusetzen. Auf eigene Kosten, aber so, daß der Mensch mehr zu seinem Recht kommt und nicht nur unter den Zwängen des Kapitals oder der Wirtschaft oder der Fabriken steht.

Wir hatten uns als Fraktion einen Kreis von Beratern aufgebaut. Wir wußten, in Bremen gibt es einen Arbeitsrechtler, in Frankfurt gibt es Leute, die sich mit dem oder dem beschäftigen. Ich arbeitete eng zusammen mit Michael Opielka, den ich als eine Art Vordenker für Soziales von Tübingen nach Bonn holte. Mit solchen Leuten erarbeiteten wir einen Entwurf, verschickten ihn, holten wieder Meinungen ein, bis er für uns fertig war. Dann machten wir als Fraktion eine offizielle Anhörung zum Arbeitszeitgesetz mit Fachleuten, die nicht unbedingt unsere Ansichten teilten, Leute vom Arbeitgeberverband oder von den Gewerkschaften. Ihre Meinungen waren für uns wichtig, um auch Gegenargumente zu hören, um uns zu korrigieren, wenn man irgendwie doch zu weit gegangen war. Dann brachten wir unseren Entwurf ein für die erste Lesung im Bundestag, von da wurde er an den Ausschuß für Arbeit und Sozialfragen überwiesen und kam dann in die zweite und dritte Lesung im Bundestag. In der Zwischenzeit hatte auch die SPD einen Entwurf eingereicht, der mit dem DBG abgestimmt war. Beide Entwürfe wurden zusammen behandelt und beide von der CDU/CSU/FDP-Mehrheit in Dritter Lesung abgelehnt. Unser Entwurf (vom 25.10.84) kann sich heute noch sehen lassen. Man legte ja ein komplettes Arbeitszeitgesetz vor, mit Bestandteilen des alten, die man nicht ändern wollte und mit den neuen Punkten.

Das zweite große Thema, an dem ich arbeitete, betraf die Vereinfachung der Transferleistungen des Staates und der Versicherungen: Sozialhilfe, Arbeitslosenhilfe und Niedrigrenten. Wir machten den Vorschlag einer einzigen Grundsicherung. Sie sollte die Abwicklung vereinfachen, Wege verkürzen und dem auf Hilfe angewiesenen Teil der Bevölkerung unwürdige bürokratische Hürden ersparen. Warum sollte eine Witwe in schwieriger Lebenslage die unzureichende Hinterbliebenenrente mit einem zusätzlichen Antrag auf Sozialhilfe aufstocken müssen? Wir kritisierten auch den Warenkorb, der nach den Berechnungen der Sozialhilfeverbände als Bemessungsgrundlage für die Höhe der Hilfe diente. Unsere Grundsicherung sollte bei 1.100 DM liegen. Alle anderen Parteien lehnten das mit zum Teil sehr emotionalen Argumenten als Angriff auf die Leistungsgesellschaft ab. Biedenkopf von der CDU sprach sich gegen unsere Konzeption aus, wenn er auch später dem Gedanken einer Grundversorgung aufgeschlossener gegenüberstand. Die christliche Ethik oder die christliche Soziallehre, wie sie etwa Nell-Breuning vertritt, war offener als die Ethik der Arbeitsgesellschaft. Die Sozialdemokraten und Gewerkschaften waren heftiger gegen uns als die CDU. Sie hatten Angst, daß da Faulenzer kommen und den Anspruch auf eine Grundsicherung ausnützen. In ihrer Vorstellung von sozialer Gerechtigkeit spielte das Argument des Mißbrauchs und der unverdienten, durch keine Arbeit erworbenen Ansprüche, eine große Rolle. Wir hingegen dachten daran, daß die Leistungsgesellschaft mit ihren hohen Anforderungen auch Opfer produziert. Nicht alle Menschen sind physisch und vor allem psychisch gleich stark. Es gibt die Verlierer, die unserer Ansicht nach einen Anspruch darauf haben, ohne Stigmatisierung von der Gesellschaft ausreichend unterstützt zu werden. Eigenes Verschulden und objektive Schwierigkeiten sind meistens nicht zu trennen. Arbeitslosigkeit ist sicher nicht nur subjektiv gemacht, sondern viel öfter noch ein objektiver Tatbestand. Die Wohlstandsgesellschaft muß die moralische Verpflichtung anerkennen, alles zu tun, damit die Menschen in Würde leben können. Fälle von Mißbrauch wird es immer geben, das gilt nicht nur für die Armen, sondern auch für die Eliten, denen niemand bestimmte Steuervergünstigungen streicht, nur weil es Mißbrauch gegeben hat. Die Höhe der Grundsicherung kann man schließlich so ansetzen, daß ein Anreiz zur Erwerbsarbeit erhalten bleibt, vor allem, wenn man Erwerbsarbeit attraktiver gestaltet.

Die Grünen brachten damals auch die Idee eines sogenannten Bürgergehalts ein und unglücklicherweise vermischten sich die beiden Themen und Konzeptionen. Ein Grundbetrag, auf den jeder, unabhängig von Leistungen und Auskommen, als Bürger Anrecht hat, erfüllt hohe moralische Ansprüche, die übrigens in den sogenannten primitiven Gesellschaften naturwüchsig garantiert sind. Ich habe das später bei den Indianern gesehen. Sie haben wesentlich weniger als wir, würden aber niemand von den Fleischtöpfen ausschließen. Wenn sie von der Jagd zurückkommen, die Jäger waren vielleicht 14 Tage unterwegs gewesen, wird alles auf die einzelnen Familien aufgeteilt. Mit dem Bürgergehalt hatte ich jedoch meine Schwierigkeiten. Es hätte zur Folge, daß das ganze Lohnsystem, die Tarifpolitik und die freien Einkommen neu überdacht werden müßten. Aber wir wollten ja auch alles neu überdenken, um Arbeit und Leben in dieser Gesellschaft besser zu vereinen.

Das dritte Thema betraf die Erweiterung der Mitbestimmung. Diese beschränkt sich bis heute auf Personalfragen und Fragen der Arbeitsorganisation und Arbeitsbedingungen. Letztere schließen Umweltfragen im Betrieb selbst durchaus ein. Wir aber wollten die Mitbestimmungsmöglichkeiten ausgedehnt wissen auch auf das Produkt unter dem Gesichtspunkt seiner Umweltverträglichkeit. Der entscheidende Passus unserer Änderungsanträge zum Gesetzesvorschlag des DGB zur Änderung des Betriebsverfassungsgesetzes lautete (Mai 1989):

„Der Betriebsrat hat ... in allen Angelegenheiten die Umweltbelange betreffen, mitzubestimmen, insbesondere in Fragen der Umweltverträglichkeit von Produkten, Produktionstechnologie und der im Betrieb verwendeten Werkstoffe und Arbeitsmittel."

Also zunächst Anspruch auf Information der Arbeitenden über die Beschaffenheit der Produkte, dann auch ein Antragsrecht auf Veränderung und auf Anrufung einer Schiedsstelle. In Analogie zur Kriegsdienstverweigerung wollten wir auch in der Mitbestimmung das Recht eines Arbeitnehmers durchsetzen, eine Produktion, die er mit seinem Gewissen nicht vereinbaren kann, verweigern zu dürfen, ohne daß er dadurch Nachteile erfährt. Ich dachte an Bereiche der Rüstung und der Kernenergie, wo es vorkommen kann, daß Bereiche der zivilen Produktion in Kriegsproduktion überführt werden. Drittens forderten wir eine Öffnung der Betriebsversammlung für legitimierte Vertreter der Gemeinde, der Anrainer und der Presse. Das war im Sinne einer größeren sozialen Verantwortung und richtete sich gegen den üblichen Betriebsegoismus. Schließlich ging es uns um mehr Öffentlichkeit und mehr Meinungsfreiheit im Betrieb, denn Meinungsäußerungen, Unterschriftensammlungen und andere demokratische Instrumente unterliegen zahlreichen Restriktionen. Diese Forderungen wurden abgelehnt, aber wir hatten neue Ideen in Umlauf gebracht, die ernsthaft diskutiert wurden.

Mit der SPD und den Gewerkschaften fanden wir selten eine gemeinsame Sprache. Die Arbeiterbewegung ist zu stark geprägt vom Kapitalismus und hat nur in wenigen Momenten ihrer Geschichte gezeigt, daß sie zu selbständigen Positionen im kulturellen, im sozialen und im solidarischen Bereich fähig ist. In revolutionären Zeiten mag das anders sein, aber mich interessiert viel mehr die durchgehende Haltung und da kann man sich manchmal, gerade was die Ethik betrifft, wie man mit Menschen umgeht und wie man sie behandelt, auf das Christentum mehr verlassen. Manchmal auch nicht. Gegen die Kürzungsorgie im Sozialbereich nach dem Fall der Regierung von Helmut Schmidt stimmten wir zusammen mit den Sozialdemokraten.

Flick

> „Insgesamt hat der Flick-Konzern in den Jahren 1969-1980 ausweislich der dem Untersuchungsausschuß zugänglichen Unterlagen Spenden an CDU, CSU, FDP und SPD sowie an Politiker aus diesen Parteien in Höhe von 26 Mio. DM geleistet. Davon entfielen auf die CDU/CSU 15 Mio. DM, auf die FDP 6,5 Mio. DM und auf die SPD 4,5 Mio. DM. ...
> Vorgehens- und Verhaltensweisen der Geschäftsleitung des Flick-Konzerns und einer großen Anzahl von Politikern widersprechen so deutlich den Grundregeln der Demokratie, daß sie teilweise sogar von der Ausschußmehrheit in sachter Form „mißbilligt“ werden (vgl. Rz 418 MB)“.
>
> *Abweichender Bericht des Abgeordneten Schily, 12.3.1986, Drucksache 10/5079*

Die Flick-Affäre war der bislang größte Korruptionsskandal der Bundesrepublik, sozusagen die Mutter aller weiteren Affären bis heute. Das größte private Industrie-Imperium der Bundesrepublik, der Flick-Konzern, hatte jahrelang die Meinungsbildung der Bonner Politiker mit Geldspenden „gefördert und begleitet“. Eberhard von Brauchitsch, eine der Schlüsselfiguren, nannte das „Pflege der politischen Landschaft“. Seit Herbst 1975 drangen Bruchstücke des Skandals an die Öffentlichkeit, jahrelang ermittelten verschiedene Staatsanwaltschaften und wurden von der Politik dabei massiv behindert. Erst im Wahlkampf 1983, und das hatte mit der Hartnäckigkeit des SPIEGEL, aber auch mit uns Grünen zu tun, wurde das ein Thema für eine breitere Öffentlichkeit. Die Grünen waren die ersten, die einen Parlamentarischen Untersuchungsausschuß forderten, der nach den Wahlen vom März im Mai 1983 zustande kam, weil die SPD nicht mehr anders konnte als mitzumachen. In unserer kleinen Fraktion gab es nur einen Mann, der hier kompetent war, Otto Schily, der sich als Rechtsanwalt, auch als Verteidiger der RAF-Leute, durch seine Genauigkeit und Brillanz einen Namen gemacht hatte. Weil ich aus einem Daimlerbetrieb kam und Flick der Großaktionär von Daimler-Benz war, hatte ich am Posten eines Stellvertreters Interesse angemeldet, ohne zu wissen, was da auf mich zukommen würde an juristischen Fragen, Verfahrensfragen und geradezu kriminalistischer Kleinarbeit. Als Stellvertreter von Schily nahm ich über ein Jahr lang an fast allen Sitzungen teil. Zeitweise war der Ausschuß wirklich das Zentrum der Bonner Politik, denn es ging ja um die große Frage des Verhältnisses von Politik und Wirtschaft in einer Demokratie.

Die erste Sitzung fand unter riesigem öffentlichen Aufwand statt. Aber auch als der Ausschuß seine Arbeit ohne das Fernsehen aufnahm, traute ich mich in den ersten zwei oder drei Sitzungen nicht, mich zu äußern. Ich habe das Schily überlassen. Wir waren etwa 20 Personen und ich war der einzige Nichtjurist. Aber irgendwann kommst du dann unter Druck. Vor dir sitzen die SPD-Vertreter, die mich von meiner Auseinandersetzung mit der IG-Metall her kannten und ich saß nur da, stumm wie ein Fisch. Da kam der Punkt, an dem ich mich zu Wort meldete. Sofort fiel mir Schily in den Arm und sagte: Nein, nein, laß sein, laß sein; obwohl er gar nicht wußte, was ich wollte. Das empörte mich. Ich nahm es als mangelndes Einfühlungsvermögen. Er kannte mich ja genau und wußte, daß ich aus der Arbeitswelt kam und kein Jurist bin. Er hätte mir eine Hilfestellung geben können, was er nicht einmal im Vorfeld tat. Ich hielt meine Wortmeldung aufrecht und sagte ihm dann noch im Laufe der Sitzung meine Meinung und mein Bedürfnis nach einer Abstimmung zwischen uns. Er hat sich dann entschuldigt. Schily spielte im Ausschuß eine überragende Rolle, die ich immer neidlos anerkannte. Sein von der Ausschußmehrheit „abweichender Bericht“ (1986) zur ganzen Affäre ist ein Klassiker über das Verhältnis von Geld und Politik in der Bundesrepublik und wird, wie die meisten Klassiker, leider nicht mehr gelesen.

Wir saßen da also vor riesigen Aktenbergen, wenn ich es mal mit Metern ausdrücke, 3 bis 4 Meter Akten zu den verschiedensten Personen, Vorgängen aus dem Ministerium, von den einzelnen Untersuchungsbehörden, von den Hausdurchsuchungen und aus den Büros, was man da so zusammengebracht hatte. Das alles mußte ich durchsehen, ordnen, systematisieren und ich mußte entscheiden, wo fängt man da überhaupt an. Ich befürchtete, vor lauter Bäumen den Wald aus den Augen zu verlieren. Ich habe mir die Akten in den Urlaub mitgenommen und 14 Tage nur gelesen und Notizen gemacht, Zusammenhänge konstruiert, um überhaupt in die ganze Sache reinzukommen. Auf den Akten stand „Streng geheim". Da waren zum Beispiel Kopien von Tageskalendern von Willy Brandt und von Kohl, da konnte man sehen, mit wem sie Gespräche geführt hatten, mit von Brauchitsch, mit Flick und anderen. Willy Brandt war für mich persönlich am spannendsten: Wie geht ein Mann, der aus der Arbeiterbewegung kommt, mit den Geldhaien um? Es sind die einzigen Akten, die ich bis heute aufgehoben habe. Brandt war in die Sache nur am Rande verwickelt, kein Vergleich mit den Drahtziehern aus der FDP, Graf Lambsdorff, Friderichs und wie sie alle heißen. Aber wenn ich so von einem Treffen zwischen Brandt und von Brauchitsch las, war meine erste Reaktion: Siehst Du, wir hatten doch recht. Da meldete sich in mir die alte Stamokap-Theorie („staatsmonopolistischer Kapitalismus") zu Wort. Dann mußte ich das im Verlauf der Arbeit relativieren. Ich beharrte nicht auf der „Systemfrage", sondern wollte, als jemand, der aus der Arbeiterbewegung kommt, im guten, im schwäbischen Sinne nach dem Rechten sehen. So wurde mir mehr und mehr klar, was ich ja wußte, aber nie selbst erfahren hatte, daß man natürlich nicht Kanzler oder Wirtschaftsminister sein kann, ohne Treffen mit der Wirtschaft und ihren Verbänden zu haben, schon um mit einzelnen Unternehmern und den Managern der größten Firmen in Deutschland die wirtschaftliche Lage zu erörtern, um sich die Vorstellungen der Wirtschaft anzuhören. Wo verlief da die Trennung zwischen notwendigen und illegitimen gegenseitigen Einflußnahmen? Ich las zum Beispiel, daß ein SPD- Minister einen Parteitag der SPD, der über 3 Tage ging, an einem Abend verließ, um in einer Jagdhütte im Sauerland Friedrich Flick zu treffen. Wenig später ging eine ansehnliche Spende an die SPD und wurde ordnungsgemäß verbucht. Das beweist streng genommen gar nichts, selbst wenn man weiß, daß Flick in jener Zeit ungeheuere Summen „am Fiskus vorbei" leiten wollte. Oder ich las, daß in der nächsten Umgebung von Willy Brandt mit oder ohne dessen Wissen ein Mann der SPD von Flick als Informant bezahlt wurde und neben Auskünften über Brandt auch Ratschläge erteilte, wie man in der SPD „Hindernisse" gegen bestimmte Geschäfte beseitigen könnte.

Eines Tages, als Helmut Kohl im Zeugenstand war, hatte ich gerade in den Akten gelesen, daß er bei einem Treffen von einem Verbandsvertreter ein Kuvert mit 80.000 DM angenommen und in die Seitentasche gesteckt hatte. 80.000 DM ist ja ein Haufen Geld. Ich erinnerte mich daran, daß wir im Betrieb in dieser Zeit gerade die Umstellung auf die bargeldlose Lohnzahlung hatten. Weg von Bargeldzahlungen war damals allgemein der Trend. Ich sagte ihm das und fragte ihn, was er sich dabei gedacht hätte, so viele Geldscheine einzustecken, wo doch überall auf bargeldlos umgestellt wird. Das war natürlich keine juristische Frage, brachte aber doch etwas so auf den Punkt, daß Newsweek in ihrem Bericht diesen Passus wörtlich abdruckte. Auch seine Antwort, die das ganze abtat: Was wollen Sie denn, ich bekam das Geld und verbuchte es, es war doch alles rechtens. Dabei blieb es, denn ich konnte ihm nichts nachweisen. Aber die Spendenaffäre am Ende seiner Laufbahn hat mich wieder an diese Szene erinnert.

Unsere Arbeit im Ausschuß entdeckte eine ungeheure Grauzone. Es war wie im Theater, die ganze Creme der bundesrepublikanischen, politischen Gesellschaft tauchte auf und zahlreiche prominente Politiker waren mehr oder weniger am Rande in den Skandal verwickelt. Der Hauptpunkt war, daß der Flick-Konzern eine schwarze Kasse führte und über ein kompliziertes, international verzweigtes System Politiker und Parteien schmierte. Führende FDP-Politiker und Minister wie Friderichs und Lambsdorff mußten zurücktreten. Unter anderem hatten sie dem Flick-Konzern bei einem Verkauf von Daimleraktien in Höhe von rund 2 Mrd. DM einen Steuernachlaß von 840 Mio. DM verschafft.

Der Untersuchungsausschuß hatte nicht die Aufgabe, Urteile zu sprechen. Er sollte Licht in diese Angelegenheit bringen und Vorschläge machen, um in Zukunft zu verhindern, daß die Politik auf diese Art beeinflußt wird. Die Art des Zusammenwirkens verschiedener Abteilungen dieser Gesellschaft, also der Wirtschaft, der Finanzen, des Parlaments, der Organisationen, der Parteien und der Öffentlichkeit wurde vom Ausschuß durchleuchtet. Das führte auch bei mir zu ganz konkreten Einsichten in das Funktionieren einer Demokratie und nicht zum Kurzschluß: Weil die Wirtschaft Einfluß nimmt, müssen wir das System verändern.

Friede, Krieg, Parteiaustritt

> „Wir bekräftigen den Beschluß des Sonderparteitages in Bayreuth und erneuern den Aufruf an die Soldaten und die Rekruten der Bundeswehr: Laßt Euch nicht als Kanonenfutter für einen Krieg am Golf oder anderswo einplanen. Wenn ihr den Befehl bekommt, in einen Krieg irgendwo auf der Welt zu gehen, dann sagt nein und begeht Fahnenflucht“.
>
> *Bundestagsfraktion der Grünen: Aufruf zur Fahnenflucht, 13.11.1990*

Mein Leben lang habe ich in verschiedenen Bewegungen gegen Atomwaffen und gegen das Wettrüsten gekämpft. Die grüne Bewegung war, solange es sie als wirkliche Bewegung gab, eine Friedensbewegung und ich fand hier Gleichgesinnte. Die Gründung der Grünen und der NATO Doppelbeschluß erfolgten gleichzeitig und das war kein Zufall. Die Grünen wollten eine Alternative zum Wettrüsten und neue Wege zur Verhinderung von Kriegen suchen und entwickeln.

Im Dezember 1979 beschloß die NATO, moderne, atomare Mittelstreckenraketen in Europa zu stationieren. Auf Initiative der BRD wurde dieser Nachrüstungsbeschluß mit konkreten Angeboten an Moskau gekoppelt, über neue Abrüstungskontrollen zu verhandeln: Abbau russischer Mittelstreckenraketen gegen Verzicht auf Nachrüstung (Nov. 1981). Treibende Kraft dieses Beschlusses und seiner Umsetzung waren der damalige Bundeskanzler Helmut Schmidt und große Teile der SPD. Wir Gegner dieser Politik befürchteten, daß durch sie das Wettrüsten nicht beendet, sondern eher angeheizt wird und daß eine Rüstungsspirale hoch getrieben wird, die beim Auslösen eines Konflikts dazu führt, daß Deutschland mitten drin steht. Man kann ja verstehen, daß es Amerika lieber ist, wenn ein möglicher Ost-West-Konflikt in Europa ausgetragen wird und nicht direkt zwischen Rußland und Amerika. Wir hatten auch immer noch die Idee im Hinterkopf, daß man Deutschland neutralisieren solle, um eine Pufferzone zwischen den Blöcken zu schaffen. Darüber hatte es in den 50er Jahren große Diskussionen gegeben, z.B. den von Polen vorgelegten Rapacki-Plan, aber inzwischen war diese Frage der Neutralisierung eines nicht aufgerüsteten bzw. eines abgerüsteten Deutschland nicht mehr aktuell. Als sie es 1989 überraschend noch einmal wurde, wurde sie sofort weggebügelt.

Rückblickend kann man vielleicht sagen, daß der Doppelbeschluß dazu beigetragen hat, Rußland zu Abrüstungsverhandlungen zu zwingen. Im Dezember 1987 kam es zu den ersten echten Abrüstungsvereinbarungen zwischen Gorbatschow und Reagan. Aber nach 1989 und nach dem Zusammenbruch der Sowjetunion blieb die umfassende Abrüstung aus. Gorbatschow hat den Kalten Krieg beendet, aber das wurde nicht honoriert, sodaß er ihn eigentlich verloren hat und die Militarisierung der Welt geht nun mit anderen Begründungen weiter. Die Logik der Aufrüstung ist eine Hydra: Man schlägt ein paar Köpfe ab und neue wachsen nach, auch „humanitäre" Köpfe. Heute durchschaut man die Motive und Triebkräfte noch weniger als zur Zeit des Kalten Krieges. Ich sehe dazu nirgends tiefere Analysen und Debatten.

Unser Widerstand gegen den Doppelbeschluß wollte Alternativen zeigen und entwickeln. Bei Vielen, vor allem bei radikalen Grünen, blieb das formelhaft stecken im „raus aus der NATO" und „einseitige Abrüstung der Bundeswehr". Diese Leute sind später auf andere, entgegengesetzte Formeln und auf eine andere Logik mühelos umgestiegen. Die ganze Partei hat in den 90er Jahren ihre Aussagen ins Gegenteil verkehrt, anscheinend schmerzlos. Ein ungeheurer Vorgang. Ich bin kein Pazifist und habe mir daher auch immer wieder über gangbare Wege Gedanken machen müssen. Als die Wiedervereinigung uns zu neuen Überlegungen zwang, bin ich dafür eingetreten, daß die Bundesrepublik bis zur Schaffung eines neuen europäischen Sicherheitssystems in der NATO bleibt. Nach dem Krieg hatte ich für ein einiges, antifaschistisches Deutschland gekämpft. Im Kalten Krieg war ich für die gegenseitige Anerkennung von BRD und DDR eingetreten. Jetzt wollte ich verhindern, daß das wiedervereinigte, souveräne Deutschland eine Armee unter deutschem Oberkommando hat. Mir ging es um die Einbindung der ökonomischen Potenz Deutschlands in die Europäische Union und der militärischen Potenz, bis zu einer besseren Lösung, in die NATO (vgl. TAZ vom 24.4.1990). Daraufhin beschimpften mich viele Grüne als „Natowilli", als „Saboteur der Friedensbewegung", als „Helfer einer NATO, die eine aggressive Machtpolitik nach Osten und

Süden betreibe". Angelika Beer, damals Mitglied des Verteidigungsausschusses, hatte bereits am 10.4.1990 erklärt:

„Die Probleme, die den Grünen Fraktionssprecher Willi Hoss zur Forderung veranlassen, ein wiedervereinigtes Deutschland müsse Mitglied der NATO werden, ließen sich mit einem Blick in das auf der Bundesdelegiertenkonferenz in Hagen verabschiedete Wahlprogramm der Grünen schnell lösen. Die Grünen setzen gegen die von Hoss beschworene Gefahr, bei einem NATO-Austritt stünde eine starke Bundeswehr unter alleinigem deutschen Kommando, die umfassende einseitige Abrüstung der Bundeswehr ..." Und weiter: „Die grüne Programmatik verlangt nach wie vor 'raus aus der NATO'. Wer dies nicht mehr vertreten will, sollte sich überlegen, ob er oder sie noch in der richtigen Partei ist".

Nur wenige Jahre später, als die Grünen den Kosovokrieg, aber vor allem den Einsatz deutscher Truppen in Afghanistan betrieben, habe ich mir die Frage nach der Parteizugehörigkeit tatsächlich stellen müssen und habe dann im November 2001 zusammen mit meiner Frau, Heidemarie Rohweder, und mit Gerd Rathgeb die Grünen verlassen. Das war der Schlußpunkt unter eine längere Entwicklung. Wir sahen, wie bei den Grünen die ökologische Frage und deren Diskussion in den Hintergrund getreten war und wie sie im traditionellen Sinn Partei geworden sind. Sehr konkret hat sich das bei der Ökosteuer gezeigt. Ihre Erträge fließen jetzt in die Rentenkasse, anstatt die ökologische Umsteuerung der Wirtschaft zu finanzieren, was wir immer gefordert hatten, z.B. die Verlagerung des Schwerlastverkehrs von der Straße auf die Schiene. Das ist ein Kompromiss, der tut mir in der Seele weh. Ich weiß, wer an der Macht teilhat und dann auch noch in einer Regierungskoalition, ist zu Kompromissen gezwungen. Das sollen die Leute machen, die das können, die das wollen und mit ihrem Leben vereinbaren können. Ich kann das nicht mittragen, dieses Aufgeben der Idee einer Ökologisierung der Industriegesellschaft, gerade jetzt, in der Krise. Auch der Atomausstieg: 25 Jahre Restlaufzeit für Atomkraftwerke, das ist kein Ausstieg, kein ernsthafter Kompromiß. Schließlich die Intervention in Afghanistan. Wir stellten eine Frage, die die Grünen nicht mehr offen zu stellen wagen: Will die grosse Wirtschaftsmacht Bundesrepublik im Konzert mit den reichen Industriestaaten der Welt hier nur mitmischen, um sich die Ressourcen für ihre Zivilisation zu sichern? Für jene Zivilisation, die wir ja einmal radikal in Frage gestellt hatten? Entspricht die Intervention unserer Auffassung von einer solidarischen Welt und von der Aufhebung der grenzenlosen Ungerechtigkeit, die seit den Kolonialzeiten die Welt in arme, unmündige und in reiche Länder teilt? Mir scheint, Antworten auf diese Fragen und neue Impulse kommen heute nicht von den Parteien, auch nicht mehr von den Grünen, sondern von Gruppen wie Attac (bei denen ich mich engagiere), Greenpeace, Amnesty International und BUND.

Politiker

> „Joschka, so wichtig sind wir alle nicht und wer politisch arbeiten will, der findet in unserer an allen Ecken und Enden widersprüchlichen Gesellschaft Betätigungsfelder genug. ... Ich für meine Person empfinde in Bonn eine zunehmende Verarmung und schon aus zeitlichen Gründen verliere ich viele Kontakte im persönlichen Bereich und auch zu meiner Basis in Stuttgart und Umgebung. Deshalb habe ich mich entschieden, für die nächste Bundestagswahl nicht zu kandidieren."
>
> *Willi Hoss am 7.11.1989*
> *(Die Grünen im Bundestag, Pressemitteilung Nr. 923/89)*

Es war für mich eine große Erfahrung, aus dem Betrieb in Stuttgart raus und ins Parlament zu kommen. Ich würde sie jederzeit wieder neu machen wollen, für das Parlament kandidieren, politische Ideen dorthin bringen und sie umsetzen. Aber es ist auch so: Dieses Politikerdasein ist auf die Dauer frustrierend, also ich kann meine Ideen auch anders umsetzen, ich muß nicht Abgeordneter sein auf Lebenszeit. Zwei Legislaturperioden mag das gehen, eine solche Rotation ist vernünftig. Der Einzelne, der gewählt wird, hat Gelegenheit sich einzuarbeiten und dann genug Zeit, sein Wissen einzubringen. Dann setzt er aus, damit er wieder in die Wirklichkeit eintauchen kann.

Bevor wir in den Bundestag kamen, gab es bei den Grünen eine große Diskussion. Es ging darum, daß die Abgeordneten so viel Geld verdienen. Und daß das eigentlich nicht geht und wir etwas anderes machen wollen. Man sagte: Wir kommen aus mit einem Facharbeiterlohn. Wir hatten Arbeitslose, die nun ins Parlament kamen, denen konnte es recht sein. Auch mein laufendes Einkommen würde sich nicht ändern. Wir waren also kaum tangiert. Seltsam war, daß die Bürgerlichen am meisten schrien, sie würden abgeben und nur den Facharbeiterlohn behalten und den Rest an die Partei für Initiativen abführen, die Geld nötiger brauchen. Es wurde also eine Kommission gebildet und nach ein paar Jahren stellte sich heraus, daß in der ganzen Fraktion sich nur zwei Leute voll an die Abmachung gehalten hatten. Bei den Andern fehlten Beträge von 30.000 bis 50.000 DM. Natürlich hat jeder seine Begründung gehabt, obgleich bereits im Vorfeld berücksichtigt worden war, ob jemand Kinder hatte, ob er geschieden war oder sonstige außerordentliche Lebenskosten hatte. Ich hatte, wie abgemacht, im Monat rund 5.000 DM abgeführt. Es war enttäuschend zu sehen, wie die mit der großen Klappe ihr Geld nicht zusammenhalten konnten und in Schwierigkeiten kamen. Das berührt dann das Verhältnis und die Zusammenarbeit. Das mit dem Geld halte ich mittlerweile für nicht so wichtig, aber es ist eine bezeichnende Stilfrage.

Der Bundestag ist kein Ort für Freundschaften. Es ist schon viel, wenn man sich achtet und respektiert. So richtige Freunde habe ich da nicht gehabt. Waltraud Schoppe war eine patente Frau, die auch ihre Meinung gesagt hat, die sich nicht so taktisch verhielt, die Risiken eingegangen ist. Zu ihr entwickelte sich ein freundschaftliches Vertrauensverhältnis. Es ist ganz anders als bei der politischen Arbeit im Betrieb. Man kann sich nicht aussuchen, mit wem man zusammenarbeitet. Also wir wurden ja irgendwie wild zusammengeworfen. Plötzlich, am Montag nach der Wahl, fuhr man nach Bonn. Wir waren 1983, in der ersten Fraktion, 28 frisch gebackene Abgeordnete. In der Fabrik könnte ich mir nicht vorstellen, daß in unserer Gruppe jemand wäre, mit dem man nicht gekonnt hätte, menschlich. Da treffen sich nur Leute, die wirklich politisch etwas gemeinsam machen wollen, die sich kennen und verstehen und nur ganz begrenzt in ein Konkurrenzverhältnis treten. In der Fraktion ist das anders. Natürlich herrschte zunächst einmal freudiger Überschwang über den Wahlsieg. Aber dann stellte sich rasch heraus, daß man mit Leuten zusammen arbeitet, mit denen man normalerweise nichts zusammen tun würde. Das könnte ja spannend sein, wird aber nur aufreibend.

Plötzlich sind die Paradiesvögel da, die die Sache beherrschen, die immer im Bild sind. Am Anfang war es für mich nicht leicht, zu durchschauen, was sie wirklich wollten und ob sie wirklich etwas wollten. Jeden Dienstag hatten wir Fraktionssitzung und die war bei uns, im Gegensatz zur Gepflogenheit der anderen Parteien, öffentlich. Das heißt, die Presse hatte Zugang. Das war am Anfang eigentlich sehr interessant. Aber plötzlich wurden die Debatten nur noch für das Fernsehen geführt. Oft kam es zu einem geheimnisvollen Abschlaffen der Diskussion, wenn das Fernsehen abbaute und wegging. Nun entspricht es meinen Vorstellungen, daß ich mich erst auf die Redeliste setzen lasse, wenn ich meine, es ist notwendig, daß ich mich äußere. So war ich dann Redner Nummer 15 oder 16, während die Paradiesvögel immer von vornherein wußten, daß sie etwas wichtiges zu sagen hatten und sich vorsorglich auf die ersten Plätze der Liste setzen ließen, pünktlich für das Fernsehen. Joschka Fischer war darin ein Meister. Mit dieser Einstellung und dieser Auffassung von Diskussion bin ich nicht fertig geworden. Ich stand vor dem Problem, mich selbst zu verändern, auch so zu werden oder bei mir zu bleiben. Man kann sich dem nicht entziehen. Die einzige Möglichkeit, sich verständlich zu machen, sind die Medien. Entweder du wirst von ihnen wahrgenommen oder keiner nimmt Notiz von dem, was du machst. Es wird dann ganz automatisch, daß du so klapperst, daß man dich hört. Du mußt die Vorschläge auf eine solche Weise machen und dir solche Formulierungen ausdenken, daß sie den Journalisten gefallen, daß sie sie aufnehmen und bringen. Erst dann heißt es, der hat das und das gesagt. Das ist eine Art von Politik, mit der ich immer Schwierigkeiten gehabt habe, auch wenn ich versucht habe, mich dem anzupassen und mitzumachen.

Das andere Extrem war dann, wie man mit einzelnen Persönlichkeiten umging. Otto Schily hat die Grünen nicht nur verlassen, weil er über diese Partei nie Innenminister geworden wäre, was er immer schon werden wollte, er ist ein geborener Innenminister mit der Fähigkeit, Dinge umzusetzen, sondern weil ihn vor allem die dogmatischen Linken bei jeder Gelegenheit angepinkelt haben. Man tat alles, um diese Persönlichkeit zu bremsen. Man wollte keine Führungsfiguren. Auch Petra Kelly, damals die bekannteste Exponentin der Grünen, die wie eine Jeanne D'Arc der Friedensbewegung auf jeder Barrikade stand, mußte in der Fraktion für ihr Charisma büßen. Sie konnte besser argumentieren als alle anderen, sie konnte hinreißend sein, aber anstatt dies anzuerkennen, wurde sie gebremst. Es ist immer gut, wenn man Kontrollmechanismen hat, damit die Leute nicht über das Ziel hinausschießen oder sich zuviel anmaßen, aber man muß im Interesse der Sache diese Leute auch vorlassen. Es ist sehr schwierig, hier das Maß zu finden und die Grünen haben es nicht gefunden. Es ist wahr, Petra Kelly war ein ganz besonderer Mensch, auch besonders kompliziert. Sie hat den größten Verschleiß an Mitarbeitern gehabt, hat an die 20 Mitarbeiter verschlissen. Sie hat verlangt, daß manchmal 20 Stunden gearbeitet wurde, je nach dem, was gerade los war. Sie hat den Leuten ein ungeheueres Arbeitspensum abverlangt, das fast unmenschlich war. Aber sie wurde bei den Grünen auch immer wieder systematisch reduziert und in ihren Möglichkeiten eingeengt. Am Schluß bekam sie nicht einmal mehr die Chance, Abgeordnete zu bleiben. Es ist schon ein wichtiges Privileg, Abgeordneter zu sein. Man hat ganz andere Möglichkeiten, Politik zu machen, ernst genommen zu werden. Auch wenn du im Ausland bist, da bist du wer. Ich habe das in Brasilien gemerkt, als ich mit meinen Projekten anfing. Diese Anerkennung ist nützlich und sie tut einem ja auch ein Stück weit gut. Aber man muß damit umgehen können und sich eine realistische Einschätzung bewahren. Wenn man sich zu sehr von den Privilegien tragen läßt, kommt der Punkt, an dem man abstürzt, wenn sie weggenommen werden. Was für ein Unsinn, eine Frau wie Petra Kelly nicht mehr für den Bundestag aufzustellen. Sie hat unter diesen Einengungen ihrer Möglichkeiten furchtbar gelitten. Das Verhältnis zur Politik, zur Macht und zum kollegialen Umgehen mit Gleichgesinnten haben die Grünen, da sind sie keine Ausnahme, nicht kreativ und menschlich gestalten können.

Ein letztes, geradezu lächerliches Beispiel, das mich sehr verletzt hat. Ich war, sowohl in der ersten Legislaturperiode, als auch in der zweiten jeweils im letzten halben Jahr zum Fraktionssprecher gewählt worden. Wahrscheinlich verdanke ich das meiner ruhigen Ausstrahlung, denn im Vorfeld der Wahlen kam es immer zu heftigen internen Auseinandersetzungen. In der letzten Legislaturperiode bekleidete ich diese Funktion gleichberechtigt und zusammen mit Antje Vollmer, heute Bundestagsvizepräsidentin. Eines Tages, als sie während einer Sitzung gerade das Wort hatte, kam die Pressesprecherin und brachte eine aktuelle DPA-Meldung. Ich sagte: Gib mir die Meldung, ich kann sie schon mal durchlesen, Antje spricht noch. Aber sie wollte mir die Meldung nicht rausrücken: Nein, die ist nicht für dich, die ist für Antje. Ich habe dann erfahren, daß Antje dieser Frau schon bei der Einstellung in die Presseabteilung zu verstehen gegeben hatte, daß alle wichtigen Meldungen zuerst auf ihren Tisch kommen, damit sie als Erste informiert ist und eventuell als Erste eine Stellungnahme abgeben kann. Ich war unfähig, gegen solche kleinen Tricks zu protestieren, weil ich mich einfach schämte, für mich, daß mich das so stört und für sie, daß sie das tut.

So bin ich nach der zweiten Legislaturperiode ausgeschieden. Das paßte auch zeitlich in meinen Lebenslauf, denn ich war nun 61, 62 und hatte eigentlich die Altersgrenze erreicht. Und ich hatte das Beispiel von Leuten in den anderen Parteien vor Augen, die schon 5, 6 und 7 Legislaturperioden hinter sich gebracht hatten, ein Politikerleben. Für mich war klar, daß ich das nicht wollte. Ich wollte auch nicht irgendwann zusammenbrechen, einen Herzinfarkt bekommen und dann sehen, daß das sozusagen das Ende der Fahnenstange war. Und so machte ich etwas ganz Neues, Entwicklungspolitik in Brasilien. Dabei wende ich an, was ich bei meiner Tätigkeit als Abgeordneter gelernt habe. Denn ohne diese Vorerfahrung und ohne den Bekanntheitsgrad, den ich dabei bekommen hatte, wäre ich in Brasilien nie so weit gekommen. Der Beruf des Politikers hat also durchaus auch Vorzüge, trotz dieser Ansammlung von Egomanen, unter denen man sich bewegen muß. Es sind immer die Einzelnen, die sich entscheiden müssen, wollen sie das oder wollen sie das nicht.

Mit Rudolf Bahro und Rudi Dutschke in Offenbach (4.11.1979)

Angekettet in der deutschen Botschaft, Pretoria (Sept. 1985) V.l.n.r.: Petra kelly, Ludger Volmer, Willi, Uschi Eid, Eberhard Buch

Mit Mandela in Bonn (Mai 1996)

Von l.n.r.: Helmut Lippelt, Ursula Schwarzenberger, Antje Vollmer, Rolf Grösch, Willi Hoss, Peter Sellin

Podiumsdiskussion in Stuttgart mit Oberbürgermeister Manfred Rommel

Im Smoking für Nina
(Wien 1999)

Gewaltfreie Aktion in Ankara (März 1984)

Danzig, vor der Leninwerft (mit Milan Horacek, 1988)

Teil IV
Brasilien

Dritte Welt

„Wir haben einen Industrieapparat mit Massenausstoß von Gütern, und wir setzen das ab. Solange die Länder der dritten Welt über Möglichkeiten verfügen, diese Industrieprodukte zu kaufen, ist es gut. Wenn das nicht mehr geht ... geben wir Kredite. Damit kaufen sie unsere Waren. Der nächste Schritt ist die totale Verschuldung; es kommt zum Kollaps, zur Zahlungsunfähigkeit. Der nächste Schritt ist, daß Umschuldungsverhandlungen aufgenommen, daß wieder neue Möglichkeiten der Lieferung von Waren geschaffen werden. Aber wer bezahlt denn die Verluste, die bei diesem Geschäft entstehen? Die schlagen zurück in unsere Gesellschaft und erscheinen hier als Sozialabbau.
(Zwischenruf Dr. Kunz, CDU/CSU: Wer hat ihnen denn diese Märchen aufgeschrieben?)
... Wenn vom Bundestag schon Reisen ins Ausland gemacht werden, würde ich Ihnen raten, sich dorthin zu begeben, wo die wirklichen Auswirkungen der Industriepolitik sichtbar werden."

Willi Hoss, Rede zur Haushaltsdebatte vom 6. bis 9.12.1983

Im März 1983 kam ich für die Grünen in den Bundestag, im Dezember hatten wir unsere erste Haushaltsdebatte. Ich hielt eine Rede zum vorliegenden Haushalt und stellte darin auch meine Position zur Dritten Welt dar. Ich war schon immer empört über den Reichtum bei uns, der dadurch entsteht, daß wir aus anderen Teilen der Welt billige Rohstoffe und Arbeitskräfte holen. Schon als junger, politisch orientierter und denkender Mensch hatte mich die Entkolonisierung in Afrika und in Asien, dieser Prozeß nach 1945, gewaltig fasziniert. Die großen Kolonialreiche Englands, Frankreichs, Hollands und Portugals fielen zusammen unter dem Druck der Befreiungsbewegungen der Dritten Welt. Aber dann scheiterten auch diese Bewegungen. Am Anfang konnten sich noch positive Leute durchsetzen, dann kamen Reaktionäre an die Macht, so daß im zweiten Schritt eine neue Form von Kolonisierung durch Korruption stattfand. Das habe ich stets als Herausforderung für jeden demokratisch und sozial denkenden Menschen empfunden. Das Beispiel Lumumba hat mich tief bewegt. Er war für mich eine große Persönlichkeit. Er hat es geschafft, im Kongo das Kolonialsystem abzuschütteln und wurde 1961 ermordet. Im Auftrag der Belgier von den eigenen Leuten, durch Tschombe, der mit Unterstützung des Westens ein verschwenderisches und tyrannisches Regime errichtet hat. In meiner Rede habe ich unser Verhältnis zur Dritten Welt thematisiert und damit einen Wendepunkt in meinem Leben angesteuert. Denn 1991, acht Jahre später, am Ende meiner Tätigkeit im Bundestag, ging ich dann selbst in die Dritte Welt.

Ich hatte mich ein Leben lang in der Fabrik ziemlich eingesperrt gefühlt. Jetzt aber, mit 62 Jahren, in einem Alter, in dem man sich sagt, das Rentnerleben steht an, stand mir die Welt offen. Ich hatte einen gewissen Bekanntheitsgrad erreicht, es gab sozusagen einen Fundus an Vertrauen und an Möglichkeiten, Leute anzusprechen und ich sagte mir: Es ist eigentlich eine Schande, wenn man das nicht irgendwie nutzbar macht. Und so entschied ich mich, eine Sache weiter zu treiben, die ich in meiner Bundestagszeit angefangen hatte.

Als wir 1983 die Fraktion gebildet hatten, konnte sich jeder entscheiden, in welche parlamentarische Gesellschaft er gehen wollte. Es gab eine Fülle von parlamentarischen Gesellschaften, die die Aufgabe hatten, den Kontakt zu Parlamenten in anderen Ländern zu pflegen: deutsch-italienische, deutsch-amerikanische, deutsch-englische, deutsch-französische, deutsch-brasilianische, und so weiter. Ich konnte mich schwer entscheiden. Doch dann fiel mir ein, daß ich eigentlich immer mal sehen wollte, wie Daimler-Arbeiter in anderen Ländern lebten und vor allem in der Dritten Welt. Und das größte Auslandswerk der Daimler Benz AG steht in Brasilien, in Sao Paulo. So trug ich mich in die deutsch-brasilianische Parlamentariergesellschaft ein. Bis dahin war ich noch nie in Lateinamerika gewesen. Meine erste Reise, 1984, lief über die Fraktion und war eine Erkundungsreise, um Kontakte zu knüpfen. Brasilien befand sich in dieser Phase am Ende der Militärdiktatur, die seit 1964 existierte und es gab einen Übergang zur Demokratie, der relativ human vor sich ging. Die Militärs hatten in ihrer 20-jährigen Regierung das Land auch wirtschaftlich in eine Situation geführt, die sie nicht mehr handhaben konnten. Zu dieser Zeit war Brasilien das höchstverschuldete Land der Dritten Welt mit 120 Milliarden Dollar Schulden (1983). Die Militärs hatten mit den hochindustrialisierten Ländern Verträge abgeschlossen, hatten Investoren enorme Vergünstigungen für Großprojekte eingeräumt und hatten die Folgen nicht mehr im Griff. Das Militär war bereit, sich in die Kasernen zurückzuziehen und einen geordneten Übergang zu einer Demokratie zuzulassen, mit einer neuen Verfassung, einem gewählten Parlament und mit einem Präsidenten, der eine ähnliche Stellung hat, wie in den Vereinigten Staaten.

Mercedes do Brasil (1984)

Ich war der erste Abgeordnete der Grünen, der nach Brasilien kam. Das stieß auf großes Interesse, von dem ich in Deutschland gar nichts geahnt hatte. Es wurde als sensationell empfunden, daß in dem nach Amerika höchstentwickelten Industrieland, in einem der reichsten Länder der Erde, eine antiindustriell eingestellte Partei (Nullwachstum, Schließung der Kernkraftwerke und der umweltfeindlichen Chemieproduktion) in das Parlament einziehen konnte. Wie war das möglich? Deutschland ist so reich, hat alles, was es braucht. Warum sind die Menschen dort nicht zufrieden und wählen eine solche Oppositionspartei? Das waren die Fragen, das wollten die Leute wissen. Ich bekam zahlreiche Einladungen. Zu einer Abendveranstaltung kamen 250 Journalisten. Ich wurde eingeladen in der Folha de Sao Paulo auf der dritten Seite einen Gastkommentar zu schreiben. Er wurde abgedruckt mit einer Karikatur: Ein gekippter Schornstein, der aussah wie ein Panzer und die Natur niederwalzte. Der Industriepanzer. Der Kardinal von Sao Paulo, Evaristo Arns, wollte mich kennen lernen. Zum ersten Mal in meinem Leben saß ich eine Stunde lang mit einem Kardinal auf dem Sofa. Wir haben uns über die Ökologiebewegung unterhalten, über das Verhältnis von Mensch und Natur. Arns war ein sehr engagierter Vertreter der Theologie der Befreiung. Er mußte sich offiziell etwas zurückhalten, aber jeder kannte seine Auffassung, daß die Kirche bei den Armen zu sein habe und sich entscheiden müsse zwischen einer Kirche für die Reichen oder für die Armen. Er unterstützte den Wiederaufbau der Arbeiterbewegung, der Gewerkschaften und der Arbeiterpartei. Die Kirche brachte sich in diesen Prozeß ein und stand den Arbeitern zur Seite. Die Arbeiterpartei ist in Brasilien stark christlich beeinflußt, gleichzeitig ist sie aber auch sozialistisch und marxistisch. Aus dieser Begegnung unterschiedlicher Strömungen müsse eine neue Moral entstehen. Das war das Anliegen von Leonardo Boff, mit dem ich mich bei einer anderen Gelegenheit in Petropolis traf und mit dem ich über den Satz aus dem Alten Testament diskutierte: Macht euch die Erde untertan. Eine fatale Botschaft: Der Mensch als Herr und nicht als Teil der Natur.

Ich traf Fernando Gabera, der versuchte, die Grüne Partei in Brasilien zu gründen. Er war ein brillanter Kopf, ein bunter Vogel der brasilianischen Bewegung, der sich nicht leicht einbinden ließ. In der Zeit der Tupamaros, in der Zeit der Militärdiktatur, hatte er den amerikanischen Botschafter in der Botschaft festgesetzt, natürlich ohne ihm ein Haar zu krümmen. Es war eine symbolische Handlung, die die Verbindung zwischen den Amerikanern und der Militärdiktatur aufzeigen sollte. Er entkam dann ins Ausland und war nun zurückgekehrt. Er wurde später Abgeordneter für die Grüne Partei Brasiliens. Im Gegensatz zu Deutschland hatten die Grünen in Brasilien wenig Spielraum. Anders als die SPD maß die brasilianische Arbeiterpartei der Umweltfrage eine große Bedeutung bei. Die deutschen Grünen hatten 1983 nur eine Chance, in den Bundestag zu kommen, weil die SPD die Ökologiefrage sträflich vernachlässigt und Leute wie Erhardt Eppler behindert und verächtlich gemacht hatte. Für mich war wichtig, daß die Umweltfrage thematisiert wurde, ganz gleich von wem. Das alles interessierte die Arbeiterpartei (PT) und ich wurde von ihren führenden Persönlichkeiten, Leuten wie Vincentinho und Lula eingeladen, über das Verhältnis Arbeiterbewegung und Umwelt zu diskutieren. Das sind keine Sektierer. Lula kam bei den Präsidentschaftswahlen von 1994 auf 23 % der Stimmen. Er war ursprünglich Metallarbeiter in der Automobilindustrie. Zwischen uns sprang sofort etwas über. Ihm gefiel natürlich, daß ich nicht so ein satter Typ war, der als Betriebsrat oder Aufsichtsratsvorsitzender ankommt und den großen Macker raushängen läßt.

Die meisten offiziellen Gespräche wickeln sich in einer halben Stunde ab, in der jeder seine Position darlegt und dann ist es schon wieder zu Ende. Als Gespräche waren sie uninteressant. Aber für mich war die Atmosphäre faszinierend. Ich war z.B. beim Staatspräsidenten für 14 Uhr angesagt. Das verzögerte sich etwas und ich habe in einem Raum gewartet. Es waren der Botschafter da, der Pressesprecher des Präsidenten und eine Dolmetscherin. Dann war es soweit. Wir saßen so übers Eck, wie ich das aus dem Fernsehen kannte, und in diesem Moment tauchte in mir plötzlich ein Bild auf. Es kam blitzschnell. Ich sah, wie ich im blauen Anton durch die Fabrik laufe und mein Schweißgerät hinter mir herziehe. Und jetzt saß ich mit dem Präsidenten von Brasilien zusammen. Ich wunderte mich über mich selbst und es war mir nicht ganz geheuer. Aber ich war zufrieden mit mir. Wenn ich zu dieser Öffentlichkeit gehöre, habe ich eine Chance, gehört zu werden. Wenn damals ein Grüner auftauchte, waren die Gesprächspartner neugierig. Sie wollten mehr wissen und ich hatte die Chance, ihnen etwas zu vermitteln. Wie weit das dann führt, steht auf einem anderen Blatt.

Mit mir war Gerd Rathgeb von unserer Plakatgruppe, ein Betriebsrat bei Daimler Benz Untertürkheim. Denn es ging auch um Daimler. Schon von Stuttgart aus hatten wir darum gebeten, das Werk besichtigen zu können. Wir wurden empfangen und ich merkte sofort, daß ich in einem Daimler-Betrieb bin. Die Farbgebung der Schilder und der Wege, das alles war wie in Untertürkheim. Riesengroß hingegen waren die Unterschiede, wenn es um die Rechte der Arbeitnehmer ging. Ich legte einfach einmal unseren Maßstab an und fragte: Gibt es eine Arbeitervertretung, gibt es einen Betriebsrat? Welche Rechte hat dieser Betriebsrat, gibt es eine Jugendvertretung, gibt es Möglichkeiten der Mitbestimmung, Betriebsversammlungen? Es muß ja nicht gerade das Mitbestimmungsgesetz sein, aber Formen der Mitbestimmung in der Produktion, beim Arbeitstempo und so. Und es gab von alledem nichts.

Die brasilianischen Kollegen waren organisiert in der CUT, in der Gewerkschaft, die der Arbeiterpartei nahestand. Es gab Gewerkschaftsdelegierte, die dann und wann, wenn es irgendwie kritisch wurde, mit der Werkleitung sprechen sollten. Das war für sie nicht ungefährlich. Die Kollegen nannten Leute, die aus dem Betrieb rausgeschmissen worden waren, weil sie dem Unternehmen, ich sag mal, zu frech, also zu radikal waren. Die Delegierten mußten immer sehr vorsichtig operieren. Die Löhne lagen bei einem Drittel dessen, was wir bekamen. Das hatte ich schon geahnt. Natürlich sind die Lebenshaltungskosten nicht so hoch wie bei uns. Das muß man in Rechnung stellen. Nach dem Rundgang sagte ich dem Personalchef, was uns nicht gefallen hat und daß er damit rechnen muß, daß wir ein Flugblatt morgen früh vor dem Tor verteilen, um unsere Stuttgarter Erfahrungen der Belegschaft mitzuteilen. Gerd Rathgeb und ich machten zusammen mit den brasilianischen Kollegen im Gewerkschaftshaus das Flugblatt fertig, fuhren nach Hause zum Schlafen und standen um drei Uhr morgens auf, um gegen fünf Uhr in San Bernardo zu sein. Brasilianer und deutsche Betriebsräte verteilten ein Flugblatt.

Der Personalchef war Brasilianer deutscher Abstammung. Sprach also einwandfrei deutsch, ohne Akzent. Heute ist er der Chef des brasilianischen Automobilindustrieverbandes. Als ich ein halbes Jahr später wieder nach San Paulo kam, diesmal mit einer Delegation von Parlamentariern aller Parteien im Rahmen der deutsch-brasilianischen Parlamentariergesellschaft, gab es einen Empfang der deutsch-brasilianischen Handelskammer. Der Präsident der Handelskammer war zugleich der Präsident der Daimler Benz AG in Brasilien. Als ich reinkam, nahm er mich gleich zur Seite und sagte: Herr Hoss, wir haben jetzt einen Betriebsrat. Das war sehr lustig, daß er mich gleich abgepasst und mir gleich mitgeteilt hat, daß sie inzwischen so weit sind und auch einen Betriebsrat haben. Es hatte mit unserer Hilfe auch einen Klärungsprozeß innerhalb der brasilianischen Gewerkschaft gegeben. Es ging um die Frage, ob die Gewerkschaften Leute von außen in den Betriebsrat (Comissao de Fabrica) schicken konnten, die von der Firmenleitung nicht erpreßbar waren, oder ob die Betriebsräte aus der Belegschaft kommen mußten. Man einigte sich mit der Firma auf eine Lösung, daß die Arbeitervertreter aus dem Betrieb kamen, daß diese Vertretung offiziell anerkannt und mit bestimmten Rechten ausgestattet wurde, die aber nicht ganz so weit gingen, wie unsere. Der Vertreter der Gewerkschaften, den ich bei der Flugblattaktion kennen gelernt hatte, sagte mir, daß das ein Fortschritt sei.

Das wirft natürlich auch ein Licht auf die IG-Metall, die größte Einzelgewerkschaft der Welt. Wie kümmert sie sich um die deutschen Betriebe in der Dritten Welt? Niemand verlangt, daß sie in der ganzen Welt aktiv sein soll. Aber zumindest sollte sie sich um die Verhältnisse bei den deutschen Großunternehmen in Südafrika, in Brasilien, in der Türkei kümmern und überall dort, wo sich Werke von Daimler und anderen Firmen befinden. Das müßte sie doch interessieren. Es müßten auf internationaler Ebene regelmäßige Treffen der Arbeitnehmervertreter eines Konzerns geben, damit Betriebsräte und Delegierte Gelegenheit haben, zusammen zu sitzen und sich auszutauschen. Damit Fragen gestellt werden. Ich habe den Eindruck, daß die deutschen Gewerkschaften mit dieser Problematik nicht umgehen können oder wollen. Denn wenn der Betriebsrat von Daimler in Sao Paulo den Betriebsrat von Untertürkheim fragt: Sag mal, was verdienst du denn? Was verdienen Facharbeiter, was verdienen Bandarbeiter und Maschinenarbeiter bei euch? Da beginnen die Erklärungsschwierigkeiten. Man muß erstmal die Wahrheit sagen, um dann im zweiten Schritt zu diskutieren, wie man vorgehen kann, um diese riesigen Unterschiede zu ändern. Es gibt da Dinge, die auch mir Schwierigkeiten machen würden. Im Prinzip, von meinem Herzen aus, würde ich sagen, wer in Sao Paulo an derselben Maschine arbeitet wie der Arbeiter in Untertürkheim, müßte dasselbe verdienen. Aber das ist nicht so einfach. Daimler Benz kann in Brasilien nicht im Alleingang die Löhne bestimmen. Es gäbe sofort Schwierigkeiten mit den brasilianischen Unternehmern. Andrerseits war Mercedes Benz do Brasil immer das Auslandswerk, das die meisten Profite abgeworfen hat. Das hängt zusammen mit dem Produkt, also Lastwagen, die auf dem lateinamerikanischen Markt, wo Mercedes den Markt mit 70 % beherrscht, sehr gefragt sind.

Autos und Amazonien

Der zweite Teil der Reise führte nach Amazonien. Ich hatte an diesem Gebiet ein besonderes Interesse, weil die Zerstörung dieses ungeheuer großen Regenwalds mit unseren Lebensgrundlagen zu tun hat. Auch mit der Frage der Biodiversität. Da steht doch sehr viel auf dem Spiel. Das Amazonasgebiet ist etwa 6.000 km tief und in der Breite sind es auch 3.000 bis 4.000 Kilometer. Man kann ungefähr sagen, 18-20% des Regenwaldes ist irreparabel zerstört. Da stehen heute Gemeinden, da stehen Städte, da sind Straßen, da sind Stauseen, und es ist Holz gefällt worden. Wie kann man retten, was noch da ist?

Ich fuhr nach Belém. Belém ist die Hauptstadt von Pará und liegt stromaufwärts etwa 200 km entfernt vom Atlantik. Es gibt dort eine große Universität. Wieder trafen wir uns mit Vertretern der Kirche, dieses Mal der evangelischen Kirche. Damals (1984) wurde in Tucurui einer der größten Staudämme zur Gewinnung von Elektrizität gebaut. Man ließ ein topographisch gesehen fast ebenes Gebiet, ohne Hügel oder Berge, die das Wasser begrenzen, einfach vollaufen und setzte riesige Flächen Wald unter Wasser.Ein ungeheurer Naturverbrauch für Energiegewinnung, als wenn es keine anderen Möglichkeiten gäbe. Aber das ist billig. Die Weltbank finanziert das Projekt, weil die Erste Welt daran interessiert ist. Wir hatten zehn Jahre zuvor, Anfang der 70er Jahre, die Energiekrise in Europa, mit den ersten autofreien Sonntagen. Damals bekam die Energiedebatte ihren ersten Schub. Man erkannte, daß wir zuviel Energie verbrauchen und daß die Autos zu schwer sind. Die Verwendung leichterer Materialien bei Autos könnte den Benzinverbrauch senken. So kam es weltweit zu einem Nachfrageboom nach Aluminium. Denn in der Automobilindustrie, das haben wir auch bei Daimler erlebt, wurde die Verwendung von Aluminium forciert. Damals brauchte ein Auto 12 Liter Benzin. Dieser Verbrauch wurde auch durch andere Maßnahmen, z.B. die Einspritzpumpe, die dann entwikkelt wurde, gesenkt. Aber zunächst wollte man mehr Aluminium.

Allein der Bau dieses Stauwerkes hat 3-4 Jahre gedauert. Das sind längerfristige Entwicklungen. Man hatte ein riesiges Bauxitfeld am Rio Trombetas entdeckt, etwa 1.000 Kilometer entfernt von Bacarena, in der Nähe von Belém, wo ein großes Aluminiumwerk entstand. Ich habe mir das angeschaut. Man beschloß, das Bauxit abzubauen und es mit Schiffen in das Werk zu transportieren. Die Aluminiumproduktion ist die Produktion, die den höchsten Energieverbrauch von allen Produkten hat. 60 % der in Tucurui erzeugten Energie wird in dieser Fabrik verwendet und ein Teil geht auch in die Versorgung von Belém, die große Hauptstadt mit 1,5 Mio. Einwohnern. Für den Transport der Energie mußte man vom Stauwerk nach Belém eine Überlandleitung bauen. Dazu wurde ein 400 km. langer und 100 Meter breiter Streifen entlaubt. Dabei wurde auch Agent Orange verwandt, das die Amerikaner in Vietnam eingesetzt hatten. Solche Methoden wurden erst durch internationale Proteste gestoppt. Man hat also, um hier in Europa Energie zu sparen, um die Autos umweltfreundlicher zu machen, im gleichen Atemzug in der Dritten Welt, in Brasilien, Regenwald zerstört. Man hat eine Fläche überflutet, die sieben Mal größer ist als der Bodensee. Warum, wissen die Leute hier gar nicht. Bei allen Erfolgen im Umweltbereich, das weiß ich inzwischen, muß man genau hinschauen, was an anderen Stellen der Erde passiert. Und es gibt solche Stauseen überall, auch in der Gegend von Manaus, wo die Freihandelszone für internationale Konzerne (Bosch, Nestlé und der ganze Gotha der internationalen Wirtschaft) mit Energie versorgt werden muß. Bei diesem Stausee, Balbinas, ein brasilianisch-französisches Ingenieurwerk, ist aber Folgendes passiert. Wir haben auch da diese Topographie: Keine Berge, sondern nur kleine Erhebungen. Da ist ihnen das Wasser in ein ganz anderes Gebiet weggelaufen. Darum mußten sie noch einen Damm bauen, um das Wasser zu halten. Dann lief es an einer anderen Stelle wieder weg in ein anderes Flußgebiet, so daß man lange Zeit gebraucht hat, bis man die Sache einigermaßen in den Griff gekriegt hat. Dieses Wasserkraftwerk war konzipiert für 165 Megawatt Produktion und bis jetzt erreicht man 85 Megawatt, ungefähr 50-60 % dessen, was geplant war. Fernab passieren also Dinge, die bei uns gar nicht bekannt werden. Und die die Leute eigentlich für unmöglich halten. Man muß z.B. wissen, daß ganze Wälder überflutet werden. Man nimmt sich nicht einmal die Zeit, die Bäume rauszuholen, das würde Jahre dauern. Man läßt einfach das Wasser reinlaufen, mit der Folge, daß die Biomasse der Bäume unter Wasser einen chemischen Prozeß auslöst, der den Fischen die Lebensbedingungen nimmt. Die Bewohner, die am Rande wohnen oder vom Fischfang leben, spüren das auch. Eine neue Zerstörungskette ökologischer Art beginnt.

Ich wurde natürlich gefragt, was ich als Grüner von diesem Stausee halte. Ich habe meine Meinung gesagt und das war dann die Hauptschlagzeile in den Zeitungen in Belém. Ein deutscher Abgeordneter stellt sich gegen den Staudamm. Wenn sich die Abgeordneten auf ihren Auslandsreisen besser umschauen würden, würden sie viele solcher Ungereimtheiten entdecken. 1985 kam ich nach Belo Horizonte in Mittelbrasilien. Dort steht ein Stahlwerk von Mannesmann, in dem 20.000 Beschäftigte Baustahl und Rohre fertigen. Die Energiebasis ist Holzkohle. Für uns unvorstellbar. Mit einer Gruppe der Stuttgarter Naturfreunde fuhr ich die Strecke des dafür abgeholzten Regenwalds ab: 50 Kilometer Sandstraße.

Rechts und links, soweit das Auge reichte, zerstörte Fläche. Ab und zu gab es schon mit Gras bewachsene Weiden, auf denen Fazendeiros die Vieh- und Fleischproduktion aufnahmen. Billiges Fleisch kostet Wälder, ausgestorbene Arten, vertriebene Menschen. Ich hörte dann, daß Mannesmann verstärkt Land aufkauft, um aus schnell wachsenden Eukalyptusbäumen Holz zu gewinnen, um Stahl zu kochen. Ich habe immer wieder erlebt, daß die internationalen Konzerne den Weg des geringsten Widerstands gehen, ohne sich zu fragen, was soll eine Stahlproduktion, die nicht ohne Zerstörung des Regenwalds auskommt? Gibt es am Äquator keine alternativen Energiequellen? Wie helfe ich einer Region und einer Bevölkerung wirklich? Erst Widerstand bringt die Konzerne aus ihrer profitorientierten Gedankenlosigkeit.

Poema

Die Bundesuniversität von Belém ist eine Universität mit 33.000 Studenten und allen möglichen Fachbereichen. Das Besondere ist, daß diese Universität auch Wert legt auf die Anwendung der Forschungsergebnisse, besonders im agrarischen Bereich. Sie wurde mein wichtigster Kontakt. Dort traf ich Thomas Mitschein, der in den Jahren 1980/81 über den Deutschen Akademischen Austauschdienst nach Brasilien gekommen war. Er hatte vorher in Münster im Sozialistischen Büro mitgearbeitet und mich vom Hören-Sagen und von Tagungen her gekannt. Er hatte in der ausgehenden Militärdiktatur im Institut für deutsche Sprache und Kultur Diskussionen angezettelt, die sich ein Brasilianer nicht hätte erlauben können. Inzwischen hat er auch dort geheiratet, hat Kinder und ist ein Brasilianer. Er kommt wohl nicht mehr nach Deutschland zurück. Dieser Kontakt hat sich zu einer besonderen Freundschaft entwickelt. Als wir uns 1984 kennen lernten, stellte er mich dem späteren Rektor Nilson Pinto de Oliveira vor, der in Deutschland Geochemie studiert hatte und mir als erstes sagte: Die Wissenschaftler vor Ort verfügen über viel weniger finanzielle Mittel zur Erforschung Amazoniens, als die Institute in Tübingen, Heidelberg, London oder Tokio. Um die Kooperation mit Deutschland zu fördern, schlug mir Thomas Mitschein 1991, am Ende meiner Tätigkeit im Bundestag vor, eine Art Verbindungsmann in Deutschland zu sein für das Forschungsprogramm der Universität: Poema, Pobreza e Meio Ambiente na Amazonia. Es ging um Naturzerstörung durch Armut. Es gibt Naturzerstörung durch Reichtum, also durch Luxus, um Profit zu machen und es gibt Zerstörung durch Armut, wenn mit Unterstützung der Regierung landlose Bauern in Amazonien angesiedelt werden, die aus anderen Teilen Brasiliens durch das Vordringen monokultureller Großbetriebe vertrieben wurden. Statt eine Bodenreform vorzunehmen, entschärft man den sozialen Konflikt, indem man sagt: geht nach Amazonien, da gibt es Land genug. So sind Millionen Menschen im Laufe der Zeit, besonders auch unter der Militärdiktatur, nach Amazonien dirigiert worden. Was sollen sie tun? Sie müssen den Wald niedermachen, um Ackerbau zu betreiben. Nach drei, vier Jahren ist der Humus der brandgerodeten Flächen durch den monokulturellen Anbau von Reis, Mais, Bohnen und Maniok verarmt. Dann ziehen die Bauern weiter und brennen das nächste Stück Wald nieder. Das setzt CO_2 frei und zerstört die extrem vielfältige Pflanzenwelt und Biodiversität. Mit diesen Leuten befasst sich das Projekt.

Mit den Bauern zusammen muß eine andere Form des Anbaus gefunden werden. Die degradierten Gebiete, inzwischen 15 % des Staates Pará, sollen mit Pflanzen, die verwertbare Früchte, Fasern, Harze, Farbstoffe, Gummi oder medizinische Substanzen liefern, als Kulturwald neu aufgeforstet werden. Das Poema-Modell entwickelt daher Mischkulturen in einem etagenmäßigen Aufbau, wie im Regenwald. Der Regenwald lebt ja auch Jahrtausende schon auf der gleichen Fläche. Hier bleibt der Boden fruchtbar durch die Biomasse der verschiedenen Bäume, Sträucher und Pflanzen, die sich auf verschiedenen Etagen entwickeln. Keine Eukalyptusplantagen und Programme mit schnell nachwachsendem Holz, was völlig unökologisch ist. Und die Leute haben dann auch einen reichhaltigeren und abwechslungsreicheren Tisch, weil sie durch den Mischanbau die verschiedensten Pflanzen und Früchte bekommen. Das ist auch gesundheitlich von Bedeutung. All diese Aspekte sind bei Poema ausgearbeitet und in dieses Programm, das von 25 Wissenschaftlern der verschiedensten Disziplinen verfolgt wird, bin ich mit rein.

Ich habe Hilfsdienste geleistet, in Deutschland Verbindungen angeknüpft und auch technisches Wissen aufgetrieben. Mit dem Institut für Siedlungs- und Wasserwirtschaft der Technischen Universität Aachen haben wir z.B. eine Methode herausgefunden, die früher in Deutschland angewendet wurde, die die sogenannte anodische Oxidation, d.h. die Umwandlung von in Wasser gelöstem Salz, durch einen einfachen, kleinen Apparat bewerkstelligt. Salz wandelt sich in einem chemischen Prozeß um in Hyperchlorid, das eine entkeimende Wirkung hat. Der in Ballungsgebieten übliche hohe Chlorgehalt des Wassers und der schwierige Transport von Chlor in Säcken wird dadurch überflüssig.

So bin ich seit 1991 in einer brasilianischen Universität eingebunden, auch wenn ich von Haus aus kein Wissenschaftler bin. Mein Einstieg in das „Institut für Hohe Studien Amazoniens" (NAEA) war ein Seminar über die ökologischen und sozialen Folgen der industriellen Revolution in Europa. Ich habe zur Vorbereitung viel gelesen und auch mit Freunden diskutiert. Als Hauptprobe machte ich zusammen mit Peter Kammerer ein Seminar in Urbino. Dabei entdeckte ich das Werk Karl Polanyis. Dieser ungarische Ökonom hat viele anthropologische Studien getrieben, um nachzuweisen, daß eine Wirtschaft sich selbst regulierender Märkte auf künstlichen, für den Menschen und die Umwelt zerstörerischen Voraussetzungen beruht. Gut vorbereitet fuhr ich nach Brasilien. Ich hielt etwas mehr als 2 Monate lang jede Woche 3 Vorlesungen zu diesem Thema. Sie waren so erfolgreich, daß von 67 Hörern 58 bei der Stange blieben. Von da an war für mich die Universität ein „gemähts Wiesle". Mein Ruf war gesichert und ich hielt auch an anderen Instituten Vorträge über aktuelle Fragen wie z. B. „Der Zusammenbruch des Kommunismus und die Entwicklung in Europa". Also, was kommt nach dem Zusammenbruch. Und was geht in Rußland vor sich. Die Schwierigkeiten des Übergangs vom Kommunismus in demokratische Entwicklungen, von der staatlich gelenkten Wirtschaft in eine Marktwirtschaft, von einer durch die Partei gelenkten in eine demokratische Gesellschaft. Wolfgang Leonhard hatte soeben in einem Aufsatz diese Gegensätze sehr schön herausgearbeitet und ich war froh, diesem Mann zumindest beim Lesen wieder zu begegnen, 10.000 Kilometer und 40 Jahre von der Ostberliner Parteischule entfernt, auf der ich ihm 1949 zum ersten Mal begegnet war.

1992 wurde ich dann Professor honoris causa. Das war ein hochoffizieller Akt, nach dem akademischen Ritus der Universität, in einem schönen alten Haus, ein Festakt in der Bibliothek. Und ich habe dort auch meine Antrittsvorlesung gehalten.

Ein neues Verhältnis zu Daimler

Das Poema-Projekt entwickelte sich gut. Im Rahmen ihres Hilfsprogramms für Kinder stellte 1990/91 die deutsche UNICEF 1,5 Mio. DM für die Entwicklung gesunder landwirtschaftlicher Verhältnisse in vier Pilotdörfern bereit. Die Ernteerträge erhöhten sich und die Bauern brauchten einen Markt. Bis dahin hatten sie 70 % der Produktion selbst verbraucht. Was tun mit der gesteigerten Produktion? Sie mußte verarbeitet und auf den Markt gebracht werden. Die verschiedensten Früchte mußten getrocknet, pulverisiert, kühl gelagert, konserviert oder zu Säften verarbeitet werden. Poema unterstützte das in verschiedenen Munizipien (Landkreisen). Aber es gab noch eine andere Perspektive. Ich vermittelte einen Vertrag zwischen Daimler Benz und der Bundesuniversität. Es ging um 1,7 Millionen DM zur Erforschung von Naturprodukten, die im Automobilbau Anwendung finden können. Das Ziel war, für die Umwelt nicht verträgliche Werkstoffe im Auto zu eliminieren und durch verträgliche Naturstoffe zu ersetzen. Es gibt ja im Auto kilometerweise Kabel, die ummantelt sind mit chemischen Stoffen. Wenn das Auto nicht richtig recycelt wird, kommen sie in den Hochofen und erzeugen Dioxine, Furane oder andere gefährliche Emissionen, die uns die Luft wegnehmen. Es ist ja kein Geheimnis, daß in unseren Städten die Atemkrankheiten nicht nur bei Kindern zunehmen.

Als bekannt wurde, daß ich mit Daimler Benz zusammenarbeite, wenn auch nur auf dieser konkreten Ebene, hatte ich zu kämpfen mit meinen linken Kritikern, die Verrat witterten und sagten: Jetzt geht er also ab, jetzt geht er auf die andere Seite. Sie sahen das als bloße Alibigeschichte. Der Name von Hoss wird ein Aushängeschild für Daimler. In einer Reportage für die Frankfurter Rundschau zog Jutta Roitsch Motive und Erfolgsaussichten des Projekts in Zweifel und bezichtigte Daimler Benz praktisch der Scharlatanerie. Das war im April 1992. Aber es geht ja immer um eine längerfristige Sicht, sowohl bei der Universität, als auch bei Daimler Benz. Und auch bei mir.

Natürlich fragten mich meine Freunde: Wie machst du das eigentlich? Du warst vorher Betriebsrat und hast dich mit dem Management auseinandergesetzt; du hast denen viel Ärger gemacht bei der Ablehnung von Überstunden und durch die Organisierung von Widerstand gegen die Arbeitsbedingungen; wie kommst du jetzt mit diesen Leuten aus und wie sehen sie dich jetzt? Mir hat dieser Rollenwechsel keine grossen Schwierigkeiten gemacht. Im Betrieb ging die Konfrontation mit der Werkleitung immer von konkreten Problemen aus. Ich sagte immer offen, was uns nicht paßte und die oben wußten, woran sie waren. Und wenn sie der Diskussion ausweichen wollten, konnte es passieren, daß das Fließband plötzlich einmal stand. Sie waren also gezwungen, meine Argumente anzuhören, sie ernst zu nehmen und mit mir zu diskutieren. Wenn wir dann einig waren und ich hatte mit den Kollegen gesprochen und die waren auch einverstanden, konnte man sich darauf verlassen, jetzt läuft der Laden. Ich mußte erkämpfen, daß sie mich respektieren und ich respektierte sie. Wobei die Meinungsverschiedenheiten nie untergebuttert wurden. Es gab bei aller Härte eine Verläßlichkeit. Bei meinem Ausscheiden aus dem Betrieb sagte Dr. Hirschbrunn, der Werkleiter: Wenn Sie etwas vorgetragen haben, wußten wir, daß wir es ernst zu nehmen hatten. Etwas ähnliches mußte sich auch Matthias Kleinert gedacht haben, ein wichtiger Manager, der heute im Gesamtkonzern zuständig ist für die Außendarstellung und die Außenpolitik des Konzerns. Auch für Kontakte zu Regierungen. Als ich ihm den Vorschlag machte, sich doch mal anzuhören, was an der Bundesuniversität von Belém vorhanden ist, ob man nicht in eine Zusammenarbeit kommen könne, hat er das sofort aufgegriffen.

Natürlich spielte eine Rolle, daß ich als Abgeordneter einen anderen Status gewonnen hatte. Ich komme als Abgeordneter des Deutschen Bundestages und treffe den Präsidenten von Mercedes Benz in Sao Paulo und dann findet die Diskussion auf einer anderen Ebene statt. Dabei vergesse ich die Interessen der brasilianischen Kollegen und ihre Arbeitsbedingungen nicht, aber ich sehe auch andere Fragen und diskutiere, wie das Unternehmen in Brasilien sich in der Umweltfrage verhält. Ich habe keine Hemmungen, auf das Management zuzugehen und Verbesserungsvorschläge zu machen. Das hängt auch damit zusammen, daß ich heute ein neues Bild der Welt habe, in dem die Umweltfrage und nicht das Profit-Lohnverhältnis die entscheidende Rolle spielt. Heute hat sich die Umweltfrage so zugespitzt, daß es um den Weiterbestand der Menschheit geht. Dieses Ergebnis der industriellen Produktionsprozesse erzwingt ein neues Terrain der Diskussion, auf das ich mich ohne Berührungsängste begebe.

Hinzu kam, daß durch die wachsende Umweltbewegung in der Bundesrepublik auch ein Denkprozeß bei Daimler Benz angefangen hatte. Der Konzern stellte eine Projektgruppe von Forschern, von Konstrukteuren und Materialstoffleuten zusammen, die schauen sollten, was haben wir für Werkstoffe im Auto, welche sind problematisch, welche kann man ersetzen und wie. So kam es zum Kontakt mit dem Rektor und den führenden Leuten der Universität und mit unserem Freund Thomas Mitschein, der das Ganze dann von der brasilianischen Seite her gemanagt hat. Ergebnis war ein Vertrag für die Erforschung von Fasern in fünf Bereichen: Naturfasern, Naturfarben, Öle - Fette - Schmierstoffe, Gummi und Harze. Die Laboratorien der Universität wurden mit den entsprechenden Maschinen und Werkzeugen ausgerüstet. Es begann auch eine Zusammenarbeit mit Ulm, wo Daimler Benz eine große Forschungsstätte hat.

Natürlich hat Mercedes in den folgenden Jahren dieses Projekt in Hochglanzbroschüren rausgestellt und die Kopfstütze, die als erstes Produkt herauskam, auf Ausstellungen gezeigt. Und es stimmt auch, daß so eine Kopfstütze in einem Lastwagen oder einem Pkw nur den Bruchteil des Materialvolumens ausmacht. Aber für mich war entscheidend, einen Fuß in der Türe zu haben und die Bereitschaft auf der anderen Seite zu wecken, diesen Fragen nachzugehen. Bevor man da sagt, ich mache das nicht, sage ich eher, ich probiere mal diesen Weg. Ich sehe den Erfolg darin, daß die Umweltfrage auch für den Vorstand von Daimler Benz zum Problem wurde.

Alle waren wir interessiert, möglichst schnell etwas zum Vorzeigen zu haben. Deshalb entschieden wir uns für die Kokosfaser, die es in Massen gibt und mit der man auch Erfahrungen hat in der Fertigung. Zusammen mit dem Naturstoff Latex ergibt sie eine Kopfstütze, deren Rohmaterial aus einem Dorf kommt und in der Kreisstadt, wo es elektrische Energie gibt, zu 4.000 Exemplaren monatlich verarbeitet wird. Dahinter stehen schon Prototypen von Autositzen, von Rückenlehnen, Sichtblenden für Lastwagen, diese Sonnensichtblenden, die nicht mehr aus Schaumstoff gemacht werden, sondern aus Naturprodukten. Die Sache ist jetzt so weiterentwikkelt, daß die A-Klasse auch mit diesen Kopfstützen ausgerüstet wird, was eine Erhöhung der Produktion bedeutet. In acht Dörfern wurden Stationen eingerichtet, wo die Kokosfaser gewonnen wird. Und in der Nähe von Belém wurde 2001 eine größere Fabrik gebaut, mit fast 200 Arbeitsplätzen. Die Landesregierung von Pará und die Bank von Amazonien stellten ein Gelände und einen Zuschuß von 3 Millionen DM zur Verfügung, Daimler Benz gab 3-4 Millionen DM für den Kauf von Maschinen. Das Unternehmen ist ein selbständiger Zubringerbetrieb, ein brasilianisches Unternehmen. Es gab da Schwierigkeiten, aber ich glaube, das ist jetzt unter Dach und Fach. Poema wird eine schützende Hand darüber halten.

In dem Dorf, in dem schon seit Jahren diese Kokosfaser gewonnen wird, machte ich eine ganz interessante Erfahrung. Das Endprodukt ist eine Rolle, eine Kordelrolle mit einem Durchmesser von 30-40 cm und einer Höhe von 50 cm. Die etwa 200 Einwohner des Dorfes entschieden selbst, wie sie das machen. In ihrer Versammlung, wo es sehr selbstbestimmt zugeht, haben sie die Arbeit verteilt. Es ist nicht so, daß da einer hinkommen und sagen kann: So müßt ihr das machen. Jeden Tag müssen 6-7 Leute arbeiten und es wurde sichergestellt, daß aus jeder Familie immer nur einer einen Tag arbeitet, so daß jeder ein Zubrot hat. Und was wichtig war, sie sagten: Wir wollen keine Arbeiter werden. Wir sind Bauern und wollen Bauern bleiben. Wir haben unser Land, müssen das bestellen und von dem, was wir da mit der Kokosfaser machen, können wir allein nicht leben. Und so teilten sie die Arbeit auf. Auch den Verdienst. Das fand ich hoch interessant. Interessant war der ganze Prozeß, der dahinter steht. Bauern arbeiten im Grunde im Rhythmus der Natur. Wenn es regnet, bleiben sie zu Hause, warten ab bis das Wetter gut wird und arbeiten dann wieder von morgens früh bis abends spät. In der Fabrik hat man andere Bedingungen. Da kann es Backsteine regnen, die Produktion muß laufen. Das Reinpressen der Leute in diese industrielle Arbeitsorganisation mußten sie erstmal begreifen. Eine entscheidende Rolle spielt Verläßlichkeit. Wenn ich als

Industrieunternehmen vorhabe, mir langfristig Material liefern zu lassen, muß die Lieferung zur richtigen Zeit erfolgen. Es ist wie beim 'Just-In-Time-System'. Wenn man 4.000 Kopfstützen am 21. eines Monats zu liefern hat, dürfen die nicht am 25. ankommen. Es fanden also Seminare statt, die mit Geldern von Daimler Benz finanziert wurden, aber auch von brasilianischen Stellen. Man hat tagelang zusammen gesessen und diskutiert, um solche Zusammenhänge zu vermitteln. Das fand ich eigentlich hervorragend und irgendwie ergreifend. Bei uns werden die Türken diszipliniert: Junge, wenn du nicht pünktlich morgens da bist um 6 Uhr, wenn das Band anläuft, wird Lohn abgezogen und nach mehreren Abmahnungen wirst Du entlassen. Du bist unbrauchbar. Hier gab es ein ganz anderes Maß von Selbstbestimmtheit. Da fühlte ich mich sehr wohl und das war ein soziales Experimentieren auch für mich, der ich mich früher nie mit solchen Problemen befaßt hatte.

Das ist den Bürokraten in Europa, die über die Entwicklungshilfe entscheiden, nur schwer zu vermitteln. Im Anfangsjahr von Poema versuchte ich, ein Konsortium von Unterstützern zusammenbringen. Dr. Lammert von der CDU, damals Staatssekretär und Vorsitzender der deutsch-brasilianischen Parlamentariergesellschaft, Bundestagsvizepräsident Cronenberg (FDP) und der frühere Entwicklungsminister Erhart Eppler (SPD) zeigten sich interessiert, wollten aber vor ihrer Unterschrift eine Beurteilung des Projekts durch die GTZ (Gesellschaft für technische Zusammenarbeit im Bundesministerium für Entwicklung). Das Gutachten fiel negativ aus. Der für die Stellungnahme verantwortliche Herr konnte sich eine brasilianische Eigenleistung von 40 bis 50% nicht vorstellen. Das widerspreche allen Erfahrungen. Millionen fließen und flossen über die GTZ in die Entwicklungspolitik, aber zumindest in Amazonien, wo ich es beurteilen kann, sind innovative Projekte nie zustande gekommen. Es gibt ja das Paradox, daß von der Basis her betriebene, kleine Projekte abgelehnt werden, weil sie verdächtig wenig kosten und man nur Vertrauen in Großprojekte hat. Auch bei Misereor in Aachen spürte ich diese Skepsis gegenüber einem Schweisser, der in der Entwicklungspolitik gelandet war. Meine Angst war, daß nun auch Daimler einen Rückzieher machen würde. Die aber hatten sich vor Ort alles angesehen, mit den Leuten Gespräche geführt, hatten ihr eigenes Interesse und ließen sich nicht beirren.

Was schmerzte, war, daß sich auch die Grünen nicht für das interessierten, was ich da machte. Ich hatte den Eindruck, daß sie der Regenwald nicht mehr interessiert. Ich bin bei Fritz Kuhn und den Grünen in Baden-Württemberg vorstellig geworden, das war 1992/1993. Ich hatte die Kooperation mit Daimler Benz angebahnt und dachte, so ein Projekt hat ja auch Rückwirkungen auf das Denken bei Daimler Benz, da müssen doch die Grünen nachhaken. Aber ich bekam eine höfliche Absage, die gegenwärtigen konzeptionellen Diskussionen seien in der Landtagsfraktion noch nicht abgeschlossen und ein näheres Eingehen auf diese Projekte also nicht möglich. An dem Punkt, wo es konkret anfing mit einer simplen Kopfstütze aus Kokosfasern, was ja auch ein Symbol sein kann für Veränderungen in einem Konzern, da haben die Grünen gekniffen. Aber ich hatte auch gute Erlebnisse. Auf einer Stuttgarter Mitgliederversammlung, auf der ich meine Arbeit vorgestellt habe, wurden spontan DM 700 gesammelt.

Trinkwasser

Nachdem die Daimler-Sache 1993 auf den Weg gebracht war, dieses brasilianische Projekt, in dem ich der einzige Deutsche bin neben Thomas Mitschein, der ja schon halber Brasilianer ist, begann ich mich um andere Sachen zu kümmern. Es gehört zum Projekt „Armut und Umwelt in Amazonien", daß in den Dörfern auch nach anderen Sachen geschaut wird, z.B. nach dem Trinkwasser, nach der Energieversorgung, nach Bildung, Gesundheit und Verkehrsmitteln. Also ein integriertes Konzept. Die Verbesserung der Trinkwasserversorgung gehört zu den wichtigsten Fragen. Nach Auskunft des Gesundheitsministeriums von Pará haben 80 % aller Krankheiten ihre Ursache in schlechtem Wasser. Die Leute trinken Wasser vom Fluß. Sie haben kleine Bäche, aus denen sie das Wasser schöpfen. Die sogenannten Karimbos sind so etwas wie abgesicherte Wasserentnahmestellen. Aber das Wasser ist eben problematisch und darum werden Trinkwassersysteme mit entkeimtem Wasser gebaut. Entweder von der Universität oder auch von Wasseringenieuren oder Technikern, die sich auskennen. Es werden Brunnen gebohrt mit einer Tiefe bis zu 30 Metern. Man muß an das durch Sandschichten gereinigte Grundwasser rankommen, um sauberes Wasser hochziehen zu können. Oben, in 7-8 Metern Höhe gibt es einen Wasserbehälter mit 5.000, 7.000 oder 10.000 Litern, je nach der Größe der Gemeinde. Eine Förderpumpe wird entweder durch regenerativen Energieeinsatz, also Wind, angetrieben oder, wenn das nicht geht, durch einen Diesel- oder einen Benzin- oder einen Elektromotor. Ich habe schon meine Fühler ausgestreckt, um die ersten sonnenbetriebenen Wasserpumpen installieren zu können. Aber wir müssen auf das Leistungs-Preisverhältnis achten. Wenn es doppelt so teuer wird, dann gehts halt nicht.

Diese Technologien müssen einfach, robust und so kostengünstig sein, daß man sie auch ohne Hilfe von außen sich leisten kann. Sie müssen in andere Gemeinden verpflanzbar sein, mit eigenen Mitteln oder mit geringer Hilfe. Dazu gehört auch ein Wasserverteilungssystem. Gräben werden gezogen und Leitungen werden verlegt, entweder zu öffentlichen Entnahmestellen oder, wenn man Rohre kaufen kann, bis in die eigenen Häuser. Daraus habe ich ein Programm gemacht, das ich vorschlage, wenn ich in ein Dorf gebeten oder vermittelt werde, sei es über die Kirche, über die Landarbeitergewerkschaft oder über eine Assoziation von Kommunen.

Am Rio Tapajos liegen in einem gesetzlich geschützten Sammlerreservat 64 Kommunen mit zusammen 18.000 Einwohnern, von denen nur die wenigsten gute Wasserverhältnisse haben. Heute noch. Da fahre ich hin, schaue mir das an, rede mit den Leuten und mache den Vorschlag, wie so ein Wassersystem gemacht werden kann. Das Erste ist, daß man eine technische Hilfe aufbaut. Dazu wird ein Techniker oder ein Wasseringenieur bereitgestellt. Entweder von der Uni oder von einem Handwerker, der in der Gegend wohnt. Das Zweite ist, daß man erklärt, wie das System funktioniert. Alle Handarbeiten, die notwendig sind, um dieses System zu erstellen, also Hilfe beim Brunnenbohren, Erbauen des Gerüstes, auf den der Wasserbehälter in 7 Meter Höhe kommt, der Bau eines Pumpenhauses, das Ziehen der Gräben und das Verlegen der Leitungen. All das muß als Dorfarbeit eingebracht werden. Freiwillig. Drittens versuche ich, in Deutschland eine Gemeinde zu finden, eine Schule oder Vereine oder einzelne Personen. Ich bekomme auch Einzelspenden, so daß ich 10, 15 oder

20.000 DM zusammenbringe für ein Dorf. Die Leute haben nicht die 10.000 DM, um Materialien oder den Motor zu kaufen. Der Motor alleine kostet schon zwischen 3.000 und 5.000 DM. Mit diesem Geld trete ich nicht als reicher Onkel auf, sondern in eine Partnerschaft ein. Bis heute (2002) haben wir insgesamt 35 Dörfer in verschiedenen Gegenden mit solchen Wassersystemen versorgen können. Die Leute haben das Gefühl, das ist ihr System, darin steckt ihre Arbeit. Sie haben die Maloche auf sich genommen. Wenn das System funktioniert, sind die Leute im Dorf selber verantwortlich dafür. Als erstes werden 2-3 Leute vorher schon ausgesucht, die im Verlauf des Aufbaus lernen, wie alles funktioniert. Wie man die Rohre zusammensetzt, wie der Lauf des Systems ist, die alles genau kennen. Die auch kleinere Reparaturen selber regeln können. Dazu gehört dann eine weitere, soziale Diskussion, die sehr wichtig ist. Die Leute haben ja bisher das Wasser aus dem Fluß geholt oder aus dem Bach und haben dafür nichts bezahlt. Und nun erkläre ich ihnen: Wenn sie gutes Wasser haben wollen, sind dazu technische Mittel erforderlich, die man kaufen muß. Man muß also eine Sammlung organisieren und monatlich die Betriebskosten aufbringen. Das geht nicht mit einer Gemeinde, die sich nicht organisieren kann. Da gibt es Erfahrungen und da bin ich ganz stur. Ich sage dann: Leute, wenn ihr euch nicht organisiert, sehe ich keine Möglichkeit zu helfen. Damit müssen sie sich auseinandersetzen. Manchmal schimpfe ich sie auch aus oder sie schimpfen mich aus. Ich habe eine offene Art zu arbeiten. Diese Arbeitsgrundlage hat sich herumgesprochen. Sie wissen, ich bin ein verlässlicher Typ und was ich verspreche, habe ich immer gehalten. Umgekehrt müssen sie die Verpflichtungen, die sie mit mir eingehen, auch weitgehend einhalten. Das ist eine Basisdemokratie in einem überschaubaren Bereich.

Die Dörfer sind sehr einfach gestrickt. Du kommst an mit dem Boot, kommst hoch ins Dorf, da gibt es eine Kirche, eine Schule und einzelne Häuser. Die Leute haben ihre Felder und einen Fußballplatz. Der fehlt nirgendwo in Brasilien. Oft gibt es eine Frauengruppe, wo sie ihre Sachen selber nähen. Gerade in der Wasserfrage, sind Frauen oft die treibende Kraft. Dann haben sie Katechese, die Auseinandersetzung mit der Bibel. Im Sinne der Theologie der Befreiung. Sie erwarten nicht das Heil von oben.

Sie wissen ganz genau, daß sie nur Stärke gewinnen, wenn sie selbst etwas umsetzen. Ich habe davor großen Respekt.

Die ersten Wassersysteme habe ich 1992/1993 mit Hilfe der Stiftung Entwicklungszusammenarbeit des Landes Baden-Württemberg und durch Spenden finanziert. Dann gründeten wir in Stuttgart einen als gemeinnützig anerkannten Verein „Armut und Umwelt in Amazonien (Poema)". Für ein Dorf mit 400 Einwohnern kostet der Brunnen zwischen 15.000 und 20.000 DM für Material und Bohrung. Man braucht ein Gerät und Leute, die es bedienen. Dann versuchte ich, die Politik vor Ort mit einzubeziehen. Ich melde mich entweder über die Landarbeitergewerkschaft oder über die Kirche beim Präfekten oder beim Secretario für öffentliche Arbeiten im Bürgermeisteramt an. Meist kennt man mich schon. Und dann sage ich: In dem und dem Dorf sind wir uns einig geworden, ein System zu bauen. Ich habe 10.000 DM. Sind Sie bereit, mit in die Partnerschaft zu gehen und machen Sie die Bohrung mit ihrem Equipment, das sie als Behörde haben? Und dann überlegt der. Es werden nämlich jedes Mal, wenn die Systeme fertig sind, große Feste gefeiert und Plaketten angebracht: Micro-System a la aqua potabel der Gemeinde sowieso, mit Unterstützung der Poema e.V. Stuttgart. Und dann steht da auch die Präfektur da. Oder der Bürgermeister mit seinem Namen. Und er ist froh, daß er mit dabei ist. Er schickt seine Leute hin und wir sparen 5.000 DM. Ich kann die 5.000 DM wieder für ein anderes Dorf verwenden. Bei den Indianern sind im Reservat Alto Guama und Turiacu von der nationalen Gesundheitsbehörde drei Wassersysteme gebaut worden, die dem unseren vergleichbar sind. Bohrung von Brunnen, Aufstellen von Wasserbehältern, Legen von Wasserleitungen. Jeder dieser Brunnen hat 60.000 DM gekostet. Dasselbe System. Wir erstellen es für 15.000 DM auf Grund der Partnerschaft und der Eigenleistungen der Bevölkerung. Mit unserer Arbeitsweise könnte die Indianerbehörde 4 Mal so viele Dörfer versorgen. Sie findet es aber einfacher, Unternehmen aus der nächstgrößeren Stadt zu beauftragen, zum Teil Leute, die mit Indianern überhaupt nichts am Hut haben und das Projekt hinhauen, lieblos, und dann funktioniert es nicht, weil die Indianer nicht gelernt haben, damit umzugehen und es als ihr eigenes zu betrachten.

Solarlampen

Mein Interesse für die Anwendung regenerativer Energien war gekoppelt mit einem Erlebnis. In einem Dorf traf ich eine Krankenschwester in einer Gesundheitsstation. Es gab keine elektrische Energie. Sie mußte bei Kerzenlicht arbeiten, bzw. beim Schein einer Lamparinha. Das ist eine mit Diesel gefüllte und mit einem Docht versehene Blechdose, die vor sich hinfuselt. Manchmal mußte sie unter diesen Bedingungen nachts auch Geburtshilfe leisten. Meist gehen die Frauen in die Kreisstadt, aber es kommt ja vor, daß das Kind schneller kommt als erwartet. Da dachte ich: Mein Gott, wir haben in unserer Welt all diese technischen Möglichkeiten und hier funktioniert das so. Es muß doch eine Sonnenenergielampe geben, die für solche Zwecke einsetzbar ist. Nach meiner Rückkehr kam ich nach langem Rumfragen mit der Ludwig-Bölkow-Stiftung in München-Ottobrunn zusammen. Diese Stiftung hat der alte Bölkow, der Siemens-Manager, Forscher und Entwickler nach seiner Pensionierung eingerichtet. Eine Stiftung zur Entwicklung von kleinen Technologien, kleinen Maschinen für die Dritte Welt. Dort hat man eine Solarlampe entwickelt, die allen Prüfungen stand hält. Ich habe inzwischen 1.000 solcher Lampen nach Brasilien transferiert zum Einsatz nicht nur in Krankenstationen. Hinter der Konstruktion steht eine Philosophie, die mir sehr imponiert hat. Die Lampe besteht mit dem photovoltaischen Teil zusammen aus 70 Einzelteilen. Diese Einzelteile werden in einer Kiste für je 100 Lampen verschickt und ich habe in Belém eine Beratungsstelle für regenerative Energie mit Werkstatt eingerichtet, wo 2-3 Leute diese Lampe montieren und auch reparieren. Die Einzelteile bekomme ich für 250 DM pro Lampe, einschließlich der Frachtkosten. Sie würde in Deutschland, bei unseren Lohnkosten, ca. 500 DM kosten.

Das Problem bestand darin, die richtigen Leute zu finden. Ich erinnerte mich an einen italienischen Pater, Nicola Masi, den ich 1984 zusammen mit Gerd Rathgeb besucht hatte. Er lebte in den Favelas mit den Leuten zusammen. Ein bewunderungswürdiger Mensch. Ich habe zu ihm immer Kontakt gehalten. Er hatte im Rahmen der Kirche einen Ausbildungskurs für Elektriker organisiert. Eine ganz einfache, praktische Sache. Man lernte eine Holzhütte elektrisch beleuchten, Leitungen verlegen, Schalter anbringen. Wer die Abschlußprüfung bestand, bekam einen Werkzeugkasten, damit er anfangen konnte. Fand ich wunderbar. Der Pater hat mir zwei Leute vermittelt.

Ich habe dann bei der Ludwig-Bölkow-Stiftung den für die Solux II Lampen verantwortlichen Diplom-Ingenieur Rolf Martin, Rentner in meinem Alter, kennen gelernt und er kam für vier Wochen nach Belém. Die Flugkarte wurde vom Seniorenexpertenservice aus einem Fördertopf der deutschen Regierung bezahlt. Drüben hatte ich mit brasilianischen Mitteln eine Unterbringung im Hotel, ein Tagesgeld und die dortigen Fahrtkosten organisiert. Da ich weiß, daß Brasilien im Prinzip kein armes Land ist, finde ich immer wichtig, daß es eine Beteiligung, eine Partnerschaft gibt. Unser Mann hat drei Leute 4 Wochen lang trainiert, diese Lampe zu montieren und zu demontieren. Als sie das konnten, kam die erste, mit Spendengeldern gekaufte Sendung von 100 Lampen.

Indianerland

Die Indianer sind in einer unterprivilegierten Situation in Brasilien. Bis vor kurzem galten sie nicht einmal als brasilianische Staatsbürger, sondern hatten als Ureinwohner einen Sonderstatus. Während die von den Weißen als Sklaven importierten Schwarzen inzwischen in die Gesellschaft eingebürgert wurden, sah man die Ureinwohner immer als Störfaktor und Hindernis für die Ausbreitung der Weissen. Inzwischen hat sich das geändert, aber die soziale und rechtliche Situation der Indianer ist sehr prekär. Es gibt ein Gesetz, nach dem die Indianer einen Anspruch haben auf ihre Gebiete, die von der Regierung demarkiert und abgesichert werden. Es gibt eine Indianerschutzbehörde, die Funai (Fundacao Nacional do Indio), die dem Innenministerium in Brasilia zugeordnet ist und eigentlich die Aufgabe hat, die Indianergebiete zu schützen und den Kontakt mit den Indianern zu halten. Aber lange Zeit, vor allem während der Militärdiktatur, hat die Funai mehr gegen als mit den Indianern gearbeitet. Inzwischen wird im

Ausland sehr aufmerksam registriert, was da passiert, wenn eine Seuche ausbricht oder wenn weiße Holzfäller oder Siedler in das Indianergebiet eindringen, in Konflikte kommen und ein Massaker veranstalten, wie 1993 bei den Yanomami in Roreima. Ohne den Druck der internationalen öffentlichen Meinung wäre die Lage der Indianer viel schlimmer. Auch in Deutschland gibt es eine allgemeine Sympathie für sie, aber diese Sympathie muß man produktiv machen, diese sich im Nichts verlierende Solidarität muß man organisieren. Karl May genügt nicht.

Das Indianergebiet, in dem ich seit 1997 tätig bin, ist ein Reservat von 220 km. Länge und etwa 60 km. Breite. Sein nördlicher Teil, Alto Guama, ist etwa 3 ½ Autostunden von Belém entfernt, der südliche Teil, Alto Turiacu etwa 8 Stunden. In diesem relativ großen Gebiet leben nur etwa 2.000 Indianer. Sie müssen sich ständig gegen die eindringenden, landlosen Siedler wehren. In Brasilien liegt der Anteil der Indianer an der Bevölkerung bei nicht einmal 1% . Sie besitzen aber 12% des Landes. Das empfinden die normalen Brasilianer, für die nicht das Naturverhältnis, sondern nur der Naturverbrauch zählt, als Ungerechtigkeit: warum haben die so viel Land und warum haben wir nicht das Recht, da reinzugehen und das Holz rauszuholen? Es gibt in Brasilien ständig Landkonflikte. Der Boden ist insgesamt sehr ungerecht verteilt, es gibt einen riesigen Großgrundbesitz und eine große Bewegung für eine Landreform. Der Movimento Sem Terra (Bewegung der Landlosen) ist die stärkste außerparlamentarische Bewegung. Was Bedeutung, Aktionsfähigkeit und Qualität anbelangt, erinnert sie mich an die Antiatombewegung in der BRD um 1980, zur Zeit von Wyhl, Kalkar, Wackersdorf. Hunderte von Familien besetzen schlagartig nicht produktiv genutzte Böden der Großgrundbesitzer, siedeln sich an und beginnen zu ackern. Meist kommt es dann zu Zusammenstößen mit der Polizei und dem Militär und es gibt immer wieder regelrechte Massaker. Für manche Landlose ist es darum einfacher, in das Indianerland einzudringen und sich da ein Stück Land zu holen, als sich mit den Großgrundbesitzern anzulegen. Und da stehe ich dann da. Der Landlose ist für mich ein Landarbeiter, sozusagen mein Verbündeter. Ich war auch mal Landarbeiter. Und dann habe ich hier die Indianer, die ihre Rechte haben. Ich bin bereit die Landlosen zu unterstützen, damit sie zu Land kommen, aber mein Herz und mein Gerechtigkeitssinn ist in diesem Fall bei den Indianern, die in einer bedrängteren Situation sind. Unsere Arbeit mit den Indianern hat zwei Ziele: Schutz der markierten Gebiete und Stärkung der Widerstandskraft der Indianer in diesen Gebieten. Zur ersten Frage, die eigentlich brasilianische Politik betrifft, kann ich über internationale Organisationen, über Abgeordnete, über Anfragen an die Bundesregierung, an die Weltbank und andere Institutionen Einfluß nehmen. Das ist sehr schwierig und auch wenig kontrollierbar. Wichtiger für uns ist die Stärkung der Widerstandskraft der Indianer. Das beginnt mit Gesundheit, Wasserversorgung, Energieversorgung, Bildung und geht bis zu Transportfragen und zur Schaffung von Lagermöglichkeiten für Produkte der Indianer, damit sie eine stärkere Stellung im Handel mit den Weißen bekommen.

Ich habe 1997 mit Tekohaw, einem Dorf der Tembé am Rio Gurupi, eine partnerschaftliche Zusammenarbeit aufgenommen. Die etwa 180 Einwohner hatten kein Boot und waren angewiesen auf ein anderes Indianerdorf. Das führte immer zu Schwierigkeiten. Nun wollten sie ein eigenes Boot für den Transport von Waren und Personen. Es sollte ein Dach haben und vielleicht 12 Meter lang und 2,50 Meter breit sein. Sie zeigten mir einen Baum, aus dem sie den Kiel machen wollten. Das war ihre Aufgabe. Aber sie hatten keine Erfahrung mit den Verspannungen und Seitenwänden. Gut, sagte ich, wir werden einen Carpenteiro, einen Zimmermann finden, der Erfahrung hat und euch 3 Wochen zur Hand geht. Aber ihr leistet die manuelle Arbeit: das Baumfällen, das Ausbrennen des Stammes und die Bearbeitung des Kiels. Inzwischen werde ich sehen, daß ich in Deutschland Gelder auftreibe, damit ihr einen Dieselmotor reinsetzen könnt. Das war unsere Abmachung auf einer Versammlung mit den 20 wichtigsten Leuten des Dorfes. Ich hatte den Eindruck, das akzeptieren sie, denn wir drücken ihnen nichts von außen auf, sondern bringen uns ein in eine Aufgabe, die sie sich selber schon gestellt haben. Ein halbes Jahr später kam ich mit einem Motor zurück und wollte den zum Boot verarbeiteten Baum sehen. Sie zierten sich, aber ich bestand darauf. An der Baustelle war nichts. Nicht einmal der Baum war gefällt. In der Versammlung machte ich meinem Ärger Luft. So kann man nicht zusammenarbeiten, Abmachungen müssen von beiden Seiten eingehalten werden. Später fand ich die Gründe ihrer Passivität. Sie hatten schon mehrmals mit Versprechungen schlechte Erfahrungen gemacht. Nun wollten sie abwarten, ob ich wirklich zurückkomme. Den mitgebrachten Motor gab ich an ein Dorf der Ka' apor, das Vorarbeiten geleistet hatte. Zu einem späteren Zeitpunkt bekamen dann aber auch die Tembé in Tekohaw ihren Motor.

Die Hängematte

Die Indianer wollen nicht so bleiben, wie sie vor 100 Jahren waren. Sie haben inzwischen die weiße Gesellschaft kennengelernt und es gibt eine Reihe von Dingen, die sie haben wollen oder haben müssen. Vor allem gesundes Wasser. Durch das Indianergebiet fließen Flüsse, die erst durch weißes Gebiet laufen und hier verschmutzt werden. Früher konnten die Indianer dieses Wasser ohne weiteres benutzen, heute können sie das nicht mehr. Es ist belastet durch Industrie und handwerkliche Betriebe oder durch Abwässer. Ihren Anspruch auf gesundes Wasser, von dem sie und die Kinder nicht krank werden, müssen sie bei den Weißen vorbringen und durchsetzen. So wird der Kontakt für sie immer wichtiger.

Etwa ein Viertel der Leute sprechen auf irgendeine Weise portugiesisch, aus Handelsgründen oder um mit den Behörden zu verkehren, um sich z.B. gegen Eindringlinge zu schützen. Die Kinder lernen in der Schule portugiesisch. In Zusammenarbeit mit der Indianerschutzbehörde Funai und mit der Regierung hat man in jedem größeren Indianerdorf heute Schulen eingerichtet. Es sind offene Malocas. Auf Stützen rechts und links liegt ein Dach aus Palmblättern. Die Seitenwände sind gerade so hoch, daß Tiere nicht unbedingt reinlaufen. Der Wind kann durchziehen und vor der Sonne ist man geschützt. Die Indianer legen großen Wert darauf, daß die Schulen funktionieren. Am Anfang kamen weiße Lehrer, meist junge Leute, die eben ihr Studium absolviert hatten und sich bereit erklärten, ein Jahr lang bei den Indianern zu leben. Aber sie unterschätzten die Schwierigkeiten. Erstmals die lange Reise. Endlich angekommen gibt es keinen elektrischen Strom, es gibt kein ordentliches Wasser, die Sonne geht um 6 Uhr unter, dann ist es dunkel, man hat nur ein Feuer, es gibt kein Fernsehen und man kann sich nur ein Radio mitbringen. Das Leben ist so trist, daß viele junge Leute es nicht aushalten. Die Lehrersituation ist daher sehr prekär. Darum unterstützen wir ein Programm, das Indianer zu Lehrern ausbildet. Sie müssen ja nicht unbedingt alle Kenntnisse haben. Es kann jemand sein, der sein portugiesisch so verfeinert, daß er es weitergeben kann, der ein bißchen politische Bildung mitbekommen hat und weiß, wie Institutionen funktionieren.

In einem der größeren Dörfer habe ich vermittelt, daß ein Televisions-Schulprogramm der Landesregierung von Pará installiert wurde. Das hatte interessante Auswirkungen. Fernsehbilder wecken wie jeder Kontakt Begehrlichkeiten. Schon in der Stadt sehen sie, daß die Weißen solche Schirmmützen oder Sandalen haben und sie kommen schnell darauf, daß das Laufen im Wald mit Sandalen oder mit Schuhwerk einfacher und weniger gefährlich ist. Wenn eine Frau merkt, daß in einem Aluminiumtopf Wasser viel schneller warm wird, wäre sie vor den Kopf geschlagen, wenn sie nicht auch so einen Aluminiumtopf wollte. Aber dazu brauchen sie Geld. Und dieses Geld müssen sie sich erarbeiten. So weit sind sie inzwischen. Die Holzhändler kommen und sagen: Wenn ihr uns erlaubt, hier zehn Mahagonibäume rauszuholen, kriegt ihr von uns Töpfe oder das und jenes. Jetzt sind die Indianer an einem Punkt, den sie auch untereinander diskutieren: Wie läßt sich der Ausverkauf der Lebensgrundlagen verhindern? Wie kann man statt dessen die von den Weißen begehrten Naturprodukte verarbeiten und verkaufen, um zu Geld zu kommen? Gibt es für die Indianer eine eigene Perspektive? Eine schwierige Frage, die auch zu ernsten Konflikten unter ihnen führt. Bei den Krikati sprach ich einmal mit einem Häuptling (cacique). Er verkaufte Holz an die Sägereien und sagte mir: Wir haben sowieso keine Zukunft, wir werden erdrückt. Warum sollen wir Indianer den Wald für die Zukunft der Weißen stehen lassen?

Die gleichen Probleme stellen sich im Gesundheitsbereich. Die Indianer verfügen, das habe ich erlebt, über ihre eigenen Hilfsmöglichkeiten in Krankheitsfällen. Sie kennen ihre Pflanzen, Blätter und Säfte. Diese Art der Medizin versagt an dem Punkt, wo die Indianer mit Krankheiten konfrontiert werden, die von den Weißen kommen. Aber auch bei Krankheiten wie Malaria. Wir versuchen, sowohl den Naturheilkundigen, als auch den ausgebildeten Krankenschwestern, zu helfen. Möglichst gleichberechtigt, damit die einheimische Medizin nicht in eine unterwertige Position kommt. Wenn die Krankenschwester von uns eine Solarlampe bekommt, kriegt der heilkundige Paje auch eine. Johann Graf, Personalratsvorsitzender der Universitätsklinik Tübingen, bot mir die Gelegenheit, diese Problematik darzulegen. Seine Frau, Brunhild Schmidt, eine Hebamme, interessierte sich für die Bedingungen, unter denen bei den Indianern Geburten stattfinden. Traditionell wird die Geburtenhilfe von alten Frauen gemacht. Aber weil heute mehr und mehr Indianerinnen bei Schwierigkeiten sich an die Weißen wenden, geht die herkömmliche Hebammentätigkeit zurück. Traditionelles Wissen geht verloren und in vielen Fragen ist es nicht auf der Höhe der Zeit. Wir haben zusammen eine Reise zu den Indianern gemacht und mit der Hebammenschule der Universitätsklinik Tübingen einen Kurs finanziert, in dem die älteren den jüngeren Indianerinnen ihre Kenntnisse vermitteln, während zugleich weiße Hebammen die Möglichkeiten der modernen Medizin, vor allem bei Komplikationen aufzeigen. Daraus soll sich eine Zusammenarbeit ergeben, die darauf achtet, daß die indianische Heilkunde nicht unter den Tisch fällt.

Unsere Projekte bekommen sachlich, aber auch geographisch, einen immer größeren Radius. Das hängt vielleicht mit meiner Reiselust zusammen. Oft bin ich mit dem Schiff mehrere Tage lang unterwegs. Das macht auch Spaß. Ich bin ja Rentner, ich will nicht wie ein Pferd da in den Sielen ziehen, sondern ich will auch etwas sehen, ich will etwas dazu lernen und will Kontakte machen. Auf dem Schiff kann man sehr gut Kontakte knüpfen. Ich hatte in meiner Jugend Gorki gelesen: Meine Universitäten. Die Schiffahrten, die er auf der Wolga mit den Bauern zusammen gemacht hat, die ihre Hühner und Ziegen in der Stadt verkaufen wollen, genau das erlebe ich in Amazonien. Da erlebst du immer was. Auf dem Schiff hast du Verpflegung, kannst dich ausruhen, hast deine Hängematte und legst dich hin, wenn du Lust hast. Du hast immer diesen grünen Rand links und rechts, wenn du das andere Ufer sehen kannst. Es gibt auch Flüsse, die sind 4-5 km breit und es gibt Stellen, wo du das andere Ufer nicht siehst. Aber es ist auch so: Immer nur Fluß und Wald, du siehst keine Vögel, du siehst keine Tiere, irgendwann wird es dann doch langweilig. Und wenn du an Land kommst gibt es manchmal nur ganz primitive Unterkünfte. Du siehst dann da ein Bett und denkst, mein Gott, ein Eisenbett mit Maschendraht, kein Schrank und nichts. Aber immer sind zwei Haken da für die Hängematten. Dann lege ich mich in meine Hängematte und nicht in das Bett. Und ich habe auch keine Schwierigkeiten, zwischen zwei Bäumen meine Hängematte aufzuhängen.

Der Häuptling: Nina erzählt (Nov. 2003)

Sieben Mal war ich mit meinem Vater in Brasilien. Auf der letzten Reise machten ihn die Ka' apor Indianer zum Häuptling. Die Ka' apor leben nicht am Fluß, sondern im Wald. Sie hatten noch um 1930 Gefechte mit den Weißen, wurden dann aber von den benachbarten Tembé, die die Weißen schon seit 200 Jahren kennen, dazu gebracht, friedliche Lösungen zu suchen, um dem Druck der Weißen standzuhalten.

Zuerst kamen wir nach Belém, schauten uns das Poema-Haus an, wie sich das entwickelt hat, und dann begann die Fahrt durch die Dörfer. Ich war länger nicht da gewesen und sah nun die Veränderungen, die das Projekt in den Dörfern bewirkt hatte. Seit sie Wasser haben, ist alles aufgeblüht. Die Frauen mobilisieren Kräfte, die zu besitzen sie keine Ahnung hatten. Plötzlich gibt es so etwas wie Gartenbau. Wir haben etwa drei Dörfer am Tag besucht, was ja immer heißt: Drei Stunden fahren, aussteigen, Begrüßungen austauschen, etwas trinken, und dann kommt das Palaver. Ein großes Erzählen, stundenlang. Und dann werden die Probleme aufgezählt. Bei jeder Reise, das ist menschlich, wollen sie mehr. Sie sehen, was die anderen Dörfer haben und wollen mithalten. Das ist auch bei den Indianern so. Papa hat dann immer klar machen müssen, daß sie selbst eine Verantwortung hätten und daß er kein Weißer sei, der mit viel Geld in der Tasche zum Verteilen komme. Für sauberes Wasser, das über eine Leitung in die Hütten fließt, muß man bezahlen. Man muß einen Fonds bilden, aus dem man Material und Reparaturen bestreitet. Das hatten die Männer nicht organisiert. Interessant war, wie dann die Frauen aufstanden und schrien, seht ihr, das haben wir immer gesagt, das wollen wir. Die Männer wurden ganz still und begannen nachzudenken. Papa hat auch immer Wert darauf gelegt, zu erzählen, woher das Geld oder die Dinge kommen, die er mitbringt. Er hat geschildert, wie er in Deutschland Vorträge an Schulen und in Gemeinden hält, um Spenden zu sammeln, eine zeitaufwendige und anstrengende Arbeit.

Zuerst waren wir bei den Tembés, deren Dörfer am Fluß liegen. Ein bißchen waren wir enttäuscht, daß alle Männer in Adidas Shorts herumliefen. Von hier ging es zu den Dörfern der Ka'apor, die weiter landeinwärts liegen. Wir wurden schon an der Anlegestelle am Fluß abgeholt. Die Indianer standen festlich geschmückt am Ufer, die Frauen legten uns Blumenkränze um und haben uns mit ihren Naturfarben bemalt. Da erst sagte uns Papa, daß am nächsten Morgen eine Zeremonie stattfinden wird. Vom Fluß liefen wir vier Kilometer zum Dorf. Dort angekommen, gab es wieder das übliche Palaver und dann hieß es, wir müßten am nächsten Morgen um 4 Uhr aufstehen. Papa und Mama mußten natürlich im Haus des Häuptlings übernachten. Hier hörte und hörte die Versammlung nicht auf, das Palaver ging ewig weiter und einige Männer saßen unter der Hängematte, in der Mama schlafen sollte, rempelten sie an, schaukelten sie hin und her, kurz, Mama hat kein Auge zugemacht, während Papa schnarchend fest schlief.

Früh morgens, noch in dunkler Nacht, standen wir in Decken gehüllt alle auf. Draußen hingen Nebelschwaden über dem Wald und der Mond brach manchmal durch mit einem geisterhaften Licht. Die Frauen gaben uns Ananasmaische, eine Art Schnaps, der gekaut und ausgespuckt wird. Uns war das ein bißchen unangenehm. Man ging von Hütte zu Hütte, bis das ganze Dorf wach war. Man hörte die Tiere und die Geräusche, der Zug wurde immer größer, alle waren geschmückt, die Männer hatten sich in das Kinn und in die Ohrläppchen eine Feder gesteckt. Die Zeremonie war eine Art Taufe, alte Riten und christliche Formen sind da vermischt. Wir kamen zum Haus des Medizinmanns. Er kam heraus und war wie betrunken, in Trance, und tanzte mit zwei anderen Männern nach einem monotonen Singsang. Ziel war das Festhaus, in dem für alle Männer Hängematten, nebeneinander und übereinander, aufgehängt waren. Hier saßen sie nun in ihrem Federschmuck und rauchten getrocknete, wie Zigarren gerollte Blätter, manchmal mit Tabak gemischt. Alles vollzog sich unendlich langsam. Es passierte eigentlich gar nichts, wir saßen nur da und rauchten. Auch einige Frauen. Endlich kamen die Mütter mit ihren Babys, die getauft werden sollten. Sie setzten sich auf Matten aus Palmwedeln vor das Haus. Der Vater des Kindes bekam eine Flöte und begann mit dem Kind im Arm einen stampfenden Tanz. Er pfiff und stampfte dazu auf den Boden. So flötet er dem Kind den Namen ein und verbindet es mit der Erde. Jeder Vater machte das einer nach dem andern mit seinem Kind und wir waren gespannt, was sie nun mit Papa machen würden. Es kam der Häuptling und setzte ihm den großen Federschmuck auf. Dann wurde er bei der Hand genommen und die beiden begannen zu tanzen. Es war schon Mittag und brütende Hitze, der Pfeiffton lag in der Luft und dieses Stampfen war etwas sehr Ernsthaftes, überhaupt kein Firlefanz. Papa war sehr gerührt und wurde von allen beglückwünscht, umarmt und geküßt und in die Dorfgemeinschaft aufgenommen. Mama war durch die schlaflose Nacht völlig „durch den Wind“ und wußte nicht, daß auch für sie die gleiche Zeremonie vorgesehen war, die dann die Häuptlingsfrau vollzog. Sie bekam eine Kette aus Federn umgelegt. Zum Schluß mußte der Papa noch in einer Männerrunde und die Mama in einer Frauenrunde tanzen. Damit war die Zeremonie beendet und es begann das Kochen auf den kleinen Lehmöfen.

Daß Papa so eine Ehre zuteil wurde, hat sicherlich auch mit seinem Charisma zu tun. Die Indianer sahen ihn als den Mann, der nicht nur versprach, sondern wiederkam und Wort gehalten hat, der sich jedes Mal die Probleme ruhig angehört und sie eingehend besprochen hat, der manchmal auch sehr hart und pädagogisch war, aber immer Vertrauen ausstrahlte. Darum hatte diese Feier etwas sehr Ernsthaftes und es gab überhaupt keine falschen Töne. Diese Menschen wollten etwas zurückgeben. Der Stamm und Willi Hoss haben eine gemeinsame Geschichte.

Gespräch mit Leonardo Boff (1984)

Gespräch mit „Lula“ und De Holanda (1984)

In der Hängematte

Mit Matthias Kleinert (Direktor für die Außenbeziehungen von Daimler-Chrysler) auf dem Amazonas

Mit Gerd Rathgeb und einheimischen Mitarbeitern

Die Lampe

Wasser

Einweihungsfest: Das Wasser fließt

Im Häuptlingsschmuck

Auf dem Gang zur Häuptlingsfeier

Schilder zeigen Partnerschaften an

Teil V
Gespräch mit Heidemarie Rohweder und Nina Hoss

(Oktober 2003)

PETER KAMMERER: Als Willi mir seine Biografie erzählte, klammerte er sein privates Leben weitgehend aus. Das sollte später noch korrigiert werden. Denn Politik und Leben gehören bei Willi zusammen. Wie habt ihr beide das gesehen und erlebt?

HEIDEMARIE ROHWEDER: Als ich Willi kennen lernte am Theater, war er für mich der Alibi-Arbeiter. Ein Dramaturg, Hellmut Postel, der ihn über das Sozialistische Zentrum gut kannte, hatte ihn eingeladen. Man wollte ein Arbeiterstück aufführen und Willi sollte das Stück lesen und die Proben beobachten. Ich bin da zuerst einmal auf Distanz gegangen. Mich störte die Anbiederung der Theaterleute an den Arbeiter, möglicherweise, weil ich selbst aus einem Arbeiterhaushalt komme. Mein Vater war LKW-Fahrer, früher auch mal Kommunist gewesen und hat sich dann ganz anders entwickelt als Willi. Er meinte, man könne als kleiner Mann nichts machen. Natürlich hat mich Willi beeindruckt, aber das Drumherum hat mich gestört. Ich hatte das Gefühl, er wird benutzt. Er ließ sich aber nicht benutzen, nie, das verstand ich aber erst später.

Unsere Liebesgeschichte begann am 13. Februar 1972, Faschingsdienstag. Es war das Jahr der Betriebsratswahlen, als Willi zusammen mit Hermann Mühleisen und Mario D'Andrea zum ersten Mal eine eigene Liste aufstellte. Da wurde ich sehr schnell involviert. Ich begriff, worum es ging. Das fand ich spannender als den Willi im Theater. Mir gefiel, daß es bei Willi konkret und nicht so abgehoben zuging. Von Beginn unserer Liebe an habe ich mitbekommen, welche harte, politische Arbeit er machte, womit er sich auseinandersetzte, wie er sich anstrengte und Lehrgänge besuchte, um sich das Wissen anzueignen, das ihn befähigte, die technologische Entwicklung in der Fabrik kritisch zu verfolgen. Das war 1972/1973, als es losging mit den Robotern, als die lebendige Arbeit abgebaut werden sollte. Er hat sich wahnsinnig engagiert und immer gefragt, wozu sind die Menschen eigentlich da, nur, um durch Maschinen ersetzt zu werden? Natürlich war diese Entwicklung bis zu einem gewissen Grad unaufhaltsam, aber die Plakatgruppe hat ihr Wörtchen mitgesprochen und nicht alles über sich ergehen lassen. Durch Willi wurde ich in diese Fragen mit hineingezogen.

NINA HOSS: Du hast mir erzählt, dass Papa am Anfang immer nur Sachbücher gelesen hat und Romane oder schöngeistige Literatur eher als bürgerlich ablehnte. Ich fand spannend, daß Du ihn mit Leuten konfrontiert hast, die er ohne Dich schwerlich akzeptiert hätte. Viel von dem, was die Intellektuellen redeten, fand er überflüssig. Aber er hatte auch Angst, daß er nicht mithalten könnte, was, wie sich immer herausstellte, gar nicht der Fall war.

HEIDEMARIE: Manchmal war sicher auch Eifersucht im Spiel, wenn er jemand als bürgerlich abkanzelte. Wenn es dann krachte, sagte ich polemisch, na ja, dieser Marx und Engels und wie sie alle heißen, waren natürlich Arbeiter und Bauern, das waren keine Intellektuellen. Es ist doch kleinkariert, sich immer gut proletarisch zurückzuziehen, schau doch an, was Dir entgegenkommt. Das begann ihn zu reizen und zu interessieren und er hat seine anfängliche Abwehrhaltung aufgegeben.

PETER: Solche Begegnungen sind für einen Arbeiter ja auch riskant. Man verliert seine Sicherheit, vielleicht auch seine eigene Sprache und Ausdrucksformen. Wenn der Willi „bürgerlich" geworden wäre, also wirklich ein Vorzeigearbeiter, das wäre ja furchtbar gewesen. Das Großartige war doch, dass er gelernt hatte, sich auf verschiedenen gesellschaftlichen Ebenen zu bewegen und immer er selbst zu sein.

HEIDEMARIE: Ich war sehr stolz auf ihn, wenn er in den Diskussionen mit hochkarätigen Akademikern deren Argumentation praktisch hinterfragte. Da dachte ich manchmal, das ist ja faszinierend, mit wem bin ich denn da zusammen.

In unsere Wohnung in der Olgastrasse kamen vor allem die Leute der Plakatgruppe. Die Sitzungen waren meistens bei uns zu Hause, auch aus praktischen Gründen. Ich war abends oft im Theater, Willi hatte Nina auf dem Schoß und es wurde diskutiert. Wir hatten dafür extra einen Raum. Erst als die Gruppe dann immer größer wurde und auf zwanzig, fünfundzwanzig Leute anwuchs, fanden die Sitzungen anderswo statt.

NINA: Ich hatte da meinen Block und malte. Irgendwann wurde ich ins Bett gebracht. Aber das Schönste war der Morgen. Ich bin jeden Morgen aufgewacht, wenn Papa um 5 Uhr aufstand. Durch den langen Flur habe ich gesehen, da ist Licht, und da bin ich in die Küche getapselt, ich war vielleicht 3 Jahre alt, und Papa machte mir meinen Kakao. Wir haben zusammen gefrühstückt und ich bin dann wieder ins Bett oder zu Heide ins Bett. Das war immer ganz toll.

PETER: Manche Kinder, die in einer so politischen Familie aufwachsen, fühlen sich später politisch geschädigt. Wie ist das bei Dir, Nina, welche Wirkung hatten auf Dich zum Beispiel die Demonstrationen?

NINA: Was ich mitgekriegt habe, waren vor allem die Demos in Mutlangen gegen die Stationierung der Pershing und Cruise Missiles. Da erinnere ich mich genau an drei Demos, eine war diese Mutter-Kind-Aktion, die von meiner Mutter organisiert worden war, so etwas wie eine Kinderdemonstration. Man hat sich angemalt, wir waren alle Clowns, es war wie ein großer Faschingszug. Wir haben Spiele organisiert, es war aufregend. Ich habe daher Demos nie als etwas Lästiges empfunden, huhh, jetzt muß ich da mitrennen, sondern als etwas Interessantes, auch weil mir immer genau erklärt wurde, wieso man demonstriert, was Raketen sind und warum wir sie nicht wollen. Als Kind versteht man ja doch mehr, als manche so denken.

Was mich erschreckt hat, waren die Sitzblockaden. Ich habe noch das Bild vor mir: Der Papa sitzt da und wird von den Polizisten an den Armen gepackt und abgeschleppt. Er hatte mir vorher genau erklärt: Ich setze mich jetzt dahin und werde weggetragen von Polizisten. Das sieht sicher schlimm aus, aber die Mama ist dabei und ich komme wieder. Vielleicht muß ich eine Nacht wegbleiben, aber dann komme ich wieder. Ich wußte das alles, empfand aber das Bild als furchtbar und hätte die, die ihn in so einem Wagen wegschleppten, am liebsten umgebracht. Das war eine Schreckensgeschichte. Weil ich immer dachte, was machen die nur mit meinem Vater. Da konnte ich nicht abstrahieren. Auch später nicht, als er in Südafrika und in der Türkei diese Aktionen machte. Das konnte ich nicht wegstecken und habe sie ihm sogar verübelt. Du kannst doch nicht so gefährliche Sachen machen und nachher habe ich keinen Papa mehr. Obwohl ich immer wußte, es ist wichtig und auch außerordentlich, was mein Vater macht.

HEIDEMARIE: Stress hat nicht er gehabt, sondern wir. Zum Beispiel bei der Demo, als sie in diesen amerikanischen Stützpunkt eindrangen und alles rosarot färbten und Schafe reintrieben und wir wußten, die knallen unter Umständen. Wir waren im Stress und hatten Angst, wie das Nina soeben geschildert hat. Einerseits sagten wir, Klasse, daß er das macht; andrerseits aber hatten wir riesengroße Angst. Nachts schmierte ich ihm Butterbrote und gab ihm eine Thermoskanne mit. Als er loszog, kam ich mir vor wie im Widerstand. Manchmal fragte ich mich schon, ob ich den Willi wieder lebendig sehe oder im Knast oder was auch immer. Da ist er durchmarschiert, das hat er durchgezogen, das gehörte zu seiner Arbeit, die er 100 - prozentig machen wollte. Und immer versicherte er, daß schon nichts passiere. Erst später gab er zu, natürlich hätte da etwas passieren können, bei der Aktion in Südafrika oder in Ankara, selbst hier auf der schwäbischen Alb bei der Besetzung von Militärlagern. Man mußte schon Angst haben. Auch wenn er nachts durch Stuttgart marschierte, wußte er wohl, dass er Feinde hatte, die ihm gerne eins über den Schädel gehauen hätten. Wie er das immer geschafft hat, weiss ich nicht. Er hat es einfach gemacht.

NINA: Ich bekam von beiden Eltern das Gefühl, daß es wichtig war, was sie machten. Man muß zu seinen Überzeugungen stehen, nicht nur darüber reden, sondern auch handeln. Das habe ich von klein auf gelernt. Manchmal waren es Kleinigkeiten, aber sie haben mich geprägt. Zum Beispiel: Eine Lehrerin sagte uns, morgen erzählt jeder Schüler, was sein Vater beruflich macht. In meiner Schule waren viele Kinder von feinen Leuten, die Töchter von Stihl und Holtzbrinck oder Kinder von Daimlermanagern. Ich wußte instinktiv, Arbeiter ist nicht gerade der beste Beruf, mit dem man angeben kann. Ich fragte den Papa, ja, was sage ich denn nun, und da meinte er: Erstens finde ich nicht gut, wie die Lehrerin das macht, weil das immer Ausgrenzungen zur Folge hat, die sehr brutal sein können und zweitens gehst Du nun ins Extrem und stellst Dich morgen hin und sagst, mein Vater ist Kloputzer. Davon konnte mich dann niemand abbringen, auch nicht die Lehrerin, die ja genau wußte, was mein Vater ist. Ich habe diesen Beruf verteidigt bis aufs Messer, das muß es ja auch geben, wer putzt denn die Klos, sollen die denn immer dreckig sein, gerade die öffentlichen Orte, und mein Vater macht das. Das habe ich durchgehalten und der Papa war ganz stolz, daß ich das hingekriegt habe. Auch in der Schule fanden das alle ganz fabelhaft, da war ich der Held des Tages. Und nebenbei, es war auch schon Mal eine gute Schauspielschule. Ich habe da mehrere solcher Sachen gemacht, schon als Kind fing ich an, aufzumukken. Die anderen Kinder kamen jedes Jahr mit einem neuen Schulranzen und ich hatte die ganzen neun Jahre immer den selben, irgendwann ranzigen Scout, einen blauen Scout, der längst nicht mehr im Trend war. Jedes Jahr habe ich dieses alte Stück verteidigen müssen und habe dann die anderen in Grund und Boden geredet, auf die Umweltverschmutzung durch weggeschmissene Plastikranzen hingewiesen und die anderen spüren lassen, ihr denkt ja nicht weiter als eure Nasen! Ich weiß nicht, ob ich das alles wirklich begriffen hatte. Aber zu Hause diskutierten wir das und so habe ich das Argumentieren gelernt und war vielen voraus, die das zu Hause nicht lernten. Bei uns wurde immer und alles diskutiert. Was aktuell in dieser Welt passierte oder was uns persönlich anging, es wurde immer diskutiert. Ohne Besserwisserei. Jeder von uns dreien hatte seine Meinung und dann wurde ordentlich gestritten. Papa konnte sehr gut erklären, weil er nie hochgestochen war. Er war der Überzeugung: Alles ist erklärbar. Er hat nie Druck ausgeübt, sondern sagte nur, überleg dir das nochmals. Das wars dann. Ich wurde in der Schule manchmal mit sehr konservativen Ideen konfrontiert. Zu Hause vertrat ich sie, auch um Argumente zu sammeln, um das Thema auszureizen. Es kam auch vor, daß ich einfach sagte, ich habe keine Lust zu diskutieren, ich will einfach nur recht haben. Wichtig war, dass ich mich ab 13, 14 Jahren fürs Theater interessierte, fürs Tanzen. Da mußte ich mich von meinem Vater nicht partout politisch absetzen oder ihm etwas beweisen. So hatte ich das Glück, daß ich ihn immer lieben konnte so wie er ist. Und das ist wunderbar.

HEIDE: Auf der einen Seite die politischen Diskussionen, auf der anderen das Theater. Plötzlich liest Nina mit 14 Jahren Macbeth oder sie sagt, ich will Hölderlin lesen. Dann kam sie mit auf Proben und hat sich dadurch für viel mehr interessiert als nur für Demos und Politik. Willi war natürlich ungeheuer stolz auf sie. Du hättest ihn sehen müssen bei ihrem ersten Theaterauftritt mit 13 oder 14 Jahren. So eine stolz geschwellte Brust!

PETER: Hattet ihr nie Existenzängste? Was Willi politisch machte, war doch sehr riskant, beruflich, meine ich.

HEIDEMARIE: Wirkliche Existenzängste hatten wir nie. Ich hatte meinen Job, aber selbst in der Phase, in der ich frei arbeitete, hatten wir nie ein Bedrohlichkeitsgefühl. Notfalls gehe ich eben putzen. Da hatten wir keine Probleme. Viel Geld hatten wir nicht gehabt, aber, Nina, kannst Du Dich an ein einziges Jahr erinnern, in dem wir keinen schönen Urlaub gemacht hätten?

NINA: Wir haben die schönsten Urlaube gemacht. Mit einem wahnsinnigen Zelt. Papa war ja ein großer Bastler und hat immer aus Flickzeug alles mögliche zusammengeschustert. Auch ein Zelt aus irgendwelchen Planen. Und das haben wir auf dem Campingplatz zwischen riesigen Wohnmobilen ausgepackt, ein kleines, verrottetes Zelt mit tausend Flicken, aber mit einem Daimler Jahreswagen. Die Leute haben nichts mehr verstanden, wie passen das Zelt und der Mercedes zusammen, wie kommen diese Schrottleute zu einem solchen Wagen? Natürlich fand ich die Wohnmobile sehr viel besser als unser Zelt mit dem kleinen Gasköcherchen, klar, aber im Nachhinein bin ich glücklich, daß ich anders aufgewachsen bin. Dadurch konnten wir uns auch so freuen, wenn man dann einmal in ein schönes Hotelzimmer kam oder gut essen gehen konnte. Das hatte einen Wert. Die Zeit, als Papa mit den Naturfreunden und den Falken auf Zeltlager ging, habe ich weniger mitgekriegt. Da war Irina mehr dabei gewesen. Mitte der 70er Jahre, als ich geboren wurde, war das schon vorbei.

HEIDEMARIE: Ich war ein paar Mal auf dem Stöcklewald dabei, als Willi die Schulung für die sozialistische Jugend, die Falken, machte. Aber die Betriebsarbeit wurde immer wichtiger und war sehr zeitintensiv. Wir gingen manchmal noch zum Skilaufen und man traf sich immer, es waren ja seine Freunde, aber die Zeit war vorbei. Dann kamen die Grünen und die Interessen waren anders gewichtet.

NINA: Wir als Familie fühlten uns durch seine politische Tätigkeit nie überfordert. Weil so viel anderes auch wichtig war. Wenn er nach Hause kam, war eben die Familie wichtig. Auch als er in Bonn war. Ich erinnere mich, Papa war in Bonn und Du warst wegen der Arbeit in Basel. Ich war sieben oder acht Jahre alt und bekam jeden Morgen von Papa einen Brief mit einem kleinen Kinderheftchen mit Geschichten, so daß ich immer wußte, er denkt an mich und Mama denkt an mich. Ich hatte nie das Gefühl, ich werde allein gelassen.

HEIDEMARIE: Wenn er von Bonn zurückkam, gingen wir zu Paolo gemütlich essen, damit wir nicht zu Hause kochen mußten, das war ganz wichtig. Wir haben Freunde getroffen und gequasselt. Und wir hatten das Häuschen in Höfingen, ein kleines Holzhaus, in dem wir unser Wochenende verbrachten. Da bin ich auch schwanger gewesen, da gibt es Fotos mit mir mit dem dicken Bauch in der Hängematte, als alle dachten, ich bekäme Vierlinge. Häufig kamen Kollegen aus dem Theater und wir haben gefeiert und gegessen und getrunken. Es gab viele politische Diskussionen, Branco Samarowski, Martin Lüttke, Ignaz Kirchner, Kirsten Dene, Hannelore Hoger, es ging immer gemischt zu, die Plakatleute waren dabei, wieder ganz andere Menschen, und die waren vergnügt, weil sie sonst nie an Theaterleute herangekommen wären. Es war spannend.

PETER: Das klingt alles nach reiner Idylle. Gab es keine Wunde?

HEIDEMARIE: Doch. Nina war vier Jahre alt. Peymann ging damals nach Bochum und ich hätte mitgehen können. Aber es war ein Full-time-job und ich wäre weit weg von Stuttgart gewesen. Ich habe darum angefangen, frei zu arbeiten, Funk zu machen, auch mal Fernsehen. Ich habe gut verdient, aber ich war nicht glücklich, ich wollte Theater spielen. Da hat Willi versucht, um mehr Zeit für seine Sachen zu haben, mich immer zu drängen: Es geht doch fabelhaft so, Du verdienst gut, hast viel Zeit für die Familie, was willst Du mehr? Er konnte nicht begreifen, daß ich nicht ausgefüllt war. Das war ein großer Einbruch in unser Leben. Es gab ein Hölderlinprojekt in Stuttgart, bei dem ich mitmachen sollte. Das nahm viel Zeit in Anspruch, ausgerechnet jetzt, als Willi auch mit der Gründung der Grünen und in dieser ganzen Aufbruchsstimmung stark involviert war. Er wollte mich zu Hause halten und gab nicht nach. Während dieser

Auseinandersetzung habe ich mich verliebt und das hat alles durcheinander gewirbelt. Es war eine wichtige Erfahrung für mich. Es hat viel gebraucht, bis Willi das dann irgendwann begriffen hat. Da war die Existenz Ninas entscheidend, an ihr haben wir uns wieder hochgehangelt. Ich nehme an, dass so etwas in jeder Beziehung vorkommt. Das ist nichts Außergewöhnliches und ist auch ihm später passiert. Außergewöhnlich ist vielleicht, daß wir drei das gut überstanden haben. Willi hat später in unser Schlafzimmer ein Plakat gehängt, einen Protest gegen Truppenübungsplätze und Bombenabwurfsstellen. Da stand in großen Buchstaben: Für die freie Heide.

PETER: Es ist schön wie du Willi als Mann, auch als schwierigen Mann beschreibst. Man sucht ja bei dieser rasch idealisierten Gestalt geradezu verzweifelt nach Schwächen. Er hatte z.B. ein starkes Bedürfnis nach Anerkennung. Daran habe ich gemerkt, wie brutal diese Gesellschaft nicht nur einzelnen Menschen, sondern einer ganzen Klasse, grundsätzlich die soziale Anerkennung versagt. Als Willi Professor h.c. wurde, war das für ihn ungeheuer wichtig. Er konnte es sich, im Gegensatz zu mir, nicht leisten, auf den Professortitel zu pfeifen. Diese Asymmetrie, die unsere Gesellschaft ständig geltend macht, reproduziert und honoriert, wirkt ungeheuer effizient als stille Demütigung und Disziplinierung. Das hinterläßt im Kollektiv und im Einzelnen tiefe Spuren. Das hat ihn gebeutelt

HEIDEMARIE: und auch geärgert. Er hat sich über sich selbst geärgert, daß ihn das so berührt und ihm so wichtig ist. Titel sind natürlich Türöffner, die ihm seine Arbeit erleichterten. Aber vor allem muß man wissen, woher er gekommen ist und wie er seinen Weg gegangen ist. Von dieser bürgerlichen Gesellschaft angenommen zu werden und das Bundesverdienstkreuz zu bekommen, hat ihn gefreut. Deshalb hat er es kurz vor seinem Tod auch angenommen. Warum sollte er nicht stolz darauf sein, daß man seine Arbeit endlich anerkennt?

PETER: Für mich bedurfte es keiner offiziellen Anerkennung. Professoren gibt es dutzendweise, Willi Hoss aber nur ein Mal. Das wußte er sehr wohl und ich verstand nicht, warum ihm das nicht genügte.

NINA: Das sind Zwänge. Daß sie funktionieren, hat viel mit Kindheit zu tun. Wenn man als Kind darunter leidet, sich nicht so ausdrücken zu können wie die anderen, wenn man den Mangel an Schulbildung fühlt, wird man das anscheinend nicht mehr los.

HEIDEMARIE: Mein Vater und meine Mutter haben das ganze Leben darunter gelitten, dass sie nicht die höhere Schule besuchen konnten. Das hat sie bis zum Lebensende verfolgt. Die anderen Bauernkinder haben ihr Abitur mit Schinken bezahlt. Mein Vater konnte das nicht. Für ihn war ich dann die Hoffnung. Ich mußte das gut machen. Heute, da die Lust am Lernen so vielen Jugendlichen vergangen ist, ist das kaum mehr vorstellbar.

PETER: Willi wäre gerne Lehrer geworden. Sein großes Trauma war, daß ihm das aus materiellen, sozialen Gründen unmöglich war. Er hatte eine ungeheuere Liebe zum Wissen und die Liebe, Wissen weiterzugeben, einen wunderbaren pädagogischen Eros. Diese Begabung ist bei ihm frustriert worden, da liegt eine Wunde.

NINA: Es hat bei ihm immer lange gedauert, bis er Emotionen durchblikken ließ. Er gab seine Gefühle nicht gerne preis. Man kam da schwierig an ihn heran, vielleicht war er zu verletzlich. Bestimmte Haltungen und Handlungen hat er nicht verwinden können, zuletzt die Intrigen bei der Kandidatenaufstellung zur Bundestagswahl 1990. Seine Freunde sind ihm in den Rücken gefallen, hatten alles schon in den Hinterstübchen ausgemacht und nur er wußte nichts davon. Da war er verletzt. Aber er war zu stolz, um das zu zeigen. Er war emotional so naiv.

HEIDEMARIE: Es hat ihm weh getan, als er merkte, daß manchen Leuten die Karriere wichtiger wurde als die Sache. Das war bei „Plakat" nie so gewesen und das gab es anfänglich bei den Grünen ja auch nicht. Am Anfang waren es wirklich noch Gleichgesinnte. Kaum war der Erfolg da, haben sie ihr eigenes Süppchen gekocht. Jetzt sind sie so wie alle Parteien geworden. Es wäre eine große Aufgabe und Chance gewesen, im Verhalten anders zu bleiben, auf Strukturen zu achten, auf die Verbiegungen, die sich in der Politik, bei dieser Arbeit einstellen. Gottseidank ist Willi nicht mehr in den Bundestag gekommen und hat etwas ganz neues anfangen können, was ihm entsprach.

PETER: Es gibt eine gewisse Professionalität in der Politik. Wie bei den Metzgern, die Blut sehen und wissen müssen, wo die Schlagader sitzt. Bei Politikern ist es auch nicht viel anders. Da werden Menschen geopfert. Diese Regeln haben die Grünen am Anfang radikal in Frage gestellt und gesagt, Macht und Machtspiele interessieren uns nicht oder nur unter bestimmten Bedingungen. Petra Kelly soll bei einem Treffen mit Honecker den wunderbaren Satz gesagt haben: Für die Mächtigen müssen wir unberechenbar bleiben. Was Honecker völlig verstörte. Wer Willi für den Bundestag, wo mit immer härteren Bandagen gekämpft wurde, nicht mehr für geeignet ansah, hätte dies offen mit ihm diskutieren müssen: Deine Tugenden sind nicht mehr gefragt, wir Grünen brauchen heute andere Fähigkeiten. Allerdings wären sie da in Beweisnöte gekommen.

HEIDEMARIE: Nach dem Tod von Willi fiel das Wort, dieser Daimlermalocher und Regenwaldhüter ...

PETER: Basisarbeit in Brasilien war Willis großartige, positive, produktive Reaktion auf die Involution der Grünen.

NINA: Zuerst war Papa an Brasilien wegen der Gewerkschaften und der Daimlerniederlassung, wegen „Lula" und wegen des Regenwalds interessiert. Er hatte Kontakte zur Arbeiterpartei (PT) und zur Theologie der Befreiung. Und dadurch ist ihm das Land so lieb geworden. Zum richtigen Zeitpunkt traf er dann die richtigen Leute, z.B. Thomas Mitschein, dem seinerseits der deutsche Bezugspunkt fehlte. Willi konnte Daimler mobilisieren und technische und finanzielle Hilfe in Deutschland aktivieren. Es ist enorm, was er da aufgebaut hat. In allen möglichen Schulen hielt er Vorträge, um die Leute zu begeistern, um Geld zu sammeln, um Verbindungen anzuknüpfen, ein Netz von Helfern aufzubauen, technisch, moralisch, finanziell. Mich hat fasziniert, wie er die Jugendlichen bewegt hat, wie überzeugend er war, daß sie sagten, ja, unsere Schule stellt einem Dorf so einen Wasserbehälter hin. Er konnte mobilisieren, weil er eine große Liebe zu den Menschen und der Welt in sich hatte. Er hatte eine reine Naivität, die er sich nicht kaputt machen ließ. Dem konnte sich keiner entziehen.

Nina und Heidemarie bei der Mutter-Kind-Aktion in Mutlangen (Sept. 1983)

Nina und Willi (1977)

Wochenende in Höfingen (1979)

Heidemarie Rohweder und Willi (1985)

Installation der Hängematte (1997)

Ausflug in die Wachau (1996)

Willi, Nina, Heide in Schönbrunn (1998)

Willi Hoss (1929-2003): Lebens- und Zeitgeschichte

TEIL I : In der KPD

1928 wird der gelernte Bäcker Wilhelm Lambert Hoss (1898-1960) in Oberhausen infolge der Weltwirtschaftskrise arbeitslos; Umzug mit der Familie nach Holland; Katharina Hoss, geb. Ennen (1899-1978), ist Holländerin

1929 April (27.), *Willi Hoss in Vaals (Holland) geboren*

1933 antifaschistische Tätigkeit des Vaters

1937 Die Familie kehrt nach Oberhausen zurück

1939 Krieg

Vater wird eingezogen und wegen Krankheit aus dem Kriegsdienst entlassen

1940 erneut eingezogen und wieder entlassen

1941 wegen Krankheit und beschränkter Arbeitsfähigkeit des Vaters Umzug aufs Land, an den Niederrhein

1943 Februar, Kapitulation in Stalingrad

Willi beendet die achtjährige Volksschule; kommt auf ein Internat in Neunkirchen (Sieg) zwecks Ausbildung als Volksschullehrer

1944 Winter, *die Schüler der Lehrerbildungsanstalt werden nach Aachen „zum Schanzen" geschickt; nach 6 Wochen verläßt Willi die Truppe*

Vater wird zum Volkssturm eingezogen

1945 8. Mai, Kapitulation der Deutschen Wehrmacht

Willi wird Landarbeiter, auch Gelegenheitsarbeiter in einer Tabakfabrik

Juni, „Aufruf des ZK der KPD" zum Aufbau „eines antifaschistisch-demokratischen Deutschland"

September, Bodenreform in der sowjetisch besetzten Zone (Grundbesitz von über 100 Hektar und Güter von Naziverbrechern und führender Repräsentanten des nationalsozialistischen Deutschland werden entschädigungslos enteignet)

September, Wilhelm Lambert Hoss gründet die örtliche KPD

November, *Willi wird Mitglied der neugegründeten KPD*

1946 April (21./22.), Vereinigungsparteitag von SPD und KPD in der sowjetisch besetzten Zone, Gründung der SED

Vater wird Unterbezirkssekretär der Landarbeitergewerkschaft

Oktober (1.), Urteile im Nürnberger Hauptkriegsverbrecherprozeß

1947 Januar, der Landtag von Nordrhein-Westfalen beschließt Gesetz zur Enteignung des Kohlebergbaus; Besatzungsmächte verhindern die Durchführung

Februar (3.), Ahlener Programm der CDU, Kritik am kapitalistischen Wirtschaftssystem; Forderung, die Konzentration wirtschaftlicher Macht zu verhindern, die die wirtschaftliche und politische Freiheit gefährden könnte

Willi muß den Besuch des Gymnasiums in Emmerich abbrechen

April (20.), bei den ersten Landtagswahlen in Nordrhein-Westfalen bekommt die KPD 14 % der Stimmen

Besuch eines Lehrgangs der KPD in Minden; Volontär bei der kommunistischen Zeitung „Die Freiheit"

1948 Der Vater wird als Kommunist auf Grund des „Leber-Erlasses" von seinem Posten als Gewerkschaftsfunktionär entbunden; findet Arbeit in einer Betonfabrik

Juni (20./21.), Währungsreform in den drei Westzonen

Juni (24.) bis 12. Mai 1949, sowjetische Blockade Berlins und westalliierte Luftbrücke

1949-1951 *Willi auf der Karl Marx Hochschule in Kleinmachnow (Berlin Ost)*

1949 Mai (23.), Verkündung des Grundgesetzes

August (14.), erste Wahlen zum Deutschen Bundestag (KPD 5,7%); Beginn der „Ära Adenauer"; der „CDU-Staat"

Oktober (1.), Mao Tse Tung und die rote Bauernarmee proklamieren in Peking die Volksrepublik China

Oktober (7.), Gründung der DDR. Gründungsmanifest der Nationalen Front des demokratischen Deutschland, Aufforderung an alle „patriotischen Kräfte des deutschen Volkes" für die „Errichtung eines einheitlichen, unabhängigen demokratischen Deutschland" einzutreten, Aufbau eines Westapparats, Verteilung von in Westdeutschland meist verbotenem Propagandamaterial mit Titeln wie „Hände weg von Korea", „Oder-Neiße-Friedensgrenze", „Aufmarschgebiet Westdeutschland" usw.

1950 Mai (24.-29.), *Willi auf dem Pfingst- und Friedenstreffen der deutschen Jugend in Berlin(Ost), organisiert von der FDJ. Trotz Teilnahmeverbot durch Bundesregierung nahmen 25-30.000 Jugendliche aus dem Westen teil (insgesamt 500.000 Teilnehmer); etwa 10.000 Rückkehrer wurden bei Herrenburg anderthalb Tage von der westdeutschen Polizei zwecks Registrierung und „gesundheitsamtlicher Untersuchung" festgehalten*

Juni (25.), Beginn des Koreakriegs (Waffenstillstand 27. Juli 1953)

August, Innenminister Gustav Heinemann tritt aus Protest gegen die Wiederaufrüstung zurück
Oktober, das „Amt Blank" übernimmt die Organisation der Wiederaufrüstung
November (30.), der DDR-Ministerpräsident Otto Grotewohl schlägt die Bildung eines „gesamtdeutschen Rates" zur Wiederherstellung der deutschen Einheit vor; Kampagne „Deutsche an einen Tisch"

1951 *Arbeit in der Schulungsabteilung beim Parteivorstand der KPD in Düsseldorf*
April (24.), Vorbereitungen einer Volksbefragung zur Wiederaufrüstung werden vom Innenminister des Landes Nordrhein-Westfalen verboten
Juli, die Bundesregierung verbietet die „Vereinigung der Verfolgten des Naziregimes" als gegen die „verfassungsmäßige Ordnung" gerichtet
August (21.), das Verfahren vor dem Landgericht Duisburg gegen Wilhelm Lambert Hoss wegen „Verbreitung von Flugblättern auf der Straße zur Förderung der verbotenen Volksbefragung gegen die Remilitarisierung Deutschlands und für einen Friedensvertrag mit Deutschland" wird ausgesetzt bis zur Klärung der Verfassungsmäßigkeit des Verbots
November (21.), Gustav Heinemann gründet die „Notgemeinschaft für den Frieden Europas" als Gegenposition zur Deutschlandpolitik Adenauers

1952 März (10.), Note der Sowjetunion mit einem Angebot der Wiedervereinigung
Mai (11.), *Willi nimmt an der Jugendkarawane in Essen teil; die aus „verkehrstechnischen Gründen" verbotene Kundgebung wird gewaltsam aufgelöst und der 21-jährige Kommunist Philipp Müller wird von der Polizei erschossen*
Juni (29.), Ex- Reichskanzler Joseph Wirth und Wilhelm Elfes gründen „Die deutsche Sammlung", die im Mai 1953 zur Partei „Bund der Deutschen für Einheit, Frieden und Freiheit" (BdD) wurde. Wahlbündnis 1953 mit Heinemanns Gesamtdeutscher Volkspartei (GVP)

1953 März (5.), Tod Stalins
März (19.), letzte Lesung und Ratifizierung des Vertrags für die Europäische Verteidigungsgemeinschaft (EVG) im Bundestag
März (20.), eine gemeinsame Sitzung der Volkskammer und der Länderkammer der DDR fordert: „Gesamtdeutsche Verständigung über die schnellste Herbeiführung eines Friedensvertrages und Bildung einer gesamtdeutschen Regierung durch freie, demokratische, geheime und direkte Wahlen in ganz Deutschland". *Willi begleitet Reichskanzler a.D. Josef Wirth und Wilhelm Elfes über Brüssel, Warschau nach Berlin (Ost)*
Juni (17.), Aufstand in der DDR

September (6.), Wahlen zum Bundestag (KPD 2,2 %; GVP 1,2 %); Niederlage der Remilitarisierungsgegner

Dezember (30.), *Heirat mit Waldtraut Wacker; Geburt der Tochter Irina (1954)*

1954 Februar, Verfassungsänderung gestattet Einführung der Wehrpflicht

1954-1956 *Funktionär (Geschäftsführer) der kommunistischen Friedensbewegung (Nationale Front des demokratischen Deutschland, Arbeitsausschuß Westdeutschland)*

1954 Oktober (23.), Pariser Verträge, Aufnahme der BRD in die Westeuropäische Union und in die NATO

November (13.), Moskau bietet freie gesamtdeutsche Wahlen an gegen Verzicht auf Wiederbewaffnung

1955 August (6.-15.), Weltkongreß zur Ächtung der A- und H- Bombe in Hiroshima. Beginn einer weltweiten Protestbewegung gegen Atomwaffen

September (9.-13.), Besuch Adenauers in der Sowjetunion, Aufnahme diplomatischer Beziehungen zwischen der SU und der BRD

1956 Februar (14.-25.), XX. Parteitag der KPDSU, Geheimrede Chruschtschows über die Verbrechen Stalins

August (17.), *KPD-Verbot (auf Antrag der Bundesregierung vom Nov. 1951), Willi verliert seine hauptamtliche Funktion und wird Industriearbeiter*

Oktober (23.), Aufstand in Ungarn

Oktober (29./30.), israelische Truppen fallen in das Sinaigebiet ein, Bombardierung des Suez-Kanals durch Frankreich und England als Reaktion auf dessen Verstaatlichung durch Nasser

1957 *Arbeit in Neuss als Schweißer*

April (12.), bedeutende westdeutsche Wissenschaftler wenden sich in der „Göttinger Erklärung" gegen die atomare Bewaffnung der Bundeswehr

Juli-August (28.7.-11.8.), *Willi und und seine Frau Waldtraut fahren zu den „Weltfestspiele der Jugend und Studenten" in Moskau; trotz Schikanen kommen 1.300 Teilnehmer aus Westdeutschland*

September (15.), bei den Wahlen zum Bundestag erreicht die CDU 50,2 % der Stimmen

Oktober, Polens Außenminister Rapacki legt einen Plan für ein neutralisiertes, waffenfreies Mitteleuropa vor

1958 März (10.), Konstituierung eines Arbeitsausschusses „Kampf dem Atomtod" (u.A. Heinrich Böll, Thomas Dehler, Robert Jungk, Erich Kästner, Eugen Kogon, Martin Niemöller, Erich Ollenhauer)

März (21.), *Verhaftung (weil „Verdacht auf Flucht in die Ostzone") unter der Anklage „Fortführung der KPD" und Verbreitung „von Schriften, deren Inhalt darauf gerichtet ist, den Bestand der Bundesrepublik Deutschland zu beeinträchtigen"; 14 Tage in Untersuchungshaft; das Verfahren wird am 23. Juni 1958 eingestellt*

Die Kandidatur als Unabhängiger bei den Landtagswahlen in Nordrhein-Westfalen wird vom Landeswahlausschuß für ungültig erklärt und führt zur Anklage wg. „Fortführung der illegalen KPD durch Kandidatur bei den Landtagswahlen in Nordrhein-Westfalen" (Verhandlung: 1961)

Juli (6.), Landtagswahlen in NRW

Juli, das Bundesverfassungsgericht erklärt eine Volksabstimmung über die Atomwaffenausrüstung der Bundeswehr für verfassungswidrig

August (16.), *Hausdurchsuchung wegen des Verdachts der „Staatsgefährdung"; beschlagnahmt werden 1 Exemplar „Die freie Meinung", 1 Broschüre „Was die Jugend sich wünscht" (das Jugendprogramm der KPD), 1 Briefumschlag mit 12 Exemplaren „Willi Hoss: Offener Brief an die Wähler, Juni 1958"*

1959 März, *Umzug nach Stuttgart, ab Oktober Arbeit als Schweißer bei Daimler Benz*

November (13.-15.), Godesberger Programm der SPD: Absage an Marxismus und Klassenkampf, die SPD wird „Volkspartei"

TEIL II: Beim Daimler

1960 Ostern, erster bundesdeutscher Ostermarsch der Atomwaffengegner

Juni (30.), Herbert Wehner bekennt sich im Bundestag zur Aufrüstung, Nato und zur atomaren Bewaffnung

1961 Ausschluß des Sozialistischen Deutschen Studentenbunds (SDS) aus der SPD

Januar (17.), Lumumba (1925-1961), Vorkämpfer der Entkolonialisierung, erster Premierminister eines unabhängigen Kongo, wird im Auftrag der alten Kolonialmacht Belgien von katangesischen Söldnern ermordet

Juni, *Urteil der großen Strafkammer des Landgerichts Düsseldorf gegen Willi Hoss: 9 Monate Gefängnis auf Bewährung; für fünf Jahre Aberkennung der Fähigkeit, öffentliche Ämter zu bekleiden sowie des aktiven und passiven Wahlrechts*

August (13.), Bau der Mauer

1962 *Willi ist Vertreter des Regionalausschusses Württemberg im Zentralen Ausschuß der „Kampagne für Demokratie und Abrüstung"*

September (11.), *in Stuttgart heulen die Luftschutzsirenen, um an den Luftangriff von 1944 zu erinnern, Friedensdemonstration. Willi verteilt Flugblätter*

Oktober (14.-28.), Kubakrise

1963 April (29.-10.5.), Streiks der Metallarbeiter in Baden-Württemberg

1964 *Willi nimmt Teil an der Gründung des Stuttgarter Club Voltaire; in vielen Großstädten entstehen ähnliche Clubs*

1966 Februar (14.), *Hausdurchsuchung „wegen des Verdachts der Staatsgefährdung"; beschlagnahmt werden: „1 Zeitung 'Freies Volk' aufgegeben beim Postamt Nürnberg am 9.10.1965; 1 Notizzettel mit Handschriften; 1 Telefongesprächszettel"; im Juni 1966 wird das Verfahren eingestellt*

Oktober (30.), Kongreß „Notstand der Demokratie" in Frankfurt, breites Bündnis von Gewerkschaften, Studenten, Intellektuellen gegen die Änderung des Grundgesetzes

Dezember (1.), Bildung einer Großen Koalition von SPD und CDU unter Bundeskanzler Kiesinger (CDU)

1967 Juni (2.), bei Protesten gegen den Schah-Besuch in Berlin wird der Student Benno Ohnesorg von Polizeiwachtmeister Kurras erschossen; am gleichen Tag beginnt im Vorderen Orient der 6-Tage-Krieg

1968 April (11.), Attentat auf Rudi Dutschke

April (11.-17.), Angriffe auf die Springerpresse, in vielen Städten der BRD und in West-Berlin Verhinderung von Auslieferungen; Springer - Blockade in Esslingen

Mai (30.), Bundestag beschließt die Notstandsgesetze

August (6.), *die Betriebsgruppe der KPD um Hoss-Mühleisen schreibt einen Brief an die KPC-Betriebsgruppe der Skodawerke in Pilsen, Solidarität mit dem Prager Frühling, Vorschlag einer gemeinsamen Diskussion; der Brief wird wenig später Anlaß zum DKP-Ausschlußverfahren*

August (21.), Einmarsch von Truppen der Warschauer-Pakt-Staaten in Prag

September (2.-7.), *Delegierter auf dem Gewerkschaftstag der IG Metall in München*

Oktober, Konstituierung der DKP

1969 März (5.), Wahl von Gustav Heinemann zum Bundespräsidenten

September, erste Welle spontaner Streiks in der BRD (140.000 Arbeiter in 69 Betrieben)

September (28.), Wahlen zum Bundestag, Stimmengewinne der SPD, Willi Brandt wird Bundeskanzler einer SPD-FDP-Regierung

Bildung des Sozialistischen Büros (SB) als „Arbeitsgemeinschaft einzelner Genossen und Gruppen der zerfallenen 'Alten Linken', der Ostermarsch-

und Antinotstandsbewegung und der linken Studentenbewegung"; örtlicher Vorläufer in Stuttgart war das Sozialistische Zentrum (SZ) um Fritz Lamm, Onno Poppinga, Peter Grohmann und Uta Bitterli

1970 Juni, *Willis Ausschluß aus der DKP*

1971 November, Streiks und Aussperrungen in der Metallindustrie in Baden-Württemberg

1972 Der Club of Rome veröffentlicht seine Thesen zu den Grenzen des Wachstums
März, *Betriebsratswahlen; wegen der undemokratischen Kandidatenaufstellung beschließen die Arbeiter Hoss-Mühleisen-D'Andrea bei Daimler-Benz (Stuttgart) auf einer eigenen Liste zu kandidieren und erhalten auf Anhieb 28 % der Gesamtstimmen (die drei werden gewählt, aber es hätte für 8 Sitze gereicht)*
November (14.), *der Vorstand der IG-Metall schließt die auf einer eigenen Liste bei Daimler-Benz (Stuttgart) gewählten Betriebsräte Hoss-Mühleisen aus der Gewerkschaft aus; Mario D'Andrea erhält ein zweijähriges Funktionsverbot*

1973 Streikwelle in der Metallindustrie (275.000 Arbeiter in 335 Betrieben); Höhepunkt im August, u.a. auch der „Türkenstreik" bei Ford
Oktober, Ausbruch einer weltweiten „Ölkrise"

1974 Mai, DGB-Konferenz „Humanisierung der Arbeit" in München
September, Warnstreiks in der Metallindustrie in Baden-Württemberg

1974-1975 Automobilkrise; Mercedes davon nicht betroffen

1975 Februar, Warnstreiks in der Metallindustrie in Baden-Württemberg und Nordrhein-Westfalen
März, *bei den Betriebsratswahlen erzielt die Liste Hoss-Mühleisen 18,7 % der Stimmen (5 Betriebsräte).*
Willi Hoss und Heidemarie Rohweder heiraten. Geburt von Nina

1976 November (16.), Ausbürgerung von Wolf Biermann; *Kontakt zu Willi Hoss; im Herbst 1978 gibt Biermann in der Stuttgarter Liederhalle ein Solidaritätskonzert für die von der IG Metall ausgeschlossene Plakat-Gruppe*

1977 Terrorismus: die RAF ermordet den Generalbundesanwalt Buback (7. März), den Bankier Ponto (30. Juli) und den Arbeitgeberpräsidenten Schleyer (19. Oktober); Tod der „politischen Gefangenen" in Stammheim
Juli, *das Landesarbeitsgericht Baden-Württemberg verurteilt die Firma Daimler-Benz, eine gegen Willi Hoss im Januar 1976 ausgesprochene schriftliche Verwarnung aus den Personalakten zu entfernen. Willi hatte ohne Zustimmung der Werksleitung eine Unterschriftensammlung gegen*

die Entlassung eines Kollegen durchgeführt und war deswegen verwarnt worden

Oktober, laut DGB kam es in den Jahren 1976/1977 zu 648 Gewerkschaftsausschlüssen; im Bereich der IG Metall und der IG Chemie haben oppositionelle, linke Listen bei den Betriebsratswahlen vom Frühjahr bemerkenswerte Erfolge erzielt (Opel in Bochum; Daimler Benz in Stuttgart-Untertürkheim; Siemens in Gladbeck; Vulkan in Bremen; Opel in Rüsselsheim; Hartmann und Braun in Frankfurt; Schott in Mainz; Merck in Darmstadt usw.)

1978 April, (20./21.), *Betriebsratswahlen bei Daimler-Benz, Stuttgart. Die Wahlen werden am 26.5. wegen „Unregelmäßigkeiten" (Wahlfälschung) gerichtlich für ungültig erklärt*

August (29.), *bei der Wiederholung der Betriebsratswahlen bei Daimler-Benz in Stuttgart erzielt die Liste Hoss-Mühleisen 39,2 % der Stimmen (12 Betriebsräte)*

1979 Februar (20.), Streik im Motorenprüffeld von Daimler-Benz in Stuttgart gegen die Versetzung von 77 Kollegen in andere Abteilungen

November (15.), *Der IG-Metallvorstand bestätigt den Ausschluß der Hoss-Mühleisen Gruppe (Plakat)*

1982 Februar (8., 15.), „Der Spiegel" enthüllt, daß sich Vorstands- und Aufsichtsratsmitglieder (unter ihnen höchste Gewerkschaftsfunktionäre) der gemeinnützigen Gesellschaft „Neue Heimat" persönlich bereichert haben

Mai (4.), *das Landgericht Frankfurt verurteilt die IG-Metall zur Wiederaufnahme der ausgeschlossenen Betriebsräte um Hoss-Mühleisen bei Daimler-Benz, Stuttgart (Klage vom September 1981). Die IG-Metall legt Berufung ein, der im November 1983 stattgegeben wird*

1983 März, *Willi wird in den Bundestag gewählt. Er verläßt nach 23 Jahren den Betrieb in Untertürkheim und legt sein Mandat als Betriebsrat nieder*

1985 April, *aufgrund der Rotation bei den Grünen Rückkehr in den Betrieb, Teilzeitarbeit in Untertürkheim und Bonn*

1986 Januar (15.), *um den Bau der von der Landesregierung seit 1978 unterstützten Daimler Benz Teststrecke am Boxberg zu verhindern, haben sich Demonstranten „auf den Waldboden gesetzt, um dadurch die Einstellung der rechtmäßigen Rodungsarbeiten zu erzwingen"; es folgt deshalb am:*

September (27.), *ein Strafbefehl (DM 1.500) des Amtsgerichts Bad Mergentheim gegen Hoss: „er habe - gemeinschaftlich - andere rechtswidrig mit Gewalt zu einer Unterlassung genötigt"; von der Staatsanwaltschaft zurückgenommen am 5.6.1987*

1987 Januar, *erneut in den Bundestag gewählt, verläßt Willi nach 27 Jahren endgültig den Betrieb*

TEIL III: Die Grünen

1972 Beginn einer sozialen Bewegung von Bürgerinitiativen (insbesondere zur Verkehrspolitik, gegen Chemieindustrie, Verschmutzung von Flüssen, Waldsterben, für Verbraucherschutz usw.)

1976 November, Beginn der seit 1973 vorbereiteten und umstrittenen Bauarbeiten für das Kernkraftwerk Brokdorf. Am 13. November werden 45.000 Gegner des KKW von der Polizei brutal angegriffen

1977 Gründung zahlreicher grüner, bunter, alternativer Listen

1979 März (18.), Gründung der „Sonstigen Politischen Vereinigung/Die Grünen"
März (25.), Aufbruch der Atomgegner zum einwöchigen Treck von Gorleben nach Hannover, dort Kundgebung mit ca. 100.000 Menschen
Juni (10.), Europawahl; Das Wahlbündnis „Sonstige Politische Vereinigung/Die Grünen" erhält in Baden-Württemberg 4,5 % (in der BRD 3,2%)
September (30.), Gründungsparteitag der Grünen in Baden-Württemberg
Oktober (7.), bei den Wahlen in Bremen erreichen die Grünen 5,1 %
Oktober (18.), Ausweisung von Rudolf Bahro aus der DDR
Oktober (20./21.), *„Links"-Tagung des Sozialistischen Büros: Was tun gegen Strauß, wie sich an den Bundestagswahlen beteiligen?*
November (4.), *Willi auf dem Programmkongreß der „Grünen" in Offenbach; 600-700 Delegierte beschließen Modalität der Parteigründung*
Dezember (12.), Nato-Doppelbeschluß
Dezember, Parteitag der SPD in Berlin entscheidet sich für den Ausbau der Atomenergie
Dezember (24.), Tod von Rudi Dutschke

1980 Januar (12./13.), *Willi bei der Gründung der Grünen in Karlsruhe (ca. 1.000 Delegierte)*
März (16.), Landtagswahl in Baden-Württemberg, die Grünen erreichen 5,3 %
Mai, „Freie Republik Wendland" in Gorleben (das Hüttendorf wird nach vier Wochen von der Polizei geräumt)
Oktober (5.), Bundestagswahl CDU/CSU 44,5; SPD 42,9; FDP 10,6; Grüne 1,5 (Polarisierung um die Figur Strauß); Fortführung der SPD-FDP-Koalition
Oktober (8. - 9.), *Landesversammlung in Schornbach, Diskussion der Wahlergebnisse, ein von Marieluise Beck-Oberdorf, Winfried Kretschmann*

und Willi Hoss vorgelegtes Papier fordert Verstärkung der praktischen Arbeit an der Basis, Verbesserung des Kontaktes zu Fachleuten und Bürgerinitiativen (Erzeuger- und Verbrauchergemeinschaften usw.)

1981 Februar (28), bisher größte Demonstration von Kernkraftgegnern Brokdorf
Oktober (10.), auf der bisher größten Friedensdemonstration in der BRD protestieren 300.000 Menschen gegen den atomaren Rüstungswettlauf; unter den Rednern: Heinrich Böll, Erhard Eppler, Pfarrer Heinrich Albertz

1982 Juni (10.), anläßlich des NATO-Gipfels demonstrieren 350.000 Menschen in Bonn für Frieden und Abrüstung
Dezember (12.), *zur Erinnerung an 3 Jahre Doppelbeschluß, Blockade der Zufahrtsstrassen zu den Patch-Barracks in Stuttgart-Vaihingen, Willi erhält einen (1986 für rechtswidrig erklärten) Kostenbescheid über „polizeiliche Vollstreckungskosten" und ein Verfahren wegen „Nötigung"*

1983 März (6.), Neuwahlen für den Bundestag; CDU/CSU 48,8 %; SPD 38,2%; FDP 6,9%; Grüne 5,6% (in Baden-Württemberg 6,8%). *Willi im Bundestag. Zusammen mit Otto Schily vertritt er die Grünen im Flick-Untersuchungsausschuß*
September (1.-3.), *die Plakatgruppe auf der Demonstration in Mutlangen; Heidemarie Rohweder organisiert „Mutter-Kind-Aktion"*
Oktober (22.), *Menschenkette von Stuttgart nach Ulm (220.000 Menschen), Aktionswoche der Friedensbewegung gegen die Stationierung neuer amerikanischer Mittelstreckenwaffen; es kommt zu insgesamt 3000 Ermittlungsverfahren*
November (16.), *Willi und 30 Friedensdemonstranten besetzen in der Nacht die ehemalige Pershing 1 A-Schnellfeuerstellung bei Inneringen. Sie pflanzen auf dem Militärgelände Blumen, Zwiebeln und lassen Schafe weiden. An die Teilnehmer der Aktion ergehen von der Polizei Kostenbescheide über 240,50 DM pro Person und am 1.3.1985 vom Amtsgericht Sigmaringen ein Strafbefehl über DM 1.500*
November, der Bundestag billigt die Stationierung neuer US-Mittelstreckenraketen (Doppelbeschluß der NATO); es kommt zu Besetzungen der Zufahrtswege zu Militärbasen. Protestierende bilden riesige Menschenketten, an denen auch Bundeswehrsoldaten in Uniform (trotz Verbots) teilnehmen

1984 März (23.), *Willi bei einer gewaltfreien Aktion in Ankara; gegen Folterungen in den Militärgefängnissen, Menschenrechte auch für Kurden*
Juni (17.), Europawahlen. Die Grünen kommen auf 8,2% (in Baden-Württemberg auf 10,1%)
Juli (8.7. bis 24.7.), *erste Informationsreise nach Brasilien*

Oktober (28.), Kommunalwahlen (in Stuttgart, Freiburg, Heidelberg, Tübingen erreichen die Grünen 15-20 %)

1985 April (12.), *Willi „rotiert" aus dem Bundestag in den Betrieb zurück, Teilzeitarbeit im Betrieb und bei der Fraktion*

rund 500.000 Menschen beteiligen sich an den regionalen Ostermärschen

Mai (5.), *Willi kandidiert bei OB-Wahl in Sindelfingen (12,2 %)*

Juni (22.-23.), Bundesversammlung der Grünen in Hagen, Rudolf Bahro tritt aus der Partei aus („die Partei ist ein kontraproduktives Werkzeug, der gesetzte politische Raum ist eine Falle, in dem die Lebensenergie verschwindet")

Sommer, erste Platzbesetzung des Baugeländes der WAA in Wackersdorf

September (10.-12.), *Teilnahme an der gewaltfreien Besetzung der Deutschen Botschaft in Pretoria als Protest gegen die Unterstützung der Apartheid durch deutsche Firmen*

1986 Januar (14.), das Bundesverfassungsgericht bestätigt die Ausschließung der grünen Abgeordneten von den Haushaltsdebatten der vier deutschen Geheimdienste

April (26.), Katastrophe von Tschernobyl; im Mai fordern die Grünen im Bundestag den Sofortausstieg aus der Atomenergie

Juni (7.), Massendemonstration und Auseinandersetzungen mit der Polizei in Brokdorf; am 12. Juni Demonstration in Hamburg, 800 Teilnehmer werden von der Polizei bis zu 14 Stunden „eingekesselt"

September, Eröffnung der Umweltbibliothek in der Ostberliner Zionskirche

November, *im Namen der Fraktion stellt Willi in Bonn die Broschüre „Der sofortige Ausstieg ist möglich" vor, in dem es heißt: „ein kurzfristiger Ausstieg aus der Atomenergie in der BRD noch bis Ende 1987, d.h. in ca. 1 Jahr, kann verwirklicht werden", ohne das Waldsterben zu beschleunigen und ohne Stromkostenexplosion!*

1987 Januar (25.), Bundestagswahl. Die Grünen kommen auf 8,3% der Stimmen (10% in Baden-W.), *Willi erneut im Bundestag*

April (16.), Friedensdemonstration von 100.000 Menschen in Bonn

Mai, Aufruf zum Volkszählungsboykott

Juni, Gewaltdebatte in der grünen Bundestagsfraktion

September, *Willi Hoss fliegt nach Südafrika, um mit den Arbeitern der dortigen Mercedes-Werke (East London) gegen die Entlassung von 2.800 Kollegen zu protestieren; Bericht im „Stern", Stellungnahmen der IG Metall und der Konzernleitung*

Dezember, Treffen Gorbatschow-Reagan zur Abrüstung

1988 April (26.4. bis 1.5.), *Willi Hoss und Uschi Eid in Südafrika, fordern Anerkennung der Befreiungsorganisationen und Verurteilung des illegitimen Apartheid-Regimes*

Juli, im Genehmigungsverfahren für die Wiederaufbereitungsanlage in Wackersdorf erheben 881.000 Bürger/innen Einspruch

1989 September (8.), *Willi Hoss und Christa Vennegerts kritisieren die geringen Auflagen bei der Genehmigung der Fusion von Daimler/MBB. Mit erheblicher staatlicher Hilfe wird Daimler-Benz „zu einem auf dem europäischen und dem internationalen Markt operierenden Rüstungsmulti getrimmt"*

Oktober (23.), *Hoss spricht für die Grünen auf dem Gewerkschaftstag der IG-Metall in Berlin*

November (9.), Fall der Mauer; am 14. erklären die Grünen: „Es geht nicht um Wiedervereinigung, sondern um Demokratie"

1990 Januar, *zum 1.1.1990 Wiederaufnahme in die IG Metall*

Januar, *Antje Vollmer, Waltraud Schoppe und Willi Hoss werden als Fraktionssprecher/Innen gewählt*

Februar, nach fast 30 Jahren Gefängnis Freilassung Nelson Mandelas

Willi Hoss verzichtet, nach Auseinandersetzungen um einen günstigen Listenplatz, auf seine Kandidatur für die kommenden Bundestagswahlen

Juni (26. bis 1.7.), *Willi mit einer Delegation der Grünen in Israel und im Gaza-Streifen auf Einladung der israelischen Bürgerrechtspartei RATZ*

Dezember (2.), erste gesamtdeutsche Bundestagswahl; im Wahlgebiet West scheitern die Grünen mit 4,8% an der 5%-Klausel; im Wahlgebiet Ost erzielt die Liste Bündnis 90/Die Grünen 6% und zieht in den Bundestag ein

1991 Januar (17.-28. Februar), erster Golfkrieg nach der Annexion Kuwaits durch den Irak (August 1990), „Operation Wüstensturm"

Dezember, Selbstauflösung der Sowjetunion

1992 Februar, Maastrichter Vertrag zur europäischen Wirtschafts- und Währungsunion

August (18.), die grünen Politiker/Innen Helmut Lippelt und Claudia Roth sprechen sich für einen Einsatz von UN-Truppen im ehemaligen Jugoslawien aus

Oktober (19.), Petra Kelly und Gert Bastian werden in ihrem Haus tot aufgefunden

1994 *ab 1994 Mitarbeit in der Heinrich-Böll-Stiftung, hat 1997 den Fusionsprozeß der 3 Stiftungen maßgeblich mitgestaltet*

Juli (12.), das Bundesverfassungsgericht entscheidet, daß humanitäre und/oder militärische Einsätze der Bundeswehr auch ausserhalb des NATO-Gebiets zulässig sind

1996 Mai (7./8.), mit dem bisher größten Polizeiaufgebot in der Geschichte der BRD wird hochradioaktiver Atommüll von La Hague nach Gorleben transportiert

1998 Oktober, nach den Wahlen (Grüne 6,7%) Bildung der ersten rotgrünen Bundesregierung
November, Bundestag beschließt Beteiligung der Bundeswehr an der NATO-Luftüberwachung des Kosovo; der Bundestag hatte am 16.10.1998 NATO-Luftangriffe auf Jugoslawien grundsätzlich gebilligt

1999 März (24), zum ersten Mal nach 1945 stehen deutsche Soldaten wieder im Kampfeinsatz; der „Kosovo-Krieg" zur Durchsetzung einer „Friedens - und Rechtsordnung" dauert bis zum 10.6.1999 (ohne UN-Mandat und außerhalb des Vertragsgebiets der NATO); am 10.6. verabschiedet die UN eine Resolution zur Entsendung einer internationalen Friedenstruppe; die Luftangriffe gegen Jugoslawien werden am 20.6. eingestellt
April, Ökologische Steuerreform, Stufe I (im Januar 2000 folgt die zweite Stufe)

2000 September, die Bundesregierung hat im vorigen Jahr die Ausfuhr von Waffen und Rüstungsgütern in Höhe von 6 Mrd. DM genehmigt; von mehr als 9.000 Einzelanträgen wurden nur 85 abgelehnt (im Wert von ca. 10 Mio. DM)
November, erste Fälle von Rinderwahnsinn in Deutschland

2001 Februar, das Washingtoner Worldwatch-Institut warnt vor einem ungebremsten Wachstum des weltweiten PKW-Aufkommens (Flächenverbrauch und Nahrungsmittel-Sicherheit)
September (5.), Atomgesetz, spätestens 2020 soll das letzte deutsche Atomkraftwerk vom Netz gehen
September (30.), weltweit Demonstrationen gegen mögliche US-Militäraktionen nach den Terror-Attentaten vom 11. September auf das Pentagon in Washington und das World-Trade-Center in New York
Oktober (7.), Beginn der Luftangriffe auf Afghanistan, am 14. große Protest-Demonstrationen in der ganzen Welt
Oktober (21.), *Teilnahme am Attac-Kongreß in Berlin*
November (16.), Bundeskanzler Schröder verknüpft die Abstimmung über den Bundeswehreinsatz in Afghanistan mit der Vertrauensfrage; am 24. 11. akzeptiert eine dreiviertel Mehrheit der Bundesdelegiertenkonferenz von Bündnis90/Die Grünen die Entscheidung der Bundestagsfraktion für die Beteiligung deutscher Soldaten am „Anti-Terror-Krieg"
November, *Willi Hoss, Gerd Rathgeb und Heidemarie Rohweder erklären ihren Austritt aus der Partei*

2002 Januar, das Statistische Bundesamt teilt mit, die tatsächlich geleisteten Verteidigungsausgaben Deutschlands seien im Jahre 2001 um 20 % gestiegen
Januar (24.), *Willi wird das „Verdienstkreuz am Bande" der Bundesrepublik Deutschland überreicht*

2003 März (20.), Beginn der amerikanisch-britischen Operation „Iraqi Freedom" mit ihrer Strategie von „Schock und Furcht" („Shock and Awe"); Friedensdemonstrationen in der ganzen Welt

TEIL IV: Brasilien

1964-1985 Militärdiktatur in Brasilien

1975 Ein 13 Milliarden DM Atomgeschäft mit Brasilien: Die BRD erhält Uran, Brasilien vier Atomkraftwerke bis 1986

1979 Mai, Streik bei Mannesmann in Belo/Horizonte, Brasilien. Die Geschäftsleitung setzt Militärpolizei gegen die Streikenden ein und entläßt führende Gewerkschaftsfunktionäre

1980 Ein Streik von 250.000 Metallarbeitern legt die brasilianische Automobilindustrie lahm; Hauptforderungen: Reallohnerhöhungen, Abschaffung der 48-Stunden-Woche, freie gewerkschaftliche Betätigung, einjährige Arbeitsplatzgarantie

1983 Eine Fastenkampagne der katholischen Kirche unter dem Motto »Brüderlichkeit ja, Gewalt nein« gibt wichtige Impulse im Kampf gegen strukturelle Gewalt und Behördenwillkür
Willi wird Mitglied der deutsch-brasilianischen Parlamentariergesellschaft

1984 Juli (8.7. bis 24.7.), *erste Reise nach Brasilien; Willi trifft Kardinal Paulo Evaristo Arns, den Theologen Leonardo Boff, den Vorsitzenden der Arbeiterpartei „Lula" (Lula da Silva), den Personalchef und Vertreter der Beschäftigten von Mercedes do Brasil*

1985 Januar, Erste zivile, demokratisch gewählte Regierung seit dem Putsch der Militärs (1964). Großgrundbesitzer sabotieren Pläne zur Agrarreform mit Hilfe bewaffneter Milizen; auf der anderen Seite organisieren sich mit kirchlicher Unterstützung die Landlosen (seit 1979 gibt es den Movimento Sem Terra/MST)

1988 März (7.), *Pressekonferenz in Bonn von Willi Hoss und Tarcizio Secoli (Vors. der Fabrikkommission bei Mercedes-Benz in Sao Bernade do Campo) zur Lage der Arbeitnehmer in den brasilianischen Tochterunternehmen von Mercedes*

März (9), der Führer der brasilianischen Arbeiterpartei „Lula" stellt in Bonn sein Wahlprogramm vor
Dezember (3. bis 23.), *auf seiner Brasilienreise besucht Willi auch das Stahlwerk Volta Redonda, wo im Monat zuvor zwei Arbeiter vom Militär erschossen und viele verletzt worden waren. Erbetene Gespräche mit Vertretern des Militärs kommen nicht zustande.*
Dezember (22.), Chico Mendes (geb.1944), Führer der Gummizapfergewerkschaft, wird wegen seines Kampfes um den Erhalt des Regenwaldes von Großgrundbesitzern vor seinem Haus in Xapuri ermordet (im Dezember 1990 gestanden die Mörder und wurden zu 19 Jahren Gefängnis verurteilt)

1989 März, *Willi bekundet in einem Schreiben an den Direktor von Mannesmann in Belo Horizonte seine Solidarität mit streikenden Arbeitern, die das Werk besetzt halten und fordert das Unternehmen auf, den Arbeitern „elementare gewerkschaftliche Rechte, die den Gepflogenheiten der Bundesrepublik entsprechen, nicht länger zu verweigern".*
Dezember (17.), erste direkte Präsidentschaftswahl in Brasilien seit 1960, der Kandidat der Arbeiterpartei (PT), „Lula", unterliegt in der Stichwahl gegen Fernando Collor de Mello

1990 August (15.), *Willi demonstriert mit entlassenen Gewerkschaftern vor den Fabriktoren der Firma Bosch in Manaus (Brasilien)*
Oktober (12.-16.), in Paris tagt das Tribunal Permanent des Peuples, Session Amazonie Brésilienne

1991 *von nun an jährlich ausgedehnte Aufenthalte in Brasilien; Zusammenarbeit mit Thomas Mitschein*

1992 Juni, auf dem Umweltgipfel in Rio unterzeichnet Brasilien als erstes Land die Klimakonvention zum Schutz der Erdathmosphäre
Gründung von POEMA als interdisziplinäres Programm der Bundesuniversität Parà in Belém; im gleichen Jahre Unterzeichnung eines Kooperationsvertrags zwischen der Bundesuniversität Parà und der Daimler Benz AG; Zusammenarbeit mit der UNICEF; Willi Hoss wird aufgrund seiner Verdienste der Titel Professor h.c. verliehen und zum Sonderbeauftragten in Europa ernannt

1993 Beginn der Produktion für Kopfstützen aus Kokosfasern und Naturkautschuk für Mercedes-LKW

1994 Oktober, Präsidentschaftswahlen, Fernando Henrique Cardoso wird Präsident, „Lula" kommt nur auf 23 % der Stimmen

1994- *Entwicklungspolitische Patenschaften deutscher Schulen, Vereine*

2000 *und Gemeinden; so sammeln Schüler der Jörg-Ratgeb-Schule in Stuttgart-Neugereut Geld für POEMA, begleiten Willi Hoss nach Brasilien und drehen einen Film: „Trinkwasser für Amazonien" (Landesbildstelle Württemberg)*

2000 Juli, *Willi wird Ehrenhäuptling des Stammes der Ka'apor-Indianer*

2002 Februar, Weltsozialforum in Porto Alegre als Gegenveranstaltung zur Weltwirtschaftskonferenz in New York
Mai, erstmals werden Offiziere wegen eines Massakers an landlosen Bauern (1996 in Amazonien) zu langen Haftstrafen verurteilt
Oktober (27.), „Lula" gewinnt die brasilianischen Präsidentschaftswahlen

2003 Februar (20.), *Willi Hoss stirbt in Stuttgart*

Auswahlbibliografie

(In der Autobiografie erwähnte Titel, zum Verständnis wichtige Titel, Beiträge von Willi Hoss)

TEIL I: In der KPD

Wolfgang Abendroth, Helmut Ridder, Otto Schönfeldt: KPD-Verbot oder mit Kommunisten leben?, rororo aktuell, Hamburg 1968

Heike Amos: Die Westpolitik der SED 1948/49-1961, Akademie-Verlag, Berlin 1999

Dokumente der KPD 1945-1956, Dietz-Verlag, Berlin 1965

Wolfgang Leonhard: Die Revolution entläßt ihre Kinder, Köln 1962

Gerhard Mannschatz-Josef Seider: Zum Kampf der KPD im Ruhrgebiet (1945-1947), Dietz-Verlag, Berlin, 1962

Peukert, Detlev: Die Edelweisspiraten. Protestbewegungen jugendlicher Arbeiter im Dritten Reich, Bund-Verlag, Köln, 1980

Diether Posser: Anwalt im Kalten Krieg. Deutsche Geschichte in politischen Prozessen 1951-1968, Dietz Nachfolger, Bonn 2000

Eberhard Schmidt: Die verhinderte Neuordnung 1945-1952, EVA, Frankfurt 1970

Hermann Weber: Damals als ich Wunderlich hieß, Aufbau Verlag 2002

Josef Wirth: Die Reise hinter den Eisernen Vorhang. Der gemeinsame Weg der Deutschen zur Einheit- oder zum Krieg, in der Zeitschrift: Dokumentation der Zeit, Deutsches Institut für Zeitgeschichte, Berlin (Ost), 1952, S. 1166-1174

TEIL II: Beim Daimler

Hermann G. Abmayr: Wir brauchen kein Denkmal. Willi Bleicher: Der Arbeiterführer und seine Erben, Silberburg-Verlag, Stuttgart, 1992

Helmut Bauer (Plakat-Gruppe): Daimler Benz von Innen, in: Das Daimler-Benz-Buch, Schriften der Hamburger Stiftung für Sozialgeschichte des 20. Jahrhunderts, Greno Verlag, Nördlingen 1987

Eugen Eberle-Peter Grohmann: Die schlaflosen Nächte des Eugen E. Erinnerungen eines neuen schwäbischen Jakobiners, edition cordeliers, Stuttgart 1982

Tilman Fichter-Eugen Eberle: Kampf um Bosch, Wagenbach, Berlin 1974

Peter Grohmann (Hrsg.): Kunst und Betrieb. Gruppe Plakat Stuttgart, Ausstellung der Elefanten Press Galerie, Westberlin 1973 (Dokumentation Ernst Volland; Ausstellung: Thomas Fecht)

Ulrich Jürgens, Frieder Naschold (Hrsg.): Arbeitspolitik. Materialien zum Zusammenhang von politischer Macht, Kontrolle und betrieblicher Organisation der Arbeit, Sonderheft 5, Leviathan, Opladen 1984

Kritisches Jahrbuch Gewerkschaften und Klassenkampf 1972, Fischer TB, Frankfurt 1972

- 1973, Fischer TB, Frankfurt 1973
- 1974, Fischer TB, Frankfurt 1974
- 1975, Fischer TB, Frankfurt 1975

Kritisches Gewerkschaftsjahrbuch 1977/78: Gewerkschaftspolitik in der Krise, Rotbuch Verlag, Berlin 1978

- 1978/79: Arbeiterinteressen gegen Sozialpartnerschaft, Rotbuch Verlag 1979
- 1979/80: Arbeitskampf um Arbeitszeit, Rotbuch Verlag 1979
- 1980/81: Moderne Zeiten - Alte Rezepte, Rotbuch Verlag 1980
- 1981/82: Starker Arm am kurzen Hebel, Rotbuch Verlag 1981
- 1982/83: Nicht vor- nicht zurück?, Rotbuch Verlag, Berlin 1982
- 1983/84: Wachstum alternativ, Rotbuch Verlag, Berlin 1983
- 1985: Arbeit zwischen Gift und Grün, Rotbuch Verlag, Berlin 1985
- 1986/1987: High-Tech-Down, Rotbuch Verlag, Berlin 1986
- 1988/89: Zweidrittelgesellschaft Eindrittelgewerkschaft, Rotbuch Verlag, Berlin 1988

Fritz Lamm zum Gedenken. Schriftenreihe TV „Die Naturfreunde“, Bundesgruppe Deutschland e.V., Stuttgart 1977

Fritz Lamm: Briefwechsel mit der SPD (1962), Selbstverlag o.J., Stuttgart

Fritz Lamm und andere: Sozialistische Linke nach dem Krieg. Reihe zur Geschichte der Arbeiterbewegung, Heft 3, Sozialistisches Büro, Verlag 2000, Offenbach 1978

Dieter Marcello: Großer Bruder Daimler-Benz. Die Auseinandersetzung um das Personalinformationssystem, in: Kritisches Gewerkschaftsjahrbuch 1980/81, op.cit.

Hermann Mühleisen: Am Band. Tagebuchaufzeichnungen eines Vertrauensmanns, in: Kursbuch 38, Berlin 1974

Hermann Mühleisen (Hrsg.): Information für die Kollegen am Hinterachswellen-Montageband, Broschüre in Form eines Schulheftes, verantw. Peter Grohmann, Stuttgart 1975

Oskar Negt: Unbotmäßige Zeitgenossen, Fischer TB, Frankfurt 1994

Orwell 1984, Computer und Bürgerrechte, herausgegeben von der Bürgerinitiative Orwell84, Stuttgart 1980

Karl A. Otto: Vom Ostermarsch zur APO. Geschichte der ausserparlamentarischen Opposition in der Bundesrepublik 1960-1970, Campus-Verlag, Frankfurt 1977

„Plakat" Daimler-Benz: Basisnahe Aufstellung der Kandidaturliste zur Betriebsratswahl 1972, in: Sozialistisches Büro (Hrsg.): Für eine neue sozialistische Linke, Fischer TB, Frankfurt 1973

Plakatgruppe, Liste Hoss-Mühleisen: Was der Betriebsrat anders machen kann. Vorstellungen der Liste Hoss-Mühleisen bei Daimler Benz in Stuttgart, Broschüre im Eigenverlag, Stuttgart 1978

Plakat. 10 Jahre Betriebsarbeit bei Daimler-Benz, (herausgegeben von Peter Grohmann und Horst Sackstetter), Rotbuch Verlag, Berlin 1979

Kurt Randecker (Hrsg.): MTM bei Daimler Benz. Kollegen berichten über die Einführung eines neuen Lohnsystems, April 1978, Vertrieb Willi Münzenberg Buchversand, Oldenburg

Gerd Rathgeb: Daimler-Benz: Liste Hoss-Mühleisen stabilisiert, in: Kritisches Gewerkschaftsjahrbuch 1981/82, op.cit.

Gerd Rathgeb: Globalisierung von Daimler Benz, in: Jahrbuch für Grundrechte und Demokratie 1995/1996, Komitee für Grundrechte und Demokratie, Sensbachtal 1997

Gerd Rathgeb/Bernhard Hindersin (Hrsg.): Der Weg zur größten gebäudeintegrierten Solaranlage Europas bei Mercedes-Benz in Stuttgart. Eine Initiative von unten, Selbstverlag, Dezember 1996

Horst Sackstetter: Wahlbetrug und Neuwahlen bei Daimler-Benz, Untertürkheim, in: Kritisches Gewerkschaftsjahrbuch 1978/79, op.cit.

Horst Sackstetter: Technischer Fortschritt und Profitprinzip, in: Kritisches Gewerkschaftsjahrbuch 1981/82, op.cit.

Horst Sackstetter: Macht der Computer-Ohnmacht der Menschen? Betriebliche Personalinformationssysteme am Veispiel des ISA-Systems bei Daimler Benz, in: Freiheit+Gleichheit, Heft 4, Komitee für Grundrechte und Demokratie, Sensbachtal 1983

Jochen Sonn: Auf der Suche nach alternativer Industriearbeit, in: Kritisches Gewerkschaftsjahrbuch 1981/82, op.cit.

Jochen Sonn: Maschinenwelt der Großbetriebe, in: Peter M. Bode, Sylvia Hamberger, Wolfgang Zängel (Herausgeber): Alptraum Auto. Eine hundertjährige Erfindung und ihre Folgen, Rabenverlag München, 1986

Stuttgarter Zeitung: Stuttgart in den 60er Jahren. Die Serie aus der Stuttgarter Zeitung, Hrsg. Helmut Böttiger, Flugasche Verlag, Stuttgart 1989

Ulrich Zuper (Hrsg.): „Wir bauen ihnen ein Denkmal". Dokumente, Materialien, Tonbandprotokolle. Leninwerft/ Danzig/ Polen, edition cordeliers, Stuttgart 1981

Zeitschriften:

LINKS, Sozialistische Zeitung, Offenbach (erschien März 1969 bis Jan./Feb. 1997)

EXPRESS, Zeitung für sozialistische Betriebs- und Gewerkschaftsarbeit, Offenbach (Nullnummer, 15. Dezember 1972, entstanden aus der Fusion von „Express international" und „Sozialistische Betriebskorrespondenz")

PLAKAT, (herausgegeben von kommunistischen und sozialistischen Kollegen bei Daimler-Benz), erscheint zunächst in unregelmäßiger Folge ab Juli 1969, wird 1988 eingestellt, eine Vorbedingung für die Wiederaufnahme der Gruppe in die IG Metall

TEIL III: Die Grünen

Rudolf Bahro: Für einen bundesrepublikanischen „Historischen Kompromiß", Rede auf dem Kongreß der Grünen in Offenbach, 3/4.11.1979, in: Kritik, Zeitschrift für sozialistische Diskussion, Nr. 23, Verlag Olle und Wolter, Berlin 1979

Rudolf Bahro: Elemente einer neuen Politik. Zum Verhältnis von Ökologie und Sozialismus, Berlin 1980

Rudolf Bahro: Pfeiler am anderen Ufer. Beiträge zur Politik der Grünen von Hagen bis Karlsruhe, Sonderdruck der Zeitschrift „Befreiung", Berlin 1984

Dennis Meadows: Die Grenzen des Wachstums. Bericht des Club of Rome zur Lage der Menschheit, Stuttgart 1972

Erich Fromm: Haben oder Sein. Die seelischen Grundlagen einer neuen Gesellschaft, Stuttgart 1976

André Gorz: Ökologie und Politik, Beiträge zur Wachstumskrise, Hamburg, rororo 1977

André Gorz: Zu Il Manifesto: Revolution im Westen?, Raub-Raub-Druck aus Stuttgart, Plakat, Mai 1971

André Gorz: Abschied vom Proletariat. Jenseits des Sozialismus, Frankfurt 1980

Gruhl, Herbert: Ein Planet wird geplündert. Die Schreckensbilanz unserer Politik, Frankfurt, 1975

Hans Werner Kilz, Joachim Preuss: Die gekaufte Republik. Spiegel-Buch zur Flick-Affäre, Rowohlt 1983

Alexander Langer: Die Mehrheit der Minderheiten, herausgegeben von Peter Kammerer, Berlin, Wagenbach 1996

Joachim Raschke: Die Grünen. Was sie wurden, was sie sind, Bund-Verlag, Köln 1993

Werner Raith: Das verlassene Imperium. Über das Aussteigen des römischen Volkes aus der Geschichte, Wagenbach, Berlin 1981

TEIL IV: Brasilien

Dieter Beste, Anna Edingshaus von Laßberg: Menschen im Aufbruch. Projekte, die die Welt verändern, ausgewählt vom Club of Budapest, Verlag Via Nova, Petersberg 2003

Leonardo Boff, Bruno Kern, Andreas Müller (Hrsg.): Werkbuch Theologie der Befreiung, Patmos Verlag, Düsseldorf 1988

Maxim Gorki: Meine Kindheit (1913), Unter fremden Menschen (1915/1916), Meine Universitäten (1923), in: Ausgewählte Werke, SWA-Verlag, Berlin 1947

Manfred Linke, Rainer Osnowski: Poema. Die leise Rückkehr des Regenwaldes, Köln, Verlagsgesellschaft mbH, 2002

Karl Polanyi: The Great Transformation. Politische und ökonomische Ursprünge von Gesellschaften und Wirtschaftssystemen, Frankfurt 1978

Günther Schulz: Landbesetzung - Hoffnung für Millionen, Eichstetten 1995 (in Zusammenarbeit mit der Heinrich-Böll-Stiftung und der Brasilieninitiative Freiburg e.V)

Internet-Adresse POEMA: www.poema-deutschland.de

Willi Hoss: Beiträge in Büchern und Sammelbänden

(darunter einige Bundestagsreden)

Willi Hoss, Redebeitrag in: Protokoll des 9. Ordentlichen Gewerkschaftstags der IG-Metall für die Bundesrepublik Deutschland, München, 2. bis 7. September 1968

Willi Hoss, Hermann Mühleisen, Mario D'Andrea: Vorschlag zu den Betriebsratswahlen 1975, Broschüre, Stuttgart - Offenbach 1974

Kollegen beginnen sich zu wehren, Gespräch mit Mitgliedern der Stuttgarter plakat-Gruppe, in: Kritisches Gewerkschaftsjahrbuch 1977/78, op.cit

Willi Hoss, Alternative Technologien und betrieblicher Alltag. Rede auf der Abschlußveranstaltung am 28. Oktober 1978, in: Marxismus und Naturbeherrschung, Beiträge zu den ersten Ernst-Bloch-Tagen, Tübingen 1978

Betriebsarbeit und Grüne, Gespräch zwischen Willi Hoss und Anton Papp, in: Kritisches Gewerkschaftsjahrbuch 1980/81, op.cit

Heiner Halberstadt, Willi Hoss, Heinz-Günter Lang: Wer sich der Logik dieses Systems unterwirft, der wird auch in der Logik dieses Systems mit untergehen. Ein Gespräch über neue Technologien, die Zukunft der Gewerkschaften und eine alternative Betriebsarbeit, in: Kritisches Gewerkschaftsjahrbuch 1982/83, op.cit.

Willi Hoss: Ernst nehmen, was die Minderheit zu sagen hat. Rede auf der ersten Sitzung des Bundestags am 29.3.1983 in: Die Grünen entern das Raumschiff Bonn. Ein Lesebuch über den Start im Bundestag, Flieter Verlag, Hattingen/ Ruhr, 1983

Die Grünen im Bundestag: „Arbeitszeit-Forum. Arbeitszeitpolitik der Grünen", Bonn 1984 (Willi Hoss: Parlamentsrede zum Entwurf eines Arbeitszeitgesetzes, 29.3.1984)

Willi Hoss: Sozialabbau und Industriesystem. Rede vor dem Deutschen Bundestag anläßlich der Haushaltsberatungen 1984, in: Die Zukunft des Sozialstaats, Band 1, Sozialstaatskrise und Umbaupläne, herausgegeben von Die Grünen Baden-Württemberg, Stuttgart 1984

Willi Hoss: 11 Stunden aus dem Leben eines Abgeordneten, in: Brigitte Jäger, Claudia Pinl: „Zwischen Rotation und Routine. Die Grünen im Bundestag", Köln 1985

Willi Hoss, Jürgen Maier: Wer soll das alles ändern, wenn nicht wir? Die Dynamik wiedergewinnen. Positionspapier zur Bundesversammlung in Offenburg vom Dezember 1985, in: Kommune, 11, 1985

Kritisches Gewerkschaftsjahrbuch 1986/1987: High-Tech-Down, Rotbuch Verlag 1986 (Hans Joachim Sperling, Gespräch mit den Betriebsräten der Plakat-Gruppe Tom Adler, Willi Hoss, Gerd Rathgeb bei Daimler-Benz: Flexible Menschen oder flexible Maschinen?)

Willi Hoss: Per una critica della tecnologia, in: Giorgio Baratta, Emilia Giancotti, Laura Piccioni: „Attualità di Marx. Atti del Convegno di Urbino, 22-25 novembre 1983", Milano, Edizioni Unicopli 1986

Willi Hoss, Dieter Marcello: Konzeptvorschlag für den Bereich Arbeitswelt, in: Noch mehr Himmel auf Erden. Neue Kontroversen zur Grün-nahen Stiftung, Bundesgeschäftsstelle Die Grünen, Bonn 1987

Willi Hoss, Reinhard Pfriem: Alternative Verkehrskonzepte und ihre Auswirkungen auf die Automobilindustrie, in: Auto, Auto über alles? Herausgegeben von Jobst Kraus, Horst Sackstetter und Willi Wentsch, Dreisam-Verlag, Freiburg 1987

Willi Hoss: ... und die Moral von der Geschicht. Für einen politischen Einstieg in die Bekämfung der Arbeitslosigkeit, in: Kritisches Gewerkschaftsjahrbuch 1988/89, op.cit.

Karl Otto Sattler (Hrsg.): Mehr Arbeit durch Verzicht? Die Lafontaine-Debatte im Überblick, (Interview unter anderen mit Willi Hoss), Dreisam-Verlag, Freiburg 1988

Winne Hermann und Wolfgang Schwegler-Rohmeis (Hrsg.): Grüner Weg durch schwarzes Land. 10 Jahre Grüne in Baden-Württemberg, (Interview mit Willi Hoss: Nicht die Klassenfrage, sondern die Gattungsfrage ist die wichtigste), Stuttgart-Wien, 1989

Willi Hoss: Die Zukunft der Arbeitsplätze in der Automobilindustrie. Zusammenfassung des Referats, in: Die Grünen im Bundestag (Hrsg.): Welche Freiheit brauchen wir? Zur Psychologie der AutoMobilen Gesellschaft, VAS in der Elefantenpress, Berlin 1989

Willi Hoss: Grußwort der Partei die Grünen auf dem 16. Gewerkschaftstag der IG Metall in Berlin (23.10.1989)

Willi Hoss: Sicherung der Lebensgrundlagen für alle, in: Gewerkschaftliche Monatshefte, November 1990

Ingrid Christiane Krumm, Helmut Krumm (Hrsg.): Die Ideale der 68er- 33 Jahre später, (Gespräch u.a. mit Willi Hoss und Heidemarie Rohweder), FIU-Verlag, Wangen (Allgäu), 2002

Danksagungen

Besonderer Dank für Mitlesen, Mitdenken, Mitsuchen an: Niels Kadritzke und Peter Grohmann

Dank an meine Freunde und Freunde von Willi, die großzügig geholfen und geraten haben: Mario D'Andrea, Michael Arnegger, Lukas Beckmann, Christoph Becker-Schaum (Archiv Grünes Gedächtnis), Brigitte Buchholz, Robert Camp (Archiv Grünes Gedächtnis), F. C. Delius, Elger Esser, Alexander Fest, Waldtraud Hoss, Ekkehart Krippendorff, Heidrun Kaupen-Haas, Dieter Lange, Martha Lutz, Wolf-Dieter Narr, Gerd Rathgeb, Jutta Roitsch und das Archiv-Leserservice der Frankfurter Rundschau, Horst Sackstetter, Marianne Schuller, Ursula Schulz Dornburg, Hilde Schwan, Klaus und Hannelore Vack, Monika Warmuth

Als großen Mangel empfinde ich, daß es mir nicht mehr möglich war, mich an Freunde und Mitstreiter von Willi, insbesondere in der alten Plakat-Gruppe und bei den Grünen, zu wenden.

Dem Sozialistischen Büro danken wir für seine freundliche Unterstützung.

Peter Kammerer

Fotografen, die nicht ermittelt und nicht genannt werden konnten, mögen sich bitte beim Verlag melden.

Jürgen Prott
Öffentlichkeit und Gewerkschaften
Theoretische Ansätze und empirische Erkenntnisse
(Schriftenreihe Hans-Böckler-Stiftung)
2003 - 253 S. - € 24,80
ISBN 3-89691-558-4

Christiane Färber/Klaus Kock/Frank Mußmann/Irmtraud Schlosser (Hrsg.)
Kooperation Wissenschaft Arbeitswelt Geschichte
Theorie und Praxis von Kooperationsstellen
2003 - 196 S. - € 20,50
ISBN 3-89691-543-6

Sabine Krüger
Nachhaltigkeit als Kooperationsimpuls
Sozial-ökologische Bündnisse zwischen NGOs und Gewerkschaften
(Schriftenreihe-Hans-Böckler-Stiftung)
2002 - 363 S. - € 29,80
ISBN 3-89691-533-9

Irmgard Schlosser/Karl Lauschke (Hrsg.)
Demokratie und Alltagshandeln
Individuelle Selbstbestimmung, kollektive Mitbestimmung und Solidarität
Festschrift für Bodo Zeuner
2002 - 305 S. - € 29,80
ISBN 3-89691-536-3

Wolf Jürgen Röder/Klaus Dörre (Hrsg.)
Lernchancen und Marktzwänge: Bildungsarbeit im flexiblen Kapitalismus
2002 - 208 S. - € 19,80
ISBN 3-89691-535-5

Wolfram Wassermann
Die Betriebsräte
Akteure für Demokratie in der Arbeitswelt
2002 - 262 S. - € 24,80
ISBN 3-89691-523-1

Michael Jonas/Sabine Nover/Ursula Schumm-Garling (Hrsg.)
Brennpunkt „Arbeit"
Initiativen für eine Zukunft der Arbeit
(Schriftenreihe Hans-Böckler-Stiftung)
2002 - 243 S. - € 24,80
ISBN 3-89691-528-2

Renate Langewiesche/András Tóth (Hrsg.)
Die Einheit Europas
Zur politischen, wirtschaftlichen und sozialen Dimension der EU-Erweiterung
2002 - 227 S. - € 24,80
ISBN 3-89691-524-X

WESTFÄLISCHES DAMPFBOOT
Hafenweg 26a · 48155 Münster · Tel. 0251/3900480 · Fax 0251/39004850
e-mail: info@dampfboot-verlag.de · www.dampfboot-verlag.de